ズレてる支援！

知的障害／自閉の人たちの自立生活と
重度訪問介護の対象拡大

寺本晃久　岡部耕典　末永弘　岩橋誠治

生活書院

まえがき

玄関の前までつき、チャイムを押す。ドアが開いて私を出迎えてくれ、部屋に入る。「こんにちは」とあいさつ。

部屋は2Kの、どこにでもあるアパートの一室。エアコンはついていないけれど、ひんやりと涼しい。朝の介助者が、夕方にエアコンがつくようにタイマーを設定してくれていた。

まず、夜の介助者がやることは食事の用意。冷蔵庫を開けてみると、キャベツ、豚肉、ネギ、豆腐などがある。おかずの料理本をめくって、その材料から何が作れそうかを一緒に見ながら考える。キャベツだと回鍋肉か、キャベツを塩もみしてごま油をかける。豆腐だと揚げだし豆腐、味噌汁、しかし暑いから冷奴だけにするのもいいし、麻婆豆腐もあるよ。いくつか候補を挙げてみると、麻婆豆腐を指してくれた。「麻婆豆腐だったら、ひき肉がないので買い物に行かないといけないけど、どうする?」と聞くと、さっと出かける用意をしはじめる。私もそれを見て出かける準備をする。一緒に近くの店に買い物に行く。前の枠で入った介助者から「水切りネットを買ってください」と申し送りがあったので、それもついでに提案して買っておいた。

買い物から帰り、私が食事を作った。さっきの買い物のレシートをもとに家計簿に書き財布の残高をあわせておく。百円足りない。家主に聞くがわからず。就労先との連絡のための記録を見ると、昼間おやつを買ったとある。それも家計簿に書き入れる。

天気予報をテレビで見ていると、明日は一転して気温が下がるという。「明日は一枚多く服を着ていくようだね」と話しながら、明日着る服を勧める。

自立生活という形

こんな、ある暮らしの風景。

部屋の家主は重度の、と言われる知的障害の人。私や、共に活動している介助者たちはたとえば週に一回そのお宅に行って、三時間や八時間や泊まりなど、一緒に過ごし、暮らしに必要なことをします。現在、その多くは介助料が得られる（得られる可能性のある）事柄ですが、仕事として介助に入る人ばかりが取り巻いているわけでもありません。

生活は日々切れ目なく続きます。ひたすら寄り添い続け、毎日を代わる代わるひとつのバトンをつないで伴走し続けています。いつも調子の良いときばかりではなく、体調を崩すこともあるし、なぜだか機嫌の良くないときもあります。良いときもそうでないときも、たんたんと毎日を送るための支援をすることで、ひとりひとりの自立生活を成り立たせています。

重度と言われる知的障害／自閉の人たちにも、入所施設で暮らすのではなく地域での自立生活という形があります。

この本では、まずは自立生活の実際について紹介したいと思います。

支援を使って、地域で自立した暮らしをしている人がいること。

集団生活をモデルにした支援の形ではなく、一対一の支援をモデルにすること。

自立生活にあたってどのようなことが必要で、そのための支援や制度をどう使うか。

そんなことを知ってもらい、すでに自立生活やその支援をしている人たちや、これから自立生活を始めようとする人たちの助けとなりたいと思います。

障害者支援制度とその議論――『良い支援？』のその後の

私たちは二〇〇八年に『良い支援？――知的障害／自閉の人たちの自立生活と支援』を書きました。

その後、現在に至るまで、障害者の地域生活支援の制度はめまぐるしく変わり、多くの議論がなされてきました。

二〇〇九年の自民党から民主党への政権交代を受け、当時国との間で争われていた自立支援法違憲訴訟は和解。二〇一三年八月までに自立支援法を廃止する取り決めがなされました。この和解を受け、「障がい者制度改革推進会議」の下、新たな法整備を目指して「総合福祉部会」が設けられました。この部会には障害者、家族、事業者、自治体首長、学識経験者などのさまざまな立場から五五人の委員が参加し、自立支援法に代わる法制へ向けた骨格提言を二〇一一年にまとめました。

骨格提言では、障害者が保護の対象から権利の主体と認められるべきこと、障害があることで分け隔てられるべきではなく、地域で暮らす権利を実質的にするためのいくつかの権利――必要な支援を受ける権利、意思（自己）決定を行う権利、どこで誰と住むかを決める権利、どのように暮らしていくかを決める権利、特定の様式での生活を強制されない権利、移動する権利とそのためのガイドヘルパー等の支援を受ける権利、など――が盛り込まれました。障害者運動の中では長い間主張されてきたことでしたが、公式に国に答申されたものとしては画期的な内容でした。

しかし二〇一二年に成立した現行法――障害者総合支援法は、骨格提言の求めたことをほとんど見送り、自立支援法をわずかに変更したものとなりました。自立支援法の「廃止」というよりは、看板だけ掛け替えた「一部改正」に収まったのです。

けれどもそこで行われた重要な改正のひとつが、重度訪問介護の対象拡大です。

『良い支援？』で私たちは、自立生活を支える介助の制度として、重度訪問介護を知的障害の人たちにも使わせてほしいと訴えました。「重度訪問介護」は、全身性の身体障害のある人が長時間の見守りを含む介助制度として作り獲得してきたものです。一九七〇年代に東京都の制度として始まった「介護人派遣事業」を端緒として、二〇〇三年に「日常生活支援」という枠で国の制度に組み入れられ、その後の法改正で現在の形になりました。

障害者総合支援法において、肢体不自由に限らず知的障害などの人も重度訪問介護を使えるようになり、二〇一四年度から実施されました。

しかし、対象拡大は誰に広がったのか、どのように使えるのか。どのような経緯で実現したのか、またどのような課題があるか？　新しく始まった制度で、しかもとてもわかりにくい内容になっているため、その解説書が求められていると思います。本書では重度訪問介護の対象拡大について、その考え方から実際まで、さまざまな角度からの記述を試みました。

ただし、重度訪問介護は現行制度の中でとりあえず使える手段のひとつであって、今の制度ですべてが解決されたわけではありません。

総合支援法には、施行の三年後に見直しを行うとの附則がつけられました。二〇一五年に入り厚生労働省の社会保障審議会などでの議論が具体化してきています（本書初版の段階ではそれがどのような形で決着されるのか見えてはいませんが――しかし、そう大きな・良さげな進展は期待できないのですが)。

見直しの項目としてあげられているもののひとつが、本書のテーマでもある「常時介護を要する障害者等に対する支援」、そして「障害者等の移動の支援、障害者の就労の支援その他の障害福祉サービスの在り方」です。意思を伝えたり判断したりといったことが難しいとされる人の支援「意思決定支援」のあり方も検討項目となっています。

しかし、こうした議論では、意思決定ができないから支援が必要、意思決定できない人には専門的な技術のある人が専門的に支援することが必要、知的障害者はうまく介助者を使えないから常時介護は難しい、いつも介助者がそばにいるとかえって不安定になるのでは、などというつまらない話にすぐなってしまっているように思います。そういう話では、そう単純な話ではないんですが。

また、この十年ほどの間にあまりにも制度が複雑になっており、生活を支えるための制度であるはずなのに、ともすると当事者も支援者も次々に要請される制度に振り回されて・合わせられてしまっている現実もあるのではないでしょうか。それでも、それらをひとつひとつひも解いて、私たちの側で理解し考えておかなければ、勝手に求められるシステムと闘えないということもあります。そんな時、本書を傍らに置いていただきたいと思っています。

ズレてる支援！

たいていの暮らしは日々穏やかに過ぎていくけれど、難問が飛び込んでくることもあります。


「（介助相手から）お金を渡されたけど、これはなんでしょうか」

「仕事に出る時間なのに、なかなか出ようとしません。どうしたらいいでしょう」

「次の介助者が来てないけど、どうなっている？」

「お父様が見えて今使っている洗剤はよくないから別の洗剤を使ってほしいと言われたのですが」

「話しかけると突然キレられたんだけど、ぼくのことが嫌いなのかな」

「介助者の○○さん、いつも掃除をちゃんとやってくれない」


こんな連絡がメールや電話で、他の介助者たちから寄せられます。介助者だけでなく、障害のある人、家族、あるいは役所や近所の店や隣に住んでいる人や警察や児童相談所や弁護士などということもあります。

地域での暮らしにおいては、障害のある当事者とのことにとどまらず、他の介助者や事業所との間のこと、家族や他の人との間のことと、課題は多くの人々との間で生まれます。単純に障害が重度だからたいへんで、軽度だからそうではない、ということでもありません。

物事が困難として現れるのは、地域で暮らし続けている障害のある人やその周囲の人たちの生き延びてきた姿が、少しだけ垣間見える瞬間だと思います。

「利用者と関係ができているし、ぼくのときにはまったく問題ないよ」という介助者の声。かたや別の介助者からは「まったく何をしたいのか、理解しているのかわからない。手が出たりするのをどうやって対処すればいいのかわからない」という訴えもあります。どの見え方もある面正しいし、でもどちらも少し違う場合もあると思います。

問題なくやってこれていたことがある日できなくなったとき、人によってはそれは「嘘をつかれた」「裏切られた」と思うかもしれません。「嘘をついたあの人は駄目だ」と思うかもしれないし、「嘘をつかれた自分は嫌われているのか」と責めるかもしれません。それは正しい場合もありうるけれども、どちらの見方もまったく違っていることもあります。あるべき姿をまわりが押しつけているだけで、本人はそんなことは関係なくやりとりしてきていたことがたまたま問題化しなかっただけなのかもしれません。がんばって応えようとした結果、それが周囲からすると裏目に受けとめられている場合もあります。本人だけの問題ではなく、周囲の人たちの意識的あるいは無意識的な発言や行動によって困難になっていることも多くあります。

私の前にいるその人の姿が、いつものその人の姿ではないのですが（障害のあるなしに関わらずそれは当然のことなのですが）、私の見ている姿がすべてだと私が勘違いしていることもあります。それでも勘違いでもしないと苦しいし、逆に何もできなくなるから、まずはそこから出発したいってこともあるんだけれど。

何年もの時間が経ってから、私は誤解していたんだと気がつくことがあります。およそ支援の営みは、そもそもズレているのだと。何がズレているのか、どこがどの程度ズレているのかは、しかしその渦中にいるときにはなかなかわからないものかもしれません。

意思決定支援などという言葉が使われ始めていますが、そんなことできるだろうか？　どのように意思を尊重し、しかしそれだけによらないものをどう作っていけるのだろう。たくさんの物事をその都度より分けて考えていくしかないのですが、「意思決定」の「支援」ができるかのような言葉を軽々しく使うことをためらうのです。

本書は、障害のある人を課題とするのではなく「支援」の課題について書いています。まだ途上ですが、「わたしたちはこうしてきました、こう考えてきました、考えています。こういうことがわからない」ということをまとめました。私たちの取り組みが、本書を読んでくださるひとりひとりが考えていく助けとなりますよう。

寺本晃久

ズレてる支援！——知的障害／自閉の人たちの自立生活と重度訪問介護の対象拡大

目次

第4章　ズレてる支援／おりあう支援 ――― 岩橋誠治

第5章　支援は常にズレている――末永　弘

第二部　重度訪問介護の対象拡大と生活の実際

第6章　重度訪問介護という枠組み――寺本晃久

第三部　次につなげる

第9章　重度訪問介護の対象拡大を重度知的当事者の自立生活支援につなげるために——岩橋誠治

第一部 ズレてる支援

第1章　生活・支援の実際

寺本晃久

1　地域で暮らし続ける

知的障害があり、比較的重度とされる人の中で、支援を受けながら自立生活を始めてきた人がいます。私たちが知り合えている人の中には、古くは三〇年近く前にそうした暮らしを始めた人もいます。

「重度」とひとくちに言っても、さまざまな人がいます。身体障害を併せ持っている人もいるし、ある程度物事の理解はできるけれど発話や会話が難しい人、あるいは自閉で強いこだわりを持っていたり、自傷他害の困難を抱えている人もいます。けれどもここでは、障害の程度がどうとか、障害の中身や原因などについて書くつもりはありません。障害のある人を問題にするのではなく、支援する人や周囲の人々との「間」で起こることを主題にしたいからです。そして自立生活ができるかどうかは、障害の程度や内容によるものではないと思うのです。さしあたっては、生きていく上で、あるいは生活を送る上で、比較的多くの支援や介助が必要な人。今までは親や家族が同居し支援できないならば、施設でしか暮らせないだろうと考えられてきた人、とします。

自立生活といっても、ひとりでさまざまなことをするわけでありません。自分の家を持ち（借りて）、そこに介助者が必要に応じてやってくる。介助者を使って、衣食住に関わること、外出、身だしなみや排泄といった支援を受けながら、自分らしい暮らしを送る。昼間は仕事をしたり日中活動の場で過ごしたり友人と会ったり遊びに出かけたりする。障害があってもなくても、暮らしを送るためにやっていることはたいして変わりはありません。自分ではできないことや難しいことは、支援を受け、結果として生活が成り立てばいいのです。

ついでに言うと、障害のない人でもすべてのことをひとりでやっているわけではありません。一緒に暮らしている家族に洗濯や金銭管理をやってもらったり、自分で店に行かずに宅配で品物を持ってきてもらったりしているでしょう。会社に通う時には、誰かの作った自動車を使い、誰かが作って誰かの運転するバスや電車に乗っています。困ったときやわからないことがあれば人に相談するし、誰かのつくった電気で誰かのつくったエアコンを動かしています。自分でできることは自分でやることもあれば、時にはさぼったりできなかったりしながら、日々を送っているはずです。

障害のある人は、障害のない人に比べるとその助けがより必要なことは多いかもしれないけれど、健常者があたりまえのように使えている助けや道具を得にくいために、むしろ少なくしか支援をされていないとも言えます。

障害が重いために施設でしか暮らせないのではなく、地域で暮らすための支援や介助が不足しているから、地域で暮らせない。障害のある人に関わる人が限られており、生きていく上での基本的な介助は家族が担うしかなかったから、障害者が生きる場は家か施設しかなかったのです。

公的な支援の状況は二〇〇〇年代以降大きく変わりました。二〇〇三年の支援費制度は大きな転換点でした。それまでは自治体ごとに制度がつくられて、身体障害の人に限られ、地域によりばらつきのあった介助制度が、国の制度になり、全国的に、知的障害者にも広く介助制度が使えるようになりました。それまで一部の自治体で制度化され、知的障害のある人の外出の支援を行ってきたガイドヘルプ制度も、国の制度となり全国に広がりました。また、このときに措置から利用契約へと、支援の提供のされ方が変わりました。障害者に対する処遇は行政による措置とされ、最終的には入所施設に入ることを基盤に組み立てられたものでしたが、支援費以降は地域生活の支援を前提とし、利用者が事業者を選ぶしくみになったのです。

支援費制度は二〇〇六年に障害者自立支援法に変わりました。このとき、行動障害のある人向けの行動援護という類型が新設され、また精神障害者にも介助制度が利用可能となります。二〇一二年の障害者総合支援法成立を受け、二〇一四年からは、長時間の見守りも含めた介助ができる「重度訪問介護」という枠組みが身体障害の人だけでなく他の障害者にも使えるように広がりました。それまでは、主に自宅内での居宅介護と主に外出のための移動支援・行動援護といった具合に、目的別に内容と時間が分かれ短時間で区切られた介助制度しか利用できませんでしたが、そうではない類型も使えるようになったのです（後述のように、対象者が限られているという課題はありますが）。

自立生活を始めている人はこの一〇年の間で少しずつ増えてきました。もっとも、まだまだ自立生活ができている地域は多くはありません。障害者本人のキャラクターや生きてきた状況、親や家族、支援者、地元行政、友人関係や近隣住民などの、ある種幸福な出会いによるところが、今なお大きいです。それでも一九九〇年代以前には、こうした介助の制度はないか、少なく、個人的なつながりのボランティア的な力に多くを頼って自立生活を送る障害者の生活が支えられてきました。支援費以降、そうしたものが事業化・制度化したことの課題はありますが——一定の制度的な基盤は一〇年前二〇年前に比べて整ってはきました。

2　自立生活とその支援

支援があれば自立生活はどの人にもできるはずです。課題は、どのように支援があればいいのか、ということだけです。

けれども自立生活の実際について書かれたテキストはほとんどありません。一般に、障害者の介助者研修で使われるテキストでは、最初に障害について多くのスペースが割かれており、その後でその障害に特化した支援の方法について書かれています。しかし個人の障害のことを掘り下げていったところで、どこまでいっても自立生活はできないし、支えることができない。障害そのものよりも、制度をどう使うかですし、生活すること自体への支援のあり方や組み方をどうするのかという課題が先にあります。

ここでは、自立生活の様子と、その支援についておおまかに紹介します。

(一)　家探し

まず、住む場所が必要です。

介助者が泊まる必要がないか短い時間しかいないなら、最低限ワンルームや1Kなど本人が暮らすスペースがあればいいと思います。けれども介助者が毎日のように泊まり込む場合や、長時間一緒にいる必要がある時は、介助者が別に過ごせる部屋をつくるとお互いに楽に過ごせます。すると2K、あるいは居間と寝室さらに介助者用の寝室で2DKや3Kといった物件に住むことになります。

家賃は、本人の暮らし方と介助者の動き方を考慮し、一ヶ月の収入で支払える額の物件になります。賃貸ではなく持ち家の場合もあるでしょう。元々は家族と同居だったところに、他の家族が出て行って本人が残って住み続けるということもありました。

公営住宅には、車いすを使う人が住みやすいように広めで段差がないつくりになっている部屋が設けられている場合があります。障害者世帯であれば入居の優先順位が上に来るような枠があります。

二〇一四年からは、グループホームのサテライト利用が認められています。グループホームの近隣にアパートなどの一室を確保し、生活が落ち着く間はグループホームの入居者のままでひとり暮らしという形をとることができる制度です。集団生活であるグループホームから離れて単身生活をしようという人にとっては使える選択肢のひとつです。

知的障害のある人のひとり暮らしについて、不動産業者や大家の理解が得にくいことがあります。障害者というだけで最初から相手にされなかったり、あまり物件を紹介してくれない業者もあります。障害者がひとりでいて危なくないか、家賃がきちんと払われるかと不安に思う業者や大家に対して、支援がついての暮らしであることや、年金や生活保護があるために家賃の支払いはむしろ保証されることなどを丁寧に説明していきます。物件を一定選べる状況にあるならば、本人が作業所などに通いやすい場所や、支援団体や関係者からの支援を受けやすい場所などを考慮することもあり得ます。部屋はできるだけ本人名義で借りることが前提とはなりますが、大家の理解を得るためにまずは家族や支援者・支援団体の名義で借りて、ともかく生活の実態をつくることを優先する手段も考えます。保証人を家族にするのか、支援者や支援団体が受けるのか、あるいは保証人協会を利用するかということも事前に、あるいは業者との交渉の中で決めていきます。

住居が決まり新たな生活が始まってからも、様々な判断を要します。部屋をどのように使うか。寝る時はふとんにするのか、ベッドにするのか。家具はどのようなものをどの程度調達するか。服をどのように整理するのか。生活の道具をどこに置くか。おそらく本人だけではすべてを一度に判断することは難しい。最初は「とりあえず」の判断（本人と支援との双方による）で進め、生活を送っていく中で次第に決めていく（決まっていく）のです。

足踏みや反復行動をして大きな音を出す人の場合、振動や音の漏れやすいアパートでは近隣の人とのトラブルになることがあります。金額的には厳しいけれども一軒家を借りるか、遮音性の高い物件を選ぶか、一定の改修をすることが必要になるかもしれません。

そして住み続けるには、契約の更新の手続きや、建物の不具合の際に対応したり、大家や近隣とのつきあいへの支援もしていきます。

特定の物にこだわりが強い人の場合、見えるところに置いておくと壊してしまったり、使い切ってしまう物があるかもしれません。そういった物をどう保管するのかも考えることになります。刺激になるものは避け、本人や周囲の人に危険があるものであればなおさら、隠したり見えないようにするかもしれません。一方で、本人が自分で使い切るのだから仕方がない、なくなったらとにかく補充し続けるという考え方もあるでしょう。どちらの方向も、地域で自立生活の形で生活するには難しさが出てきます。本人が使い切って本人のお金で補充するに任せていると、他の暮らしに使えるお金が減ってしまうし、補充するのもたいへんです。だからといって隠すと、次から次へと隠すものが増えるかもしれませんし、本人のいないところで使うのも限界があります。家の中はなんとかなっても、外へ出たら隠しきれない物がたくさんあります。

「本人に見せるとパニックになるから」「介助者がただたいへんになるから」、物を見えなくするとか隠すのでは、順番が逆です。

(二) お金

住む場所とともに、生活費をどのように得るかも考えます。まずは障害基礎年金や手当などの、障害者向けの所得保障の制度をできるだけ利用し、さらに足りない部分を生活保護や働いた給料などでまかなうことになります。たとえば次のような方法があります。

①障害基礎年金

国民年金の制度に、障害基礎年金があります。一級と二級で額が違います。二〇一五年度で二級の場合月額六万五〇〇八円、より重度の障害の人を対象とする一級はその一・二五倍の八万一二五八円。年金の額は年ごとに変わることがあります。

②手当

都道府県などの自治体の制度として手当が支給されることがあります。

東京都の場合は、ひと月あたり次のような手当があります（平成二七年度）。

心身障害者福祉手当 ……………………一万五五〇〇円（愛の手帳一～三度、身障手帳一～二級）

特別障害者手当 ……………………二万六六二〇円

東京都重度心身障害者手当 …………六万円

重度心身障害者手当は愛の手帳で一、二度相当の知的障害のある人で、かつ「問題行動が著しい」「難治性のてんかん」といった精神症状を伴う人が対象となります。それぞれの手当ごとに受給できるための所得制限や障害の内容が定められています。

③給料など

就労継続支援B型事業所などの事業所（作業所）に通っている場合、作業に応じて工賃や給料が出ます。月に千円程度から一万円程度のところが多いですが、数万円の単位の給料を支給している事業所もあります。

④生活保護（障害加算、他）

生活保護は、年金や就労で得られる収入だけでは「健康で文化的な最低限度の生活」が難しい世帯に対しその生活を保障する制度です。受給の条件は、まず預貯金や、生活に利用されていない土地建物があれば売るなどして、生活費に充てた上で、それでもなお活用できる資産がないこと、働けないか、働いてもなお生活保護基準の額に満たないこと、そして親族などが扶養を放棄すること、です。親が元気なのに扶養をしないとなると、「親子の縁を切らなければならないのか」と思われるかもしれませんが、単に経済的な扶養をしないということであって、家族としての愛情や精神面での関係が続くことは変わりはありません。

生活扶助基準は市区町村ごとに六つの級地別に分けられ、さらに年齢や世帯の人数によって細かく計算されます。それに加えて障害者加算などの加算、住宅扶助、教育扶助が上乗せされた額が生活保護基準になります。生活保護基準の額から毎月の収入を差し引いた額が生活保護費として支給されます。

たとえば二〇歳から四〇歳で、東京の区部や多摩地区の多くの市在住（一級地―一）かつ単身者の場合、生活扶助基準は七万九二三〇円。障害者手帳の等級が一・二級相当だと障害者加算二万六三一〇円。住宅扶助が東京都の場合五万三七〇〇円までの家賃の実費。合計で最大一五万九二四〇円が生活保護基準となります。すでに受け取っている基礎年金が月額で八万一二五八円だとすると、残りの七万七九八二円が生活保護費となります（とてもおおざっぱな計算なので、その他就労しているなどで他に収入認定される額が生活保護費から差し引かれます）。

住宅扶助は都道府県別に基準が定められています。敷金・礼金、更新料、改修や補修費用も住宅扶助でまかなうことができます。

特別障害者手当を受給している場合は、重度障害者加算として一万四四八〇円が上乗せされます。

⑤税金の控除、他

障害者世帯は、基礎控除に加えて税金が控除されます。

住民税が非課税の場合は、他の制度の自己負担が安くなったり無料になることがあります。本来は介助や日中活動などの支援制度を使った場合はその費用の一割を負担しますが、その一割負担が無料になります。自立支援医療を利用する場合の負担も無料です。グループホームに住んでいる場合は、家賃補助が一万円つき、さらに東京都の場合では一万二〇〇〇円と二万四〇〇〇円を上限とする二種類の家賃補助制度があります（収入に応じて額が決められます）。

(三) はたらく／日中の過ごし方

住居と収入という生活の基盤ができた上で、日中どのように過ごすかも考えます。

福祉サービスの制度では、生活介護や就労継続支援B型といった枠組みがあります。内容や形はさまざまで、働くことが主なところもあれば余暇活動が主なところもあるし、利用者に応じて個別のプログラムや仕事を用意しているところなどの幅があります。運営主体や設立の背景もさまざまで、親の会が主体となって運営しているところ、地元行政がバックアップして作ったところ、入所施設の一部門として作られたところ、親でも行政でもないNPOなどが運営しているところなど、事業所によって特色があります。

一日単位で利用が可能で、毎日では体力的気持ち的に難しいので週三日通うとか、A事業所に二日・B事業所に残り三日行くということもあります。

一般就労を検討することもあるでしょう。就労につなげるための支援制度も使えます。

（四）食事

毎日の食事をどうするか。

たとえば、その日に作りたい物を決め、一緒に買い物に行き、家で一緒に食事をつくり、一緒に食べる、といった流れがあります。

しかし毎日何を食べるか、何をつくるか決めて実行に移すことは、よく考えると悩ましくもあります。たいていのことは自分が考えて調理もできる人の場合は、介助者は見守りを基本として、たとえば皿洗いがうまくできているかや火の元の安全だけを確認したり、本人がわからないことだけ応えます。あるいはメニューの指示は本人がするが、どのような材料を買えばいいかや調理については介助者が担当する場合もあるでしょう。本人が本人のやりたいように（できる仕方で）調理を進めるが、水加減や味付けなどを介助者が必要に応じて横からちょいちょい手を出して、二人羽織のようにご飯をつくることもあります。

そしていつ食べるかという判断も重なります。人によっては一日二食や一食という人もいるし、三食だけでなく間食も含めて四回五回と食事をする人もいるでしょう。

また、「毎日同じメニューを選ぶ」ということがあるかもしれません。それは「偏食」であって改善すべき課題だと見えるかもしれません。けれども「毎日同じ」だとしても、それが好き嫌いであるか、習慣であるのか、他のメニューを知らないのか、ということが介助者からはわかりにくい。本当は違うメニューにしたくても、指示がうまくできないとか遠慮しているために、「毎日同じ」なのかもしれません。あるいは、知っていてそれしか食べないのか、介助者の調理がまずいのか、知らなくて選べないのか、といったこともあります。

毎日どんな食事をつくっているか介助者間で申し送りをしていくと、たとえば決まってA介助者のときに同じメニューを頼んだりつくったりしているということがあります。メニューを指示する時に介助者が誰なのかを基準に指示しているかもしれないし、曜日や時間帯やその日の流れを基準に選んでいるかもしれません。

このように、食事ひとつとっても、回数、時間、量、内容、場所、手順、あるいは誰と食べるかなどと、多くの選択をするわけで、それだけで介助者も含めてどう選び実現するか、考えるべき大きなテーマとなります。

(五) 健康

時々は風邪をひいたりして寝込むことがあるでしょう。でも、たとえば「体調が悪い」ことを言葉として言えない、表現することが難しい場合があります。言葉が話せる人でも、それが体調が悪いという目に見えない感覚的なものだとすると、「何かがいつもと違う」と感じていても、それが何なのかが本人自身で理解しにくいときがあり、それを「体調が悪い」という言葉として伝えられないかもしれません。「休んではいけない」と思いこんでいたとしたら、「今日は体調が悪いから仕事を休む」と言えないかもしれません。いつもとは動き方が違う、ゆっくりしているとか、ふとんから出ようとしない、食欲がないみたいだ、といった変化を周囲の人が気づいてわかることもあるでしょう。

地元の内科や皮膚科、歯科などの医者と懇意にしておくと、病気になったときに医師にかかりやすくなります。

医者にかかるときに本人が言葉で症状をうまく伝えられないことがあります。そのときには介助者が本人の様子や、元気な時と病気の時の様子の変化をくみとったり説明したりすることになります。

てんかんをかかえている人は、かかりつけの医師によって処方された薬を服用することで、発作を抑えています。数年にわたって発作が起きない場合もあるし、薬を飲んでいても年に一度程度から毎月発作が起こることもあります（個人差があります）。正しく服用されているかを介助者がフォローします。発作の状況や体調や生活のリズムといった日常の様子を支援者が把握し、医師と連携しながら対応します。

(六) 洗濯・掃除

洗濯や掃除をどのような頻度で、どのようにするのかは、それぞれの家のやり方によって違ってきます。「本人が自分でやり、介助者は本人ができないところだけを指示に基づいて行う」のが基本形ではありますが、その上で、何をどうするかはさまざまな形があると思います。

たとえばおおむね日を決めて(洗濯は毎日朝、掃除は休日などと)、一緒に家事をする場合。一緒に、の中身もいくつかあるでしょう。本人が洗濯物を干し、形を整えるのは介助者と役割分担をして行う。あるいは自分の部屋の掃除は本人がやり、他の場所は介助者が掃除をする、など。また、本人がいつ洗濯や掃除をしていいか悪いかを決めて、実行するのは介助者という場合。その際にもやり方はいろいろとあり、たとえば特定の場所は勝手にいじってはいけないが、その他は介助者にまかせる、等々。判断や実施の多くが介助者に委ねられることもあるでしょう。

食事などに比べると、洗濯や掃除は毎日やらなくても生きてはいけるし、何をどこまで掃除するのかなど人によって価値観や能力に幅がある事柄でもあります。部屋が汚くてもよい人もいるし、とてもきれい好きな人もいます。幅があり、切実さが低い分、判断の基準をどこにおいて支援するのかが課題になります。

第一に介助者は、家主の習慣や個性に合わせて対応します。しかし、きれい好きな人のときは本人の求めに応じて介助をすればいいのでわかりやすいけれど、掃除をしない場合、ふたつのことを考えます。本人の好みで掃除しないときと、本当はもう少し片付いている方がいいけれどどう伝えていいか、どうすればいいかがわからないときとがあります。

洗濯や掃除を、まずは介助者のやり方である程度やってしまって、生活のペースを作って見せて、それをベースに本人の流れとおりあいをつけていくことが考えられます。

介助者が「洗濯しますね」と言うと「だめ！」と言われたこともありました。すると介助者は「洗濯したくないんだ」とか「ぼくのことが嫌なんだ」と考えてしまいます。もちろん本当にそういうこともあるとは思いますが、「だめ」という言葉だけをとって「洗濯すること自体をしたくない」とは言えないかもしれません。「今はしたくないけど夕方ならいい」という意味でもあるし、「洗濯は次の○○さんに頼む予定で、今あなたには別のことをしてほしい」「洗濯するとその後どうなるかがわからない（この服を洗濯すると今日着る服はどうなるの？）から洗濯ができない」という意味かもしれません。他の介助者のときにはなんなく洗濯できるのに、あなたが介助者の時には拒否されるということがあれば、伝え方がどこか違っていて誤解させてしまっているとか、やり方が違うから任せられないと思われているとか、あるいはあなたは洗濯する人ではないと思われているということもあるかもしれません。

（七）排泄

おしっこや大便のコントロールが難しい場合があります。

もちろん障害があるとみんなができないわけではありませんが、人によっては、時折あるいは常時、排便に難しさを抱えていることがあります。もしもらしてしまうことがあれば、周りでごちゃごちゃ言ったり良い悪いと評価したりせず、本人の清潔と本人や周囲の人の羞恥心に配慮し、淡々と対応します。

身体の機能的な問題があってそもそも排泄のコントロールが難しいこともありますが、必ずしもそれだけが理由でないかもしれません。

たとえば自分の家や慣れている場所では、自分でもどこにトイレがあるかがわかり、使い慣れており、いつでも使っていいということがわかっていれば、問題なく用を済ますことができるけれども、慣れない場所でトイレがどこにあるかがわからず、そうしたときにどうすればいいかわからなくて／言えなくて、もらしてしまうかもしれません。また、特定の「このトイレ」で用を足すと自分なりに決めていることがあると、いくら目の前にトイレがあってもその人が決めた「このトイレ」でなければがんばって我慢しているかもしれません。

人によっては排泄自体はできるけど、自分ではトイレの水を流したり体をきれいにしたりすることが苦手な場合もあるでしょうし、排泄物にこだわってしまうこともあるでしょう。介助者としては、難しいことや目が行き届いていないことを見守り、ある程度の清潔が保てるようにサポートをします。

（八）金銭管理

お金の管理や扱いを誰がどうするか。

普段の食材や交通費の扱いについては、たとえば次の四通りがあると思います。

①本人が持ち、本人が払う
②本人が持ち、介助者が払う
③介助者が持ち、本人が払う
④介助者が持ち、介助者が払う

①の場合は、言葉通り、本人が財布を持ちその中から本人の使いたいように使います。②では、一緒に買い物に行き、買いたいものを本人が選びます。支払いの前に本人が財布から必要な額を介助者に渡すか、財布ごと渡し介助者がお金を取り出して支払います。③については介助者が財布を管理していますが、支払いの時に必要な額を本人に渡し、本人が支払います。④では、介助

者がお金に関わることを全面的に扱います。単に本人の金銭の扱いを代行しているだけで、本人がほしい物を選び、それに従って介助者が支払うということではあります。介助者が払う場合でも、本人が払っていることをお互いに意識することが大事です。

また、これらは常にどれかであるわけではありません。日常的な買い物は本人が管理する場合でも、家賃や光熱費などの大きな額の支払いは支援者が代行したり、支払い専用の口座を作っておいて自動引き落としにしておくこともあります。ふだんの生活費一ヶ月分を本人だけで持つのが難しい場合は、一週間ごとや一日や二日ごとに決まった額を本人が持つようにするとか、食費と交通費などと目的別に分けておいて管理するといったことも考えられます。

本人がお金の扱いが十分にできない場合、だまされたりとられたりする危険にどう対応するかが課題となります。支援者がお金を扱う割合が大きいほど、お金の管理には慎重である必要が出てきます。買い物の場合にできるだけレシートをとっておき、使った場所や目的を明らかにできるようにしておきます。

また、家に出納簿を置いておき、毎日会計をつけて残高や収支の状況を目に見えるようにして、本人や前後の介助者やコーディネーターなどと相互に確認できるようにしておくという方法もあります。

（九）家事、他

その他、暮らしていくにはさまざまなことが必要で、その都度の判断や配慮があります。

――たとえば、服をどうするか。その日に何を着るか。今日は作業所で畑仕事があるので作業服を持っていく。気温や天候によって衣服の調節をする。冬が近づいてきて寒いので上着をひとつ足そう、逆に温かくなってきたから半袖のものにしよう。夏に着ない上着はクリーニングに出して、押入の奥にしまっておこう、等々。

――たとえば、今日は天気がいいのでふとんを干しておこう。そろそろティッシュペーパーがないので、次の日曜日に買いだめしておこう。ストーブに使う灯油がないので買ってくるか、配達してもらおう。

――いざお湯を沸かそうとしたらコンロの火がつかない、どうしよう。

――部屋は寒いのにエアコンをつけようとしなかったり、服も薄着のままだけど、寒くないのかな？　本人の指示をただ待って、部屋が寒いのに本人が暖房をつけないのは、本人は寒くないと思っているとかエアコンが嫌いだと介助者が推測して一緒に我慢してしまっているということもあるかもしれません（スイッチがわからない、寒いと言えない、寒いと感じているがどう対応するかわからない、にも関わらず）。その逆に、介助者の体感だけで判断してしまうと、本人にとっては室温が暑すぎたり寒すぎたりという場合もあるでしょう。

――旅行に誘われたけど、参加するかどうか。

こうしてたくさんのことがあって、季節毎やその日その日、その都度その都度の状況に応じて、臨機応変に対応することになります。

その他、たとえば役所から送られてくる年金の現況届けなど、対応すべき手紙に対応すること。選挙に行くこと。そもそも選挙に行くかどうかということからの判断まで考え始めると難しいものです。介助者自身が普段から選挙にあまり行かないと、なおさらです。選挙権は権利のひとつなので、「まずは行くものだよね」という前提で対応し、周囲の人が権利をあらかじめ奪わないことから始めなければなりません。選挙というしくみ自体がわかりにくいものだし、どの候補者、どの政党に投票するかをどう判断して、どのような方法で投票するのか。投票所で票を入れるには候補者の名前を字で書くわけですが、字が書けないことがあります。候補者の名前を指して、係の人に代筆してもらう方法もありますが、掲示されている名前も漢字まじりの文字だけで書かれているので、もしかしたら投票したい人がいてもその人の字を読めなければ違う人を指してしまうかもしれません。たとえ字が書けても、事前に誘導されて書いているかもしれないし、などと考えるとたくさんの課題があるとわかります。

（一〇）日常と非日常

長く暮らしを続けると、さまざまなことに出会います。

これまで書いてきたことはせいぜい一週間や月単位での日常生活に関わることでしたが、年間を通して考えると、台風や大雪に見舞われることがあります。天候によって通所先が急に休みになる場合、ひとりでは家で過ごすことが難しいときには、臨時でいつもは介助がいない時間帯にも介助者を手配する必要があります。天気予報を確認しながら、前日から通所先が休みになった場合の対応について考えておきます。

親族や友人に不幸があったときに法事に参列することもあるでしょう。その時に付き添ったり、持ち物は何を持っていくか、服装を準備したりする支援をします。

あるいは地震をはじめとした災害や、事件事故に巻き込まれることもあるでしょう。その対応を支援することもあります。

正月などの長期の休みに親元に行くかどうか。行くならどのくらいの間行くか。日帰りにするのか、介助者がついていくのか。年末年始は通所や仕事が長い休みになり、自立生活をしている人も親元などで過ごすことがあります。自分の家で過ごす人は普段通所などに行く時間に誰かしら介助者が一緒にいる期間が一週間くらい続いたりします。

介助者も地元にいる人と、地元から離れて帰省したり遊びに行く人とがいます。その期間、あまり介助に入らない介助者が入っていたり、その曜日にいつもと違う介助者がいたり、いつもより長い時間一緒に過ごしたりと、介助体制は変則的になります。介助体制を組むコーディネーターも年末の特別の予定を組んだりこなしたりするのと同時に一月の予定を組むべく連絡を取り合い、さらにコーディネーターの個人的な用事（自宅の大掃除や家族のクリスマス行事など）もあるので、たいへん忙しくなります。

親と過ごす人にとっては、実家での親の動きに合わせる生活になり、いつもの自分のペースとは違う日々になります。自宅で過ごす人も、介助のシフトが変わったり世間の様子が違います。いつも見ているテレビ番組もやっていません。通所が休みなので遅くまで寝ていてもいい。どこかいつもと違う調子になることがあるけれど、それが、通う場所が休みのためにいつもとリズムが違うのか、介助者が変わったためにリズムが違うのか、あるいは別の何かが変わったことによるのか、お互いにわかりにくくなり、さらに混乱していくのです。

3 介助者

（一）介助者あつめ／介助体制の組み方

これまでつらつらと暮らしの細かな部分について書いてきましたが、そうした当事者の暮らしを支える「介助者」や「支援者」を集め、支援の体制をつくっていくことが必要です。

制度によって介助者が派遣されるには、まず地元の市区町村の障害福祉の窓口にホームヘルパーを使いたいとの申請をします。市区町村による調査を通じて、障害支援区分の認定を受けます。介助を長時間利用したり通所やグループホームなど複数のサービスを使う場合はサービス等利用計画を立てることになります。

地域で使える介助制度としては「家事援助」「身体介護」「移動支援」「行動援護」そして「重度訪問介護」などがあります。支給された時間にもとづいて、介助派遣を行っている民間の事業所を通じて利用者宅へ介助者を派遣する形をとります。自治体から支払われる介助料は建前としては利用者に支給され、それが「代理受領」という形で事業所に支払われます。制度としては他に、自治体の独自制度としてたとえば一時保護制度が活用できたり、パーソナルアシスタンス制度が設けられている場合があります。また、生活保護を受けている人については生活保護の「他人介護加算」を使うことができます。

介助派遣の事業所にただ電話をかけて、「介助者を派遣してほしいが、誰かいませんか」とだけ言っても、人手がそういつでも余っていてすぐに来てもらえることは期待できないかもしれません。毎日の長時間の派遣となるとなおさらだと思います。自立生活以前の、家族同居や入所施設にいる段階から少しずつ支援に入る人や事業所との関わりをもち、自立生活を始めてからのことを想定して、当事者のことを知る人を増やしていくことができれば、スムーズに移行できます。また、中心となる一人～数人の支援者が最初のうちは集中的に生活を支えながら、徐々に他の事業所や介助者を入れていくこともあるでしょう。

どのように介助者を組み合わせるかは、暮らしの状況や本人の必要に応じてさまざまです。たとえば、平日の昼間は通所に通っており、それ以外のすべての時間帯を訪問系の介助で支援する場合、週七日夕方から翌朝までを介助者三人から四人で担当しそれぞれ週二回ずつ泊まるという体制を考えてみます。土日と祝日の昼間は週一～二回ずつ二人で担当すると、最低で介助者は五人程度は必要になります。もう少し少ない人数でも対応はできるけれども、介助者も体調不良や個人的な都合で休むこともあるし、本人が通所を休む場合は日中も介助で支援するとなると、五人では少ないかもしれません。週二回の泊まりの介助者が辞める事態になると、残っている人たちの間でそれをカバーすることが難しくなるでしょう。

ひとりの介助者で夕方から翌朝まで対応する（した方がよい）場合もあるでしょうし、時間をもう少し細切れにして一日二～三交代にするということも考えられます。たとえば一〇時から一七時まで、一七時から二二時まで、二二時から翌一〇時まで、といった具合に。

なるべく曜日や時間帯を固定した上で、当事者のスケジュールと介助者の都合や流れを考慮しながら、毎月シフトを組みます。

可能ならば、複数の事業所から介助者を派遣する体制を組むことを薦めます。それぞれの事業所によって得意なことや支援のやり方、本人との関係のあり方が違うのですが、その違いを生かした関わりをそれぞれで担うことで、支援の幅が広がります。お互いをチェックしあう意味や、人手の確保のために役に立つこともあります。

少々の時間ならひとりで過ごせるのであれば、必ずしもすべての時間を誰かが一緒にいる必要はないし、自立生活を始めたばかりのときと生活のリズムが定着して慣れてきたときとでは体制の組み方や時間が変わってくるかもしれません。

介助者がいることは、面倒なことでもあります。介助者の入る時間に本人の動き方や暮らし方がしばられることがあります。たとえば急に同僚に飲みに誘われた場合、そこに介助者をつけるかどうか、待ちあわせや交代時間をどうするか、その判断や連絡をする必要が生まれます。

(二) 連絡をどうするか

本人が、その日にやるべきことやスケジュール、体調の変化、次の介助者への申し送りなどを伝えられないことがあります。

その場合、その部分に支援が入ります。その日一日で完結する事柄や、その介助者がいる間の出来事は、介助者と本人とでやりとりして解決していけばよいのですが、日をまたいだり途中で介助者が変わるような場合、物事を引き継いでいくのです。「調味料がもうないので買ってください」「体調がよくないようです。経過に注意してください」「〇月〇日にもちつきのお誘いを受けています」といった具合に。

ただ、この申し送りをどのようにするかが課題となります。

たとえば、当事者宅に連絡ノートを置いておき、各介助者がそこに連絡事項を書いておき、引き継いでいくやり方をとります。しかし前の日の介助者が書いたとしても、次の日の介助者が読み忘れるか意図を理解できなかったり判断できなかったりで、引き継ぎ事項に対応できないままにしておくと、さらにその次に入った介助者は、最初の申し送りが適切に処理されているのかがわからなくなる、ということがあります。

伝言板を壁につけておき、そこにその日の申し送りを書いておく方法もあるでしょう。この場合、伝言板を介して本人も同じ情報を理解し、それを直接介助者に指示することができます。ですが、伝言板で引き継げることには内容的・時間的な限界もあります。

些細なことでも、それが引き継がれなければ介助者が交代した途端にわからなくなります。たとえば介助中にちょっと出かけて缶コーヒーを買った。テーブルの上に置いたままにして、介助者は時間になり帰っていった、だがそのことをどこにも申し送りをしなかった、と想定します。次に入った介助者は、その缶コーヒーを見つけますが、それがどういうものかがわかりません。

「このコーヒーは何？」と聞いても、家主はうまく答えられません。もらった物なのか、家主が買ったものなのか、介助者が持ってきて忘れたものなのか、介助者が家主への差し入れで置いていったものなのか、などと考えられますが、何もわからないことになります。さらに家主がその介助者に缶コーヒーを差し出しましたが、「缶をあけてほしい」のか「あなたにあげる」なのか「間違って買ったからいらない」なのか「前の介助者が忘れていったからなんとかして」ということなのかがわからない。

生活の主体は本人です。その日に何が必要か、何をするのかはまずは本人が決めることです。しかし本人がそこを十分にできず支援者に委ねる部分が増えれば、支援者の中でだけ申し送りが回り、支援者の決めたスケジュールに当事者がただ乗っているだけになる危険性も出てきます。往々にしてそうなりやすいし、でも生活のある部分は支援者が暮らしのペースを作っていかないと暮らしが続かない場合もあります。

第2章

何を基準にして支援するか

寺本晃久

1　それぞれで考えるしかない、のだが……

支援や介助の場面で、どうすればいいか、どう考えればいいのかが難しい場面が、よくある。そして、そうしたことはなかなかものの本には書かれていない。本に書かれていることは迷いがないことばかりだと思ってしまう。教科書は一般に読まれるテキストだから、当然と言えば当然であるのだけれど。けれども支援者にとって、当事者にとって、肝心なことはむしろ教科書に書かれていないことである。

テキストには答えがわかっていることだけが書かれているのだが、それは答えがわかったから書けたことであって、答えがわからないこと、答えがないことについてはそもそも書くことができない。あらかじめ当事者の障害特性や気持ちがすでにわかっているという前提から、「このように支援しましょう」「こうしたらうまくいった」という結論が導かれているように思う。

それでも、私たちは日々何かをし続けている。当事者の指示に従って動くこともあるし、他の介助者や親の決めたとおりにやることもあるし、自分で考えることもある。そして今日はうまくいったと思うこともあるし、失敗したと思うこともある。

一般的には何かを言えたとしても、個別の事柄については「答えはない」。それはわかっている。けれど日々出会うさまざまな事柄についてどうすればよいのかの指針がなさすぎる、あるいはありすぎるがために、つまるところ、では何を基準に支援するのかについてわからなくなって、さまよう。

前著（『良い支援？』）で、私は、「聞く」でも「聞かない」でもないし、「指示に従う」でも「止める」でも「ていねいに伝える」でもない場所があるのではないか、と書いた。こう書くと、何でもありで、結局何も言っていないのとたいして変わらないような気もする。読む人に「考えてほしい」と投げている。触れる課題は人それぞれなんだから、各自で考えるしかないことでもあるけれど、私は私でもう少し進めてみる。

2　たとえば、何にどの程度お金を使っていくかの判断

本人が希望を言えれば、まずは、まわりはあまり悩まないで本人の希望するものを購入する。言葉で伝えられなくても、指さしなり動きなり、写真やカードなど、さまざまな方法を使って、何かしら希望を出すことができれば、まわりはその実現を支える。

けれど、本人が希望を示したり指示をしない場合、どうするか。

ひとつの考え方は、まず、誰がやっても生活する上で必要な消耗品・食材については、介助者の定期的な業務としてあらかじめ決めておき、本人と一緒に、あるいは介助者の判断で買い物に行く。トイレットペーパー、帳簿のためのノート、食器や洗濯の洗剤、醤油や味噌などの調味料、米やお茶、食器類といったものが挙げられる。宅配で定期的に届くようしておく方法もある。

でも細かく考えれば、たとえば洗剤ひとつとっても、安ければなんでもいいという判断もあれば、必ず銘柄を指定したいという判断もありうる。米や味噌だって、種類や値段の幅があって、人によっては好みが分かれるところだ。とはいえ、生活を送る上では誰もが買うものであって、価格や内容に大きな差はないので、悩む幅はまだ狭いとも言える。

そうした判断を誰がどのようにするかという課題は残る。別居していても親が健在であれば親

が決めて、支援者はそれに従うということもあるだろう。親は子どもが生まれたときから長い間一緒に暮らしてきて、一挙手一投足を見てきた。子どものことを常に気にかけ、将来を楽しみにし、また心配をし続けてきたから、親は子どものことをよく理解しているかもしれない。けれども親と同居していたときの状況と、親から離れて暮らしているときの状況は違うから、親の判断に常に沿うのがよいとは限らない。親からの指示を聞いて、しかしいざ介助者とやりとりしてみたら、親のようには介助者ができなかったり、親が言っていたことと違うことを本人はやっていたりすることがある。親と介助者とではつきあってきた関係や時間が違うし、場所もそのときの状況も違う。親という同一人物が常に一緒にいて当事者のことを見続けている場所と、同じ人が定点で見てはいない場所とでは、おのずとやり方や中身は違ってくる。また、こういうときに後見人が必要だと言われるけれど、では後見人は何によって判断するのかという同じ課題はある。

それは、電化製品、衣類、嗜好品、外食、趣味の物、催し物、家具類など、人によってどれを選ぶかどの程度の金額を使うかに幅があるようなものについて判断するときに顕著となる。本人は希望を言わないけれど、あった方が生活を豊かにしたり便利にしたりする支出はありうるが、実際どうすればいいか。

本人の収入に応じて、一応の予算を（食費にいくら、光熱費にいくらなどと）立てておき、それを目安に三ヶ月なり一年なりの間の状況によってどう使うかを本人や介助者との間で考えていく方法をさしあたりとる。年金を少し超える程度の収入しかなければ、おのずと使える金額も限られるので、選択の幅もそう大きくはなく、比較的安いもの・必要度の高い物から順番に使っていくことになる。

障害があるから決められないとか希望を言えないわけでは必ずしもなくて、経験がなかったり知らないから、わからないだけということはある。本人に判断を求めるより先に、いろんな経験を一緒にしてみることだし、とりあえず買ったり出かけてみたりして一緒にお金を使ってみる。それを重ねる中で、どうしたいとかこれは嫌だと希望を言ってもらえる。「どうしたい」までは言えなくても「これは嫌」は言えたりする。ともかく、そうした経験をお互いに積み重ねる中で、希望が言えるようになることはある。本人が希望を言える言えないという前にやるべき事、かける時間はある。

でもそうした前提をふまえた上で、なお難しい場面はある。何にいくら使うかという判断は、人によって大きな幅があるからだ。衣類ひとつでも、とりあえず着られればいい、寒さがしのげればいいからとにかく安い服がいいし上着もひとつあれば一年過ごせるという人もいれば、逆に高くてもデザインと品質がいい服を、その日の気分で選べるようにいくつもの種類持ちたいという人もいる。

それでも服は必要だから、本人が言わなくても介助者が誘って買い物に出かけて、服を買う。

わからないなりに、介助者が「これだ」と思って服を買ったけど、一度も着てくれなかった。食堂で何を食べたいかわからないからとりあえずカレーなら食べるかなと介助者が頼んでみたらあまり食べてくれなかった。しかしそうした「失敗」も次の買い物の場面に生かすことができる。

第二の課題は、本人が希望するが、それに応じているとお金がなくなったり、健康に良くないと考えられる場合。これも、ひとまずは本人の使いたいように、本人の指示に従うという「判断」がある。側で見ている介助者としては不安になったり、無駄遣いして！と腹立たしく思ったりしながらも、本人の言うがままにただ見ているかもしれない。失敗を含めて何事も経験であって、一時期は使いすぎることもあるけれど、そこから使い方を知っていくことは、障害があってもなくても同じだ。傍から見ていると無駄に思えることも本人にとっては大事なことかもしれない。それができるのは自立生活の良さでもある。

けれども、それでもなお、お金をコントロールすることが難しくなる場合がありえる。使う額や内容によっては生活そのものを崩しかねない。

そこで、「本人はできないんだから」「わからないんだから」「ただ見ているだけなんてかえって無責任だ」と考え、本人の希望を止めさせるという「判断」もあるかもしれない。すると今度は、どこまでを本人ができないこととし、どの部分を支援者が扱うことにするのか、そしてその判断を誰がするのか、という課題が出てくる。判断をどのようにするのか（できるのか）という課題もある。また、希望を封じること自体が次の問題を引き起こすかもしれない。希望を封じられてしまう関係性は、他の事柄についても当事者の行いを左右し制限できてしまう危ういものである。

ひとつの工夫としては、家賃や食費など最低限の生活に必要なお金は別の口座に分けて支援者が管理しておいて、仮に本人の持っているお金がなくなっても暮らしはなんとかできるようにしておくという方法は考えられる。あるいは「話しあう」という手もある。ただしこれは、本人のできなさを本人にわかってもらうことを目的とする方法だ。できないことは周りが決めているわけだが、話しあうという形の中で、それを決めている側の「判断」のあり方を曖昧にしてしまうことは踏まえておかなければならない。

そもそも、何かができる・できないということ自体、おおざっぱな言い方だ。「買い物ができる」というひとつの行為の中には次のようないくつかの事が含まれている。

①何がほしいのか希望を考える、②何にいくらかかるかを考える、③使えるお金がいくらあるかを考える（買いたい物を買ったら他の何かに使うお金はなくなるがどっちをとるか、など）、④どこでどのように買い物ができるかを考える、といったいくつかの段取りがあって、初めて「買い物ができる」。介助者が関わる場合はここに、①希望を伝える、④介助者と買い物に行く段取りを

組む、という作業が加わる。さらに、ひとつひとつの行程に介助者が支援することもある。行程のそれぞれに、本人がひとりでできる（わかる）こと・できないことがばらばらにある。たとえばお金の金額がわからなくても、何がほしいかを伝えることはできる、など。

もう少し考えると、何をもってできる／できないと言えるのか。ともすると私たちは簡単に「〜ができている」「〜はできない」と人のことを指摘してしまうが、ひとつの物事に含まれる要素を分けて考えてみると、うかつには言えなくなる。それを語る側に評価の軸があって、できる／できないを判断しているのだが、その評価軸はあくまで評価する側にあるものでしかない。

常識的には、ほしい物・必要な物があるからお金を使って買い物をする、と思われるけれど、お金を使うこと自体をしたいとか、お札ではなくコインを持ちたくて何でもいいから百円程度の買い物をして両替をしたい場合もあるかもしれない。人のお金を使って自分の買い物をする場合もある。まわりは危ないと思っていても、本人とすれば大丈夫だと思っている。

「自分でやらないといけない」と思っていて、かなり無理をして・がんばってひとりでやろうとする。そうした姿を見て介助者は「自分でできている」と思う。実はできていないのだけれど、できない姿を介助者に見せられない。介助者からすると嘘をつかれたと思うが、当事者とすれば介助者の顔色をうかがって取り繕ったにすぎず、介助者のために本人が合わせてくれただけということもある。

なんだかんだいって、支援者は強い立場だ。しかし、このことを長い間、私は理解しにくかった。

3　非対称性

二〇歳のころは、健常者だろうが恋人はいない、貧しい、不器用、将来が不安、などなど、当事者とも状況はたいして違わない。けれども四〇歳になってくると、違いが見えてくる。介助者は結婚して子どももいたりする。そこそこ経験も積んで経済的にも自立している。かたや、施設にいったまま出られなかったり、自立生活はしているけれど状況があまり変化していない場合がある。

障害のある人の支援制度は格段に進んだ。住む場所と経済面と生活するための介助は――その中身は様々だとしても――得られるようになってきた。とりあえず生きてはいける。でも、毎日食べて寝てというレベルにおいて、ひとまずは生きていける「条件」が整ってきたということでしかない。

世界や関係は狭い。行く場所が決まっている。介助者は言われたことや決められていることをただやっている。限られた関係や場所の中の往復しかしていない。親と介助者とのつきあいの中だけで日々を過ごしている。

休みの日や、特に予定のない時間にどう過ごすかというとき、どうしていいか困ることが多い。その日暮らしで、何も計画しないで介助に入っていると、どうしようか苦し紛れだ。

支援には生活を廻すことと広げることの二つがあるならば、相変わらず自分は廻すことに注目している。でも生活を廻すことだけやっていても、ほっとくと世界は狭くなってしまう、何もなされないと世界は広げられない・広がらない。それではつまらない、なんのために我々はいるのかという話にもなる（自立すればいいってわけじゃない）。しかし一方、廻すことだってかなりのエネルギーを使って日々維持しており、いつでも廻すことすら危うくなるのと紙一重でもある。それでもどうにか続けようとしていて、それは廻すというよりも生き延びているという側面も常にありつづけているとも言える。

季節が変わり、当事者も支援者も変わっていく。同じ人がやっていても変化はする。その中身は様々だろうが――成長、なれ合い、老化、気分、体調、嗜好のうつろい――。それに応じて毎月毎年毎日、チューニングすることに不断に力をかけている。

自分自身の世界もたいして広くはない。自分のことでさえおぼつかないのに、人の世界を広げるというのはイメージがしにくい。それでもなお、障害のある人が自立生活して支援もそこそこついていても、では、たとえば私が仕事帰りに駅前の店に入ってさっとラーメンを食べるといったようなことが、みんなどれだけできているかといえば、そんなことだってたいしてやれていなかったりする。

介助があるだけでは廻らない。介助と支援があるだけではまだ足りない。

4 介助者が誰かによって、その都度の対応やどう動くかが変わる

たとえば、Aさんの介助に入るのはたいてい決まった曜日や時間に入っているけれど、事情によって開始と終わりの時間や曜日が変わる場合がある。

すると、長らくAさんの習慣だと思って見ていたことが、どうも介助者の「交代」にあわせて流れを作り、むしろ合わせてもらえていたのかもしれない、と気がついた。

以前は一日を昼夜二交代で、昼の時間には食事づくりをして、夜に次の介助者が来たら別の買い物を頼まれていたのだけれど、ある時、交代なしで通しで夜まで入ったら、いつもの買い物はなくなり、その代わりに食事づくりの時間を余裕をもってとれるようになった。

それまで、わざわざ交代してから買い物を頼まなくても、昼の介助者の時にいっぺんに頼めば済むのにと思っていたけれど、逆から見ると、後の介助者のために「仕事」をつくってくれていたのかもしれない。

そして、後の介助者もいうことを聞いて買い物に行く。介助者は頼まれるから買い物に行くわけだけど、買い物に行くから買い物を頼むという順番なのかもしれない。途中交代がなければ、その分の「仕事」はなくてもいいから、自分のペースで食事づくりを頼める、という理屈のようだ。

介助者としては単にある時間が来たら交代するだけで、その間にどの介助者でも何をして何を頼んでも同じだろうと思っていたけれど、当事者側からするとそれはとても大きな分かれ目として感じられる。

別の例で、水曜の田中ヘルパーのときはからあげをつくるし、木曜の寺本ヘルパーのときは煮物をつくる。ある日の夜、寺本ヘルパーはいつものように煮物をつくったがその日は二一時で田中ヘルパーに交代することになった。田中ヘルパーが来たら今度はからあげを頼まれた。表向きは本人に頼まれてつくっている。でももしかしたら、寺本が煮物をつくるから煮物を頼む、田中がからあげをつくるからからあげを頼むという順番なのかもしれない。

介助関係は一方的なものではない。介助者が一方的に配慮するだけではない。

当事者と介助者双方が気を遣ったり気を遣われたりする。たとえばAさんはいつも日中通う場所から駅までの道のりを、日中活動の支援者が付き添って帰っていた。Aさんはいつもその支援者を誘って駅へ向かう。介助者は駅までAさんを送っていると思っていたが、実はAさんからすれば「介助者を駅まで送っていく」と考えていた。

また別の介助者は険しい顔で接する当事者Bさんのことを怖く感じていたのだが、Bさんからすると介助者が何をするのか、何を言うのかわからなくて怖がっている。

介助者の伝え方が悪いために、伝わらなかったり、できたりできなかったりすることもある。当事者Cさんは何度も同じことを聞く。介助者Dさんは何度も応える。応えつつ、食事を作っている時に同じことを聞かれるといらだちもする。しかしCさんとすればDさんが応えてくれるから何度も聞く。話をしてくれるのがうれしいからかもしれないし、Dさんに気を遣っているからかもしれない。何度も聞く人がいると同時に「何度も応えている介助者」がいる。でもDさんはいつの間にかCさんの求めに応じていることに気がつきにくい。介助者が当事者に合わせると同時に、当事者が介助者に合わせている。介助者に合わせる当事者について介助者が合わせる。そんな連鎖に絡め取られる。

当事者のキャラクターと介助者のキャラクターのかけ算で、その時々のできる・できないや、当事者と介助者の判断のあり方が違う。それに加えて、介助者と当事者だけで暮らしているわけではなく、その時々に接している相手や周囲の状況とのかけ算が重なり、あり方が変わっていく。

問題が起こると、どうしても当事者の問題にされてしまいがちだけど、実は周りの人たちもとても不用意な対応をしている。当事者と周囲の人とで話したりつきあう場面で、当事者にとって外国語のようなわからない言葉が用いられていたり、言葉を不用意に使っていたりするということがある。不真面目な対応という意味ではなく、それどころか真面目すぎる対応が実は不用意だということもある。本人もその場だけの対応で、ある意味不用意に答えたり反応していたりする。ただしその場では会話が成立しているように健常者側が、あるいはお互いに、思いこんでいる。後になって、何か問題が表れて初めて、実は会話は成り立っていなかったとわかる（後でわかるならまだしも、問題が表れても気がつかないこともある）。

「話し合って、お互い理解し合えればいい」という意見があるけれど、そもそも話をする以前に、見ているものが違い、立っている場所が違うことがあり、結果、話が最初から成り立たないということがある。これは障害があるなしには必ずしも関係ない。話すことをためらう。どうせ通じないだろうと不安に思う。言ったら怒られるんじゃないかと思う。同じ言葉・同じ行いをしていても、お互いに違う論理でその言葉を使っている。どうすればいいだろう。

第3章

亮佑の自立と自律

岡部耕典

1　前夜／3・11

しまった。強い揺れがおさまったときにそう思った。これは電車が止まる、帰らなくちゃ、すぐに、とも。職場の大学で研究会の最中だった。いっしょに記念会堂前まで退避した参加者にそそくさと詫びて別れを告げ、すぐに自宅のある三鷹方面に向かって歩き始めた。

五時前にもかかわらず、帰路につく人たちで歩道はすぐに一杯になった。被災地の様子は皆目わからなかったが、新宿の大ガードにさしかかったとき、家電量販店の壁面ディスプレイが東北の街を巨大な津波が押し流していくさまを映し出すのが見えた。その前で声もなく立ちすくむ人々を押し流すように通り過ぎていく人のうねりが津波の映像と重なりながら、今でも蘇る。

携帯で連絡がとれて、亮佑が無事に帰っていることがわかった。いつものように特別支援学校に介護者が迎えにいってくれていたのである。でも、亮佑自身よりも、介護者が帰り、彼とふたりで取り残されているつれあいのほうが気がかりだった。亮佑は不安定になっているに違いない。亮佑と添い寝をするのは私の役目なので夜までに帰宅しなくてはならない。はやく帰らなくっちゃ、はやく三人いっしょになりたい、と気が急いた。

自然と歩みが早まり、職場のある早稲田から自宅までの二〇キロほどの道程を四時間あまりで歩き尽くしてしまった。帰り着いた街には都心とは異なるおだやかな日常が流れ、亮佑の顔をみて心底ほっとする。つれあいも思いのほか落ち着いていた。痛む足をさすりながら、繰り返し流される津波の映像を眺めるともなく眺めたのち、亮佑に添い寝しながら、これが「世界の終わり」だとしても[1]、今はこうしていたい、なんか『渚にて』[2]みたいだな、とぼんやり思いながら眠りについたことを覚えている。

2　自立生活の開始

3・11とその後の「被災」体験は、常時支援が必要な障害のある子どもと家族として在ることのかけがえのなさと同時にその脆さをあらためて思い知る契機となった。家族として在ることを大切にしたい。しかし、それを家族のみの力で守り抜くことは難しい。それならば、別れるのではなく距離を置き、委ねつつ守るほうがよいのではないか。亮佑を自立させるという決意は、震災の体験で揺らぐというよりはむしろ強固になっていったように思う。

二〇一一年三月に特別支援学校を卒業し、四月から市内の通所施設に自宅より通いはじめる[3]。それから三ヶ月の間をおいて、自宅から車で一五分ほどのところにあるアパートを借りて、亮佑の介護付きの一人暮らしが開始される。その決断を支えたのは、小さいときから続き、そして3・11後の不安定な日々においても揺らぐことのなかった介護者たちと亮佑の関係性[4]に対する信頼であったと思う。

亮佑には重度[5]の自閉症と知的障害だけでなく、強い行動障害[6]がある。それゆえ、亮祐が自立生活を始めるにあたり、不安がなかったといえば嘘になるだろう。しかし、自立してからの亮祐は自宅にいたときよりもかえって落ち着いているようにみえる。

もちろん、行動障害や「問題行動」がなくなったわけではない[7]。しかし、家族との別居を寂しがるとか、ことさらに不安定になることもまたない。家族と同居していたときから生活の一部をともにしてきた介護者たちとの生活を謳歌し、そして月一回、満面の笑みを浮かべて「帰省」する彼を迎え、そして翌日送り出す。そのときこみあげてくるのは、成人した子をもつ親の誰もがそのようなときに味わうであろう、ほんのりとした寂しさであり、そしてそのように思える余裕があることの嬉しさである。

3　支給決定

亮佑は自立前でも月一二〇時間から一五〇時間に及ぶ家族同居の知的障害児としては異例ともいえる介護の支給決定を受けていた。自立するためにはその倍以上の介護時間が必要だったが、それまでの積み重ねもあって[8]、思いのほかスムーズに自立生活の開始に際して必要となる合計月三五四時間の支給決定を得ることができた。これは平日通所している時間と夜間八時間を除くほぼ二四時間の支給に相当する。コーディネーターの末永さんからの提案もあり、夜間の見守りに対してはあえて支給を求めず、その代わり、行動援護一二七時間や身体介護九三時間など比較的時間あたりの報酬単価が高い介護の時間数をきっちり確保する戦略をとった。これらを「伸ばして使う」[9]ことで夜間も含む介護者の費用を確保し、そのうえで支給決定はなくとも夜間の見守りは事業所側が責任をもって行うことをアピールすることで、市町村審査会の非定型支給案審査もパスすることができた[10]。

このような支給決定が得られたのは、自立以前から月一二〇時間から一五〇時間に及ぶ家族同居の知的障害児としては異例の長時間介護の利用を認めてきた自治体の懐の深さと、ピープルファースト東久留米を支え、多くの重度知的障害者の地域移行と地域自立生活支援に取り組んできた自立生活センターグッドライフ／自立生活企画とその介護者たちが、亮佑の生活と成長を小学生のころからともに担い築き上げてきた実績に帰するところが大きいと思う。

障害者権利条約[11]の批准を踏まえ、障害の種別や程度を超えた地域自立生活の実現が求められている。しかし、重度訪問介護を使った肢体不自由者の自立生活がまがりなりにも進展している一方で、グループホーム／ケアホームは必ずしも重度知的／行動障害のある障害者の地域生活の受け皿となり得ていない[12]。

長時間の見守り介護がなかったら、亮佑もいずれは入所施設に行くしかないだろう。そのような危機感が〈親の熱意〉[13]となり、〈力のある事業所〉[14]がそれを支え、〈懐の深い自治体〉——財政状況も含めて——がそれを受け止めた結果、ともかくも亮佑の自立が実現したということである。しかし、それはニーズをもつ当事者すべてに所与となるものではない。亮佑の自立とその支給決定をめぐる一連の経緯は、重度訪問介護の対象を拡大し、知的障害者の見守り介護を正式に制度化することの意義をあらためて確認する契機となった。

4　重度訪問介護の対象拡大

前著、『良い支援？』が世に出てから五年八ヶ月、そして亮佑の自立生活開始後二年九ヶ月。本当にいろいろあり、またさまざまな問題をはらみつつではあったが[15]、二〇一四年四月一日から重度訪問介護の対象が知的障害者・身体障害者まで拡大されることになった。亮佑の重度訪問介護支給申請の準備は年明けから開始したのだが、都道府県に対する厚生労働省の事務連絡の遅れもあり、重度訪問介護の支給決定が行われたのは五月も後半のことであった。

支給決定の内容は、「五三一時間／月（七・五％加算対象者）うち移動介護八一時間」である。時間数がそれまでの三五四時間から大幅に増加したのは、支給を受けずに行っていた夜間の見守り介護が時間数に加算されたことによる。

ただし、そのうち二時間分は介護者の休息・仮眠時間として、あえて支給申請は行わなかった[16]。主として総金額を過大にせず円滑に支給決定を進めるための戦略だったが、結果的には長時間の介護に対する労働法規上の問題の対策にもなった。行動援護や身体介護などの単価の高い介護がなくなったが、必要な時間数がきちんと支給決定されたため、金額ベースでは夜間二時間分がなくてもこれまでを若干上回る総支給金額[17]である。

制度開始直前の二〇一四年三月七日課長会議資料には、「行動障害を有する者が重度訪問介護を利用するにあたっては、行動援護事業者等によるアセスメントや環境調整を経る必要がある」という一文があるが、亮佑は以前から行動援護を利用しており、かつ派遣元のグッドライフは重度訪問介護だけでなく行動援護の事業所の指定も受けていたので、基本的にはこの点は障壁とはならなかった[18]。

5 住むところ

引っ越したところは、母屋となるアパートに軒を接した古くて小さな木造二階建てである。一定の広さと市内かつ通所できるという条件を適えつつ、近隣とのトラブルも起こしにくい物理的環境を備える物件ということで[19]、探すのはそれなりに苦労もあった。最終的に契約[20]した物件は、地理的条件や築年数で考えれば相場より割高であり、加えて近所とトラブルを起こしたらすぐに退去するという念書を書くことが前提条件となった。こちら側も窓ガラスに飛散防止のテープも張るなどして万一の事態にも備えたが、近隣との大きな問題は発生していない[21]。

6　通うところ

亮佑のように働けない／働かない障害当事者の生活の質とリズムを担保するうえで、いわゆる「日中活動」はきわめて重要である。その意味からも、現在通っている通所施設が入所施設に併設されたものであることにはいささか抵抗もあったが、市内に他に適当なところがなかったこと、また、介護も日中活動もすべて同じグッドライフ／自立生活企画のグループ内というのも生活が閉鎖的になってしまう懸念も感じ、そのような選択となった。

とはいえ、そのような当初の懸念も今のところよい意味で裏切られている。亮佑の生活は通所の日中活動と支援付き自立生活の両方があることでより充実しているようであり[22]、加えて、介護者と施設職員がお互いを意識してよい意味で張り合うという思わぬ副産物も生まれている。しばらくはここに通う、ということでよいのではないかと思う。

7　住まいと生活の費用

自立してから障害年金や手当の支給が開始される二〇歳までの時期は、生活費や家賃は基本的にすべて親の負担であった。近隣相場からすれば割高の家賃[23]と生活費を合算するとそれなりの金額である。とはいえ、子どもを私立大学にいかせて下宿させればそのくらいはかかる。祖母たちに託された亮佑名義の貯金もあり、特別支援学校高等部を卒業してから成人するまでの二年間の住居費・生活費の負担は、物理的にも心理的にも無理はないものであった。

二〇一三年二月で二〇歳になり、年金と手当の受給が開始された[24]。障害年金一級＋特別障害者手当＋東京都重度手当で約一八万円／月の収入である。現在はこれらの年金と手当によって、住居費も含めた日常生活の費用はほぼ賄うことができる[25]。

「親亡きあと」には生活の自立だけでなく経済的自立も必要となるが、まず生活を自立させることで、経済的な自立のための方策にも真剣に取り組むことになり、その目途もつけられたことになる。

8　介護のこと

平日は夕方に通所施設に迎えに行き、翌朝の送迎バスに乗せるまでを一人の介護者が担当している。通所施設が休みの土日や祝祭日は昼間の時間帯にも介護者が入る。

曜日ごとに決まった介護者が「枠」[26]で入り、コーディネーター自身も週一回は泊り介護を担当している。コーディネーターは一〇年以上亮佑を担当している古参の介護者のひとりであり、他の者も親との同居時代から亮佑の介護に入っていた者が多い。とはいえ、一年に二人ぐらいの交代はあり、自立生活開始から四年の時点で自立以前から亮佑の介護に入っていた介護者は全体の半数以下になっている。

重度知的障害／自閉の人は「環境の変化に弱い」と言われるが、亮佑の自立がひとまず成功したのは、自立前と自立以降で居住環境は変わっても、人的環境（介護者）は継続したことの寄与するところが大きい。緩やかな介護者の継続性を前提としつつ、そこに適度なローテーションも存在することが関係の硬直化を防ぎ、それは介護される者だけでなく介護する者にとっても好ましいことではないかと思う。

9　お金を使うこと

年金や手当が振り込まれる亮佑名義の通帳はコーディネーターが管理し、そこから週単位の生活費が彼自身の財布に移される。一日の使用金額の目安を踏まえて、その日の介護者が財布より支払いを行う。コーディネーターは自分の介護日にたまったレシートをチェックし、次の一週間の生活費を財布に入れる。

家賃や水道光熱費等は口座引き落としである。旅行や家具などの特別な支出についてはコーディネーターと親が相談し、親が管理する別の本人名義の通帳から出金する。月一回の帰省日の費用やその他特別な出費は親が負担し、そのほか衣料品などを買って渡すことも多い[27]。

10　連絡と調整

住居設備や健康・衛生面の管理から通院の付き添い、行政手続きの支援や通所施設との調整など、介護調整、金銭管理以外でもコーディネーターと介護者が連携し合い、チェックし合っている[28]。コーディネーターは親・行政・通所先との連絡や調整の要であり、その経験と本人との関係性には全幅の信頼をおいているが、それもそのような緩やかなチェック&バランスの存在が大前提となっている。とはいえ、行政や通所先はなにかといえば親を頼ることが多く[29]なんだかなあ、と思う。

11　これからと「親亡きあと」

自立開始時点の亮佑の生活は、資金も部屋探しも親がかりのいわば「支援付き下宿生活」であった。それが二〇歳になって年金と手当を得て日常生活における経済的自立も果たし[30]、さらに重度訪問介護の対象拡大により支援の基盤となる制度も一応確保できた。住まい・お金・支援という自立生活の三点セットの少なくとももとりあえずの基盤を得たことになる。

ただし、最終的な「親亡きあと」の課題は残されている。〈支援の継続性〉についてはひとまずおくとして[31]、では、〈住まい〉や〈お金〉についてはどうか。日々の生活は年金と手当によって賄うとしても、ゆくゆくは「家賃がいらない自分の家」があれば暮らしに余裕ができる。また、それとは別に生活のゆとりや緊急時の出費のためにそれなりの現金を残したいとも思う。

しかし、そのような「親心」をかなえることが実は現行制度では難しい。「意思能力を有しないときはその法律行為は無効とする」という民法の考え方[32]によって、資産を相続するとか「自分の家」の所有者となるためには、成年後見制度の利用を迫られる可能性が高い。

この制度には問題が多く、基本的には使いたくない[33]。そもそも、〈住まい〉と〈お金〉と日常生活の〈意思決定〉は連続している。本人に月一回ぐらいしか会わない後見人に身上監護などできるはずもなく、「計画相談」とやらの事務作業に追われる相談支援事業者に「意思決定支援」を、というのも机上の空論と思えてしまう。

現在の支援付き自立生活において、亮佑は自分自身の財布と本人名義の貯金通帳を持ち、アパートも本人名義で契約している。そのことを大前提としつつ、彼のしたたかで悩ましい「意思」とせめぎあいつつ行う介護＝生活支援の現場において日々の「意思決定支援」が行われ、介護調整やお金の管理も行うコーディネーターによって実質的な後見人の役割が担われている。〈親〉は外側からそれを眺め、大きな財産を「管理」し、ゆるやかに日々の支援を「牽制」している、だけである。

「第三者」を、というならば、後見人でも相談支援者でもなく、このような〈親〉の役割を将来代替可能な後見監督人のような機能こそが必要であり、それ以上でもそれ以下でもない。

12　これから自立する人たちのために

自閉／知的障害の当事者が支援付きの自立生活を営むには、三つの〈壁〉が立ちはだかっているように思う。

ひとつは〈制度の壁〉である。そもそも今回の対象者の拡大はきわめて限定的なものである[34]。利用が広がれば今度は財政的理由によって利用が抑制される懸念もある。ホームヘルパー上限問題とその後の移動介護の行く末を思い起こすまでもなく、実は、制度は広がるときに一番注意が必要である[35]。

自立を阻むもう一つの壁は〈親の壁〉であろう。激しい行動障害は思春期が過ぎるとそれなりに落ち着いてくることが多い[36]。一方、親はおおむねその時期に定年を迎え、気力・体力・経済力の三つ組の低下が生じる。障害のないきょうだいが自立していったのちは、年金という「財布」をもった当事者はその親にとって物心両面において頼もしい同居人であり、年を重ねるほどに手放すことが困難になってしまうことがままあるように思う。

そして、最後に立ちはだかるのが〈本人の壁〉である。小さいときからの家庭や学校での閉鎖的で保護的な生活のなかでは当事者の主体性は育ちにくく、そのような乏しい社会的関係においていったん挫かれてしまった自尊感情を回復させることは容易ではない。

学齢期の知的障害／自閉の子どもに対する介護は、本人の主体性と他者に対する愛着形成の基盤を作るうえで重要であり、それによって成人したのちに支援を受けて自立／自律することが可能となる。その意味からも行動障害がもっとも激しい児童期・思春期においてこそ、家族以外の者による継続的な長時間見守り介護を受けながら在宅生活を継続し積極的な社会参加を行うことには大きな意味がある。

親元での長時間の見守り介護は（少なくとも第一義的には）親のレスパイトではなく、ましてや「個別の療育」であっては断じてならず、まず本人の将来の自立の準備として構想される必要がある。さらに、小さいときから介護者とともに生活することは「意思能力が不十分」とされる当事者にも将来の支援を受けた自立／自律生活を可能とし、同時に将来の自立生活をともにする介護者を育てる営みともなることを忘れてはならない。

13　なぜ「重度訪問介護の対象拡大」だったのか

「自閉症の人には構造化による環境調整が必要」といわれるが、そもそもその人が暮らす地域全体を「構造化」することはできない。だからといって予防的対応や制御的対応[37]が過ぎれば行動障害はむしろ悪化する。「環境調整」でも「訓練」でもなく、当事者と介護者が日々の生活を支えつつ抗いながらともにするときに行う小さな共同意思決定／共同責任[38]の積み重ねこそが、支援を受けた自立生活の当事者主導を担保する。

重度訪問介護とは本来そのことまでを含みこんだ個別的・継続的・包括的な「長時間見守り介護」であり[39]、それゆえ、知的障害者の長時間介護の制度化を行動援護の延長にではなく、重度訪問介護の対象拡大によって実現することを求めてきたのである[40]。その先達には東京・多摩の重度知的障害当事者たちの自立生活の実践があり、亮佑も今回めでたく？　その一員に連なることになった。

とにもかくにも、スタートは切られた。あとは、シノゴノ言いつつ、ジタバタやるしかないのではないかと思う。

自立支援と自律支援の便宜の内容（岡部 2006:118）

類型	便宜の内容
自立支援	・身体介護（入浴、排泄、食事、着替え、服薬、洗顔、歯磨き、髭剃り、爪切り等） ・家事援助（調理、食事準備、後かたづけ、買物、掃除、洗濯、布団干し、ごみ捨、整理整頓等） ・移動介護（公共機関、通院、余暇活動、買物、会議への参加等） ・行動援護（強度行動障害に対する予防的・制御的・身体介護的対応） 〈上記の便宜の内容に加えて下記等を含み、かつそれが統一的に提供されることが必要〉 ・見守り（上記内容を本人が実行するための声かけ、自傷・他害防止含む） ・コミュニケーション支援 ・金銭利用支援（お金を下ろす手伝い、買物の際のお金に関するサポート） ・話相手 ・人間関係の調整 ・緊急時の対応（体調不良時の病院への付添、事故、近所とのトラブル等）
自律支援	・行政手続の援助 ・金銭管理の支援（銀行口座の開設、家賃・光熱費の引落、お金の下ろしかたや使い方の相談） ・健康管理の支援（病院を選ぶ相談、病院への同行、病気の内容や薬に関する説明、薬の管理等） ・１週間、１ヶ月、１年という単位での生活のプラン作りの支援 ・社会資源のコーディネート（ヘルパーを入れる時間の相談、事業所との調整、日中活動の場を一緒に探すこと等） ・就労の支援（求人広告を一緒に見てできそうなことを一緒に探す、面接への同行、ジョブコーチ等） ・悩み事や日常生活で困った場合（たとえばエアコンの操作がうまくできない等）への電話での対応

＊2010 年 7 月 27 日第 5 回総合福祉部会　岡部委員提出参考資料

[注]

1　それに近い事態であったことは、その後数日のうちに明らかになる。

2　ネヴィル・シュート（1957＝1965）『渚にて』創元SF文庫

3　特別支援学校は「自主通学」が建前だったので、それが不可能な亮佑の通学は、行きは私が車で学校まで送り、帰りはヘルパーが迎えに行く、というのが基本だった。通所施設になると、送迎のワゴンがあり、親や介護者の送り迎えはバスが停まる通りまででよいことになった。しかし、その後亮佑が帰路のワゴンで不安定になり車の窓ガラスを割るなどしたこともあり、やはり以前と同じく帰路は介護者が迎えに行くことになった。その顛末に割り切れない思いを残しつつも、彼の生活の自由度を高めるという点からはそのほうがよかったのではないかと思う。

4　関係性の構築はそこに掛けた「時間」にほぼ比例するのではないか。また、当事者が小さく、介護者が相対的に若いころに培われる関係は得難いものがある。将来支援付きの自立をめざすなら、知的障害をもつ子どもの介護はもっと積極的に取り組まれてよい。

5　療育手帳2度・障害程度区分6。

6　自立当時の行動援護判定の点数は一三点ぐらいだったと思う（当時は八点以上が行動援護の対象者）。自宅の壁は落書きだらけでところどころに穴が開き、風呂やトイレなどの水回りも何回も修理してガタがきていたので、亮佑が自立したあとは自宅の全面リフォームをしなくてはならない状態だった。

7　過食や異食などの傾向は相変わらずだし、多動や行動停止、突発的行動、「通常と違う声を出す」こともよくある。これらが「環境との相互作用」によって起こっていることは間違いないと思う。しかし、これらがすべて環境調整により改善可能な「二次障害」とも思えない。また、外的な要因が見当たらないにもかかわらず「不安定な状態」になるときがときどきあり、本人の状態を見ていると、これはてんかんの部分発作の一種ではないかと思うのだが（小学生のころに大発作を起こし、それ以来服薬は続けている）、医者には一笑に付されてしまう。

8 ひとり暮らしを前提とした支給決定の申請を行うことを自治体の相談支援係長（かつての亮佑の担当ケースワーカー）に連絡したところ、一瞬絶句したのちに、「岡部さんのところは（昔からずっと「将来自立させるために」といって介護を使っていたから）しょうがないですよね」と言われたことを、やや誇らしく覚えている。

9 本来は「単価より時間数」であるが、必要な介護の量に支給決定の時間数が不足する場合にやむなく使われる方法。

10 市町村で決めた基準よりも多い支給量となる長時間介護の支給案は支給決定の前に審査会の意見を聴取する必要がある。夜間の見守りが必要な重度知的障害者にその時間帯の支給は認めないが、その一方で夜間ひとりきりでいる（ことになっている）ことも問題視するというのは不条理であろう。しかし、それを言えば「それならば親元にいるか施設に入所すべき」と返されかねない現状がいまだにある。

11 自立生活／生活の自律の権利は、障害者権利条約第一九条「自立した生活（生活の自律）及び地域社会へのインクルージョン」に謳われ、条文にはそのために必要な支援としてパーソナルアシスタンスが特記されている。

12 西駒郷など、グループホーム／ケアホームによって解体をめざした入所施設に〈最後に残ってしまう人たち〉が存在することもそれを裏付けている。一方で、グループホームに否定的な知的障害者入所施設の施設長や老親たちにも、身体障害の人たちのような常時・個別の見守り介護があれば地域移行ができるのでは、と思う人は少なくない。このような層に重度訪問介護の対象拡大が浸透していくことが利用拡大の契機となるかもしれない。ただしそれが「入所施設を経営する法人の重度訪問介護事業所」などに帰結し、多くの入所施設によって手がけられた地域療育等支援事業の二の舞にならないようにする必要はあるだろう。

13 もはや入所施設の建設に身も心も捧げる親は多くないと思うが、「親亡きあと」の問題がなくなったわけではない。子どもが小さい時から親のレスパイト（だけ）ではなく、将来の自立を見据えて介護を利用すること、そのためには、入所施設のかわりに地域の自立生活センターなどに頭を下げに行くことなどにも〈親の熱意〉が発揮される必要があるだろう。「早期からの療育」ではなく、「早期からの生活支援」こそが求められている。

14 知的障害者の移動支援中心の居宅介護事業所には夜間を含めた在宅の支援を行うノウハウや経験をほとんど持たないところが多い。一方、自立生活センターは障害の種別を問わない自立生活支援を標榜するが、実際に自閉症／知的障害のある当事者の支援を行っているところは少ない。自立生活センターグッドライフ／自立生活企画はその両者の経験とノウハウを併せ持つ「力のある事業所」である。

15 重度訪問介護の対象者の拡大とその制度的な課題については、岡部（2014b）を加筆修正した第8章「『重度訪問介護の対象拡大』の経緯とこれからのために」を参照のこと。

16 亮佑の場合、介護者は隣で添い寝してつねに突発的な行動等に備えているわけで、入所施設の宿直のように別室で仮眠しているわけではない。また、亮佑のみならず多くの自閉／知的障害の当事者には睡眠障害がある者が多く、夜通しの対応が必要となる場合もある。常時の医療的ケアが必要な夜間の介護とも別室で仮眠している施設での宿直とも異なるこのような夜間の見守り介護を労働法規や単価のうえでどのように位置づけるかは今後の課題となると思う。

17 もちろん夜間加算及び七・五％の重度加算があってのことではある。

18 ただし、現状ではそうではない自立生活センターのほうが圧倒的多数である。同じ課長会議の資料には、「地域において行動援護事業者の確保が困難な場合等であって市町村が認める場合については、…中略…行動障害に関する専門知識や経験を有する者によるアセスメントを行うことも想定」とあり、そこに「障害福祉サービス事業者」も例示されている。つまり、新たに重度訪問介護を利用する当事者にそれまで家事援助や移動支援等でかかわってきた自立生活センターや居宅介護事業所であれば行動援護事業者でなくとも重度訪問介護利用のためのアセスメントを行うことができる。これから重度訪問介護を使おうと考える親は、このことを覚えておくとよい。

19 介護者とつかず離れずの生活をするためには最低でも2Kは必要である。また、奇声をあげたり夜遅く騒音を立てたりすることもあるので、木造アパートであれマンションであれ、音が階下に響く二階以上や隣と壁で接する通常のアパートの居室への入居には躊躇があった。

20 ふつうの大学生の下宿と同じく、名義は本人、保証人は親である。引き落とし口座の名義も本人。

21 二回目の契約更新を控え、二〇一五年五月に三階建ての古い賃貸マンションの一階に転居。周囲の環境や2DKの広めの室内はよいが、礼金を一月分多く払う、という条件をのまざるを得なかったのは今もって釈然としていない。

22 自分が好きなことだけでなく、清掃活動や給食などこれまで苦手だった一定の団体行動もそれなりに楽しめているようである。ただし、それも通所施設から一歩出れば「支援付きの自由」が保障されているという大前提があってのことだと思う。

23 1LDKで月八万円。

24 成人すると親が行政手続や金銭管理を代行することは格段に困難になる。本人の権利擁護のためにはよいことのようにみえて、そのために成年後見人を付けなくてはならないのでは「代行」という名の権利侵害が起こってしまう。年金の振込には本人名義の銀行通帳が必要となるため、成人前に本人名義の通帳を複数作っておく、などのこまごまとしたことを二〇歳の誕生日直前に行わなくてはならなかった。

25 もちろん、総収入の四割を占める都単独の重度手当と特別障害者手当があってのことである。しかし、地方は相対的に家賃が安かったりもするし、世帯分離などの手続きと行政交渉が必要となるが、年金の額が少なく重度手当が受給できない軽度・中度障害者には生活保護を受給するという方策もある。実際にそうやって生活している知的障害当事者が北多摩にはそれなりにいる。

26 グッドライフ／自立生活企画では定期的な介護のときの給与計算は基本的に時給ではなく「枠」単位なので、利用者側の都合等で介護に入らなかったときもその分の給与の支払いが基本的に保障されている。

27 ただしこれは親に残された楽しみのひとつでもある。

28 ヘルパーとコーディネーターの関係と役割分担の詳細は、第10章「パーソナルアシスタンスという〈良い支援〉」を参照のこと。

29 寝坊して通所からの迎えのマイクロバスに乗り遅れても同居していない親に電話で問い合わせが来ることが何回もあった。

30 二〇一五年五月の引っ越しで、家賃はあまり変わらなかったが、車で通う介護者のために駐車場も借りることになり、その分は月々の収入から若干足が出ている。

31 入所施設に〈安心〉があるとすれば、それを担保するのは施設という〈ハコ〉ではなく施設長などの〈人〉である。亮佑がこれまでの一三年間で介護者たちとのあいだに築き上げてきた関係性が緩やかなローテーションを伴いつつ継続することで〈施設〉よりはるかにしなやかでかろやかな〈安心〉が得られるように思う。

32 考え方のみならず、民法改正によってそれが明文化されようとしている。

33 後見人が財産を横領してしまうというのは論外としても（ただし、現実には多い）、残された財産を守ることに汲々として本人に必要なお金を出さなかったり、きょうだいと結託して当事者を入所施設に入れてしまった後見人もいることなどを身近で経験している。

34 「知的障害者又は精神障害により行動上著しい困難を有する障害者であって常時介護を要する者」、具体的には、障害支援区分4以上かつ行動関連項目一〇点以上に限定されている。社会保障審議会障害者部会が行った「障害者の地域生活の推進に関する検討会」ではDPI日本会議の尾上浩二委員が「行動障害を有さないが常時介護を要する者」についても事例を出してその必要性を訴えたが、「今後の検討課題」とされてしまった。

35　二〇〇三年の支援費制度開始と同時に密かに介護の利用時間の上限設定が導入される計画があることを察知した障害者団体が厚生労働省を取り囲んで大規模な運動を行ったという事件。詳しくは、岡部耕典（2004）を参照のこと。なおその後、個別の利用時間の上限設定は行われなかったが、支援費制度で急拡大した知的障害者の移動介護は「ニーズ爆発」と危険視されて障害者自立支援法では実施や利用条件が自治体の裁量に委ねられる移動支援へと格下げされ、さらに国庫負担基準という総量抑制メカニズムが制度にビルトインされてしまったことも確認しておきたい。

36　従って、この時期に耐え切れなくなって子どもを入所させてしまう親も多い。経験的にも、子どものうちから家族以外の手厚い介護を受けること（早期の生活支援）でしのぐことなくしてこの時期にまともな在宅生活を継続することは難しいと思う。

37　「予防的対応：初めての場所で不安定になり、不適切な行動にでないよう、あらかじめ目的地での行動等を理解していただくなど。制御的対応：行動障害を起こしてしまった時の問題行動を適切におさめるなど。」以上、「行動援護のサービス内容」より。（WAM NET）　http://www.wam.go.jp/content/wamnet/pcpub/syogai/handbook/service/c078-p02-02-Shogai-04.html

38　「支援をうけた自律」が支援される者とする者の共同意思決定を前提とする以上、その結果についても共同責任とするのが筋であり、その構えと覚悟がない介入はたんなる操作でありパターナリズムに過ぎないと思う。

39　障害者自立支援法の重度訪問介護は支援費制度の日常生活支援を下敷きにした制度であり、日常生活支援は各地で障害当事者が作り上げてきた全身性障害者介護人派遣事業を支援費制度において全国制度化した制度であり、移動介護と同様、介護保険制度の在宅介護をモデルとする他の居宅介護とはその出自が異なる。

40　寺本晃久・岡部耕典・末永弘・岩橋誠治（2008）はその嚆矢となった。

【参考・引用文献】

岡部耕典（2004）「支援費支給制度の給付をめぐる一考察――「ホームヘルパー基準額（上限額）設定問題」を手がかりに」『社会政策研究第』４号、東信堂

岡部耕典（2006）『障害者自立支援法とケアの自律――パーソナルアシスタンスとダイレクトペイメント』明石書店

岡部耕典（2010）「自立生活」松井亮輔・川島聡編『概説障害者権利条約』法律文化社

岡部耕典（2011）「パーソナルアシスタンスの可能性を探る――知的障害者も重度訪問介護を使いたい」『発達障害者白書２０１２年度版』日本文化科学社

岡部耕典（2012）「〈支援者としての親〉再考――「当事者の自立を求める当事者」としての」『支援』Vol.2、生活書院

岡部耕典（2013a）「〈できない人〉はすごい、のその先へ」『支援』vol.3、生活書院

岡部耕典（2013b）「重度訪問介護の対象拡大に向けた実践と課題」『発達障害白書２０１４年度版』明石書店

岡部耕典（2014a）「自立と自律」日本介護福祉学会事典編纂委員会編『介護福祉学事典』ミネルヴァ書房

岡部耕典（2014b）「『重度訪問介護の対象拡大』の経緯と『パーソナルアシスタンス制度創設』の課題」『賃金と社会保障』No.16、（２０１０月下旬号）旬報社

寺本晃久・岡部耕典・末永弘・岩橋誠治（2008）『良い支援？――知的障害／自閉の人たちの自立生活と支援』生活書院

第4章

ズレてる支援／おりあう支援

岩橋誠治

1　そもそも世界がズレている

（一）作業所に通うUさんの場合

「間違ったことをしたらどうしてクビになるの？」

「仲間を大切にするのはいけないの？　僕が仲間を大切にすると、Uさんは自分の仕事をしないならやめてくださいって言うんだよ」と常々語るUさん。

そんなUさんの話から、「本人を脅して従わせるなんて、ひどい作業所だ」「本人の意思をきちんと聞き取ろうとしているのか！」とUさんに理不尽な対応をする作業所職員の姿を思い描いていました。

そんなUさんが大学での講演の機会[1]を得て、私は講演の準備を手伝うことになりました。ふだん彼の語る事柄が、知的当事者の置かれている実情であり、その実情を知ってもらうと同時に、どのような解決策があるのかを大学生の皆さんと一緒に考えられるようにと、Uさんと講演の準備を重ねていました。

様々な場面で「やめてください」と言われ続けるUさん。具体的な場面について話を聞いていくと、職員の側にも何らかの意図があり、Uさんの側にも否があるように思えてきます。それでも、支援する側の圧倒的な力で指導されるUさんを想い、どこかで職員とおりあえるところはないかとも考えていました。

私は、「Uさん。そういう職員に対して怒りをぶつけるだけではかえって伝わらないよね。訴えれば訴えるほど聞いてもらえないいんじゃない?」「どうすれば話し合いができるかを考えたいと思うけどどうだろう?」「私も職員が悪いと思うけど、それだけを講演で話して、大変ね〜で終わってしまったらもったいないよ。職員とどんなやり取りをしていきたいかも話したら、学生の人たちからも意見がもらえるかも。どうだろうか?」と問いかけました。

するとUさんは、「僕が間違った時にやめてくださいではなく、よしてくださいって言って欲しい」という解決方法を提示してきました。

「よしてください?」。私は一瞬その意味を理解できませんでした。

「やめてください」ではなく「よしてください」。頭の中に「?」の山が迫ってきました。

そして、その言葉をパソコンに打ち込み漢字に置き換えてみると、「やめてください」＝「辞めてください」「止めてください」。「よしてください」＝「止してください」となるのです！

私は彼の語りの流れから「やめてください」は「辞めてください」だと受け取っていました。彼自身も、「クビになる」とか「僕たちは奴隷なの?」と言っていたので、職員の言葉を「辞めてください」と受けとっていたと思います。

でも、彼は「辞めてください」と言われ続けて「クビになる」こともなく二〇年近くその作業所に所属しています。その現実から、職員は「辞めてください」ではなく「止めてください」と言っていたのだろうと気づきました。

でも、「辞めてください」と受け取っているUさん。

たとえ職員が「止めてください」と言ったとしても、Uさんは「辞めてください」と受け取る。「辞めてください」と言われ続けるUさんの心中は穏やかでないのは確かです。

あらためて、どのような場面で「やめてください」と言われるかを聞いていくと、大きな出来事でも小さな出来事でも、いたるところで「やめてください」という話が出てきます。でも、それは「辞めて」ではなくどれも「止めて」の方が妥当だったのです。

でも、彼の頭の中では「やめてください」＝「辞める」「クビにされる」という意味。

遅刻をすれば「辞めてください」、作業中おしゃべりすると「辞めてください」、ちょっと自分流の段取りで作業をすると「辞めてください」と言われ続けてきた彼。「僕は職場の先輩なのに、後から入ってきた人（作業所職員）にも辞めてくれってどうして言われなければならないの?」「職員は君主で、僕は奴隷?」「奴隷は逆らっちゃいけないの?」と言う彼は、日々辛いストレスを抱え、その負の感情は行動としても現れていきます。そして、その行動に対しても「辞めてください」と言われる。

職員は、「辞めてください」ではなく「止めてください」と言っているのだと思います。職員に「Uさんに辞めてくださいと言っているんですか?」と尋ねても「そんなことを言った覚えはない」と答えるでしょう。Uさんとの間に言葉のズレがあるとは気づいていないので当然だと思います。言ってもいない事を外部に言ってまわるUさんを逆に責める事も、過去にはありました。

決して辞めたくない彼と、彼も含めて仕事を成り立たせていきたい職員とのやり取りは、「言葉の意味のズレ」によって、お互いが努力すればするほどますますズレていくことになり、結果として職員の側は「止《や》まない」彼の言動や行動に手を焼き、「事柄が理解できないUさん」「勝手な行動をするUさん」になってしまっているのではないでしょうか。

（二）掃除が嫌いなNさんの場合

「掃除しなさい！　って言われてイライラしたの！」とNさん。

「お母さんに掃除しなさいって言われてイライラしたの。先生に掃除しなさいって言われてイライラしたの。○○さんに掃除しなさいって言われてイライラしたの」「イライラして物を壊しちゃったの！　掃除しなさいって言われたら掃除しなきゃダメ？」と息を継がずに一気に口にします。

彼の今の仕事は「掃除」。

給料をもらって担う「掃除」について、「言われてイライラする」と返されれば、周囲の人たちの心中は穏やかではいられなくなりなります。

「掃除」が彼の仕事と知らない人たちは、「掃除なんてしなくても死にはしないよ」とか「掃除すると気持ちが良いよ」と彼の話を肯定的に受け止め対応します。一方、「掃除」が彼の仕事だと知る人は「仕事なんだから」とか「掃除しないと給料もらえないよ」と、彼を励ます対応をとります。

だれもが「彼は掃除が嫌い」と思い描きます。「嫌いでもそれが仕事ならやるしかない」とも思います。さらに、「掃除が嫌い」であったとしても「物を壊す」という行為とは関連しないので、「言われて物を壊す」という彼の行動は、「責めの対象／あらためる課題」となってしまいます。

だれもがみな、納得のいく仕事をしているわけではないので、「頑張ってやるしかない」という思いで彼と向き合います。掃除が嫌いで物を壊すなら別の仕事を探すことを指向する人もいるでしょう。自閉症の彼が掃除というものを捉えることの難しさを考えて、掃除という仕事を彼が理解できるようにと検討する人もいるかもしれません。

でも、本当にNさんは「掃除が嫌い」「仕事が嫌い」なのでしょうか?

何度も同じ話を聞かされることにたえられない私は、毎回繰り返される話を別の話として聞くように心がけました。実際のところはわかりませんが、「彼が私に何度も同じ話をするのは、私が彼の話の真意を理解できないから」「彼は私に対し懸命に伝えようとしてくれている」と考え、同じ話を別の話として聞くように努めました[2]。

すると、「仕事としての掃除」について伝えるだけなら、お母さんの話や学校時代の話を息も継がずに一気に語る必要があるのか? という疑問がわきます。「昨日、職場で掃除しなさいと言われてイライラした」と言えばすむのに、なぜいろんな場面での「掃除」を一気に語るのか? 幼い頃から今日に至るまで「掃除が嫌い」だと言いたいのか? でも、それもしっくりきません。

息を継がず繰り返し語る彼の話を分解し、一つ一つを別の話として、「いつ」「だれからの」「どのような状況」でのことを言っているのか、そして「そのそれぞれに、どうしてイライラしたのか?」」も聞いてみました[3]。

すると、一〇歳ぐらいの出来事から二〇歳過ぎの出来事まで全部まとめて一つの話として語っていることに気づきます。

同じ「掃除をしなさい」という言葉でも、「自分の部屋の掃除」「学校での掃除」「労働としての掃除」の意味はまるで違うし、だれに言われるかによっても「掃除」自体の意味と取り組み方は違ってきます。でも、それを一緒くたにして語っている彼がいるのです。

なぜ、一緒くたに語るのか。「掃除しなさいって言われてイライラしたの」と言う彼の言葉は、どうも「掃除のこと」を言っているのではなく「イライラした」という自分の感情を語っているように思えてきました。

「自閉症の人は、感情という目に見えない感覚を理解するのが苦手」という話を聞きます。しかし、感情がないわけではありません。Nさんは、自らがイライラしている感情を表現するために、「掃除しなさいと言われた時のこと（感情）」を懸命に語っているのではないでしょうか。

私たちが感情を人に伝えようとする時、その感情をもった状況を語り相手と同期します。「宝くじが当たってうれしい」と言われた相手は「それはうれしいよね」と、「この間観た映画が楽しかった」と言われた相手は「楽しい映画だった」と、理解します。そして、どのように楽しかったかを聞くことで、楽しいというその人の感覚を詳しく知る事になります。

でも、「感情」という観念的なものの理解が難しい〈私たちと異なる〉人たちが、「抱いたもの」をその時の「事柄」で語るしかないとしたら？　もしかするとNさんは、今起こっていること〈感情〉を「お母さんの時、先生の時、仕事の時に掃除しなさいと言われ抱いたもの」と表現し、「そういうもの」に対する同期を相手に求めているのではないか？

「掃除にいらつく彼」と受け止める私たちと、「今の自分の状態は、その時抱いたもの〈感覚〉と同じ」と懸命に訴える彼とのズレが、そこに生じているように思います。

おたがいにズレていることに気づかない〈理解してもらえない〉中、「こだわり」という形でしか、私たちの側は彼を評価していないのではないでしょうか。

「映画を観てきたよ」と相手に言われても、私がその映画を知らなかったら「楽しかった」という相手の感情は理解できません。でも、「楽しい映画を観た」経験をもって「楽しかった」を表現しているのだとすれば、それと等しく「掃除がしなさいと言われたの」と、その時の感情を懸命に表現しているNさんがいるのです。

「一緒くたに語る」と言いましたが、実は「あまたの彼自身の経験を相手に伝え、現時点で抱いているもの〈感情〉を相手に確実に伝えようとしている」のではないかと考えると、自らの想いを伝えようとするその努力は、本当にすごいことだと思えてきます。

私たちは「掃除」ということに耳を奪われ、Nさんは懸命に「感情」を伝えようとしているとしたら、「こうしたら良い」「あ〜したら良い」と私たちがNさんに返す言葉は、彼の思惑とはまったくズレているということになるのです。そして、ただ単にズレているだけでなく、繰り返し語る彼を「しつこい」と捉え、それを「自閉症の人のこだわり」としてしまうなら、Nさんの自らの想いが伝わらないだけでなく、結果的に指導や責めの対象にもされてしまうように思います。

(三) エレベーター最上階まで行くKさんの場合

自閉症を伴う重度知的当事者のKさんは、エレベーターが好きでエレベーターを見つけるといつも一人でいったん最上階まで上がった後に目的の階で降ります。

混んでいなければ、彼の段取りに任せ目的階で待つことに何も問題はありません。しかし、混んでいる時や、途中の階で人が乗ってくる可能性のあるエレベーターの場合、彼の行動に任せて一人でエレベーターに乗ると、トラブルが発生する場合があります。

途中で見知らぬ人が乗る可能性が高い時、私は彼と一緒に乗るようにするのですが、彼にとって私が一緒に乗る事は非常にストレスに感じるようで、かえってトラブルのもとになってしまいます。だからといって、一人で乗ると彼のふるまいを否定的に見る人が乗ってきた場合、さらに大きなトラブルに発展する場合もあります。

彼と私は、月に何度か一緒に車で出かけ、駅前の立体駐車場に車を停めて用事を済ませます。

たくさんの人が乗り降りするエレベーターのため、彼を一人で乗せることにはかなり高いリスクが生じます。でも、一緒にエレベーターに乗り込むとさらにリスクは高まるので、その日のKさんの状態も見極めつつトラブル発生のリスクを天秤にかけます。状態によって、一緒に乗ることに慣れてもらうやり取りをしたり、彼に任せて一人で乗ってもらったり、どちらがよりリスクが低いかを考え選んでいました。

車を停めた後、彼は最上階へ。私は階段を使い出口階で彼を待ちます。上がって降りてくるまでの数分間、何事もないよう祈る気持ちで彼を待ちます。ほとんどの場合、問題なく降りてくるのですが、時に、エレベーターの扉が開いた瞬間、大声で叫んで飛び出してくる彼がいます。彼が飛び出した後のエレベーターの中に、倒れ込んでいる人がいたこともありました。何かがあって彼が突き飛ばしたのでしょう。走り去る彼（相手は逃げたと思うでしょう）の次なるリスクを考えながら、私は汗びっしょりになって、倒れている人と彼とに対応するといったことが幾度もありました。

そんなことが一度でもあると、選択は事が起こらない方に傾きます。トラブルが起こらないように一緒に乗ることのみを考えたくなります。あるいは、エレベーターに乗らないという選択を強要したくもなります。本人はエレベーターが好きで、一人で乗りたいということも重々理解しています。でも、空白の時間に起きるトラブルよりは、目の前で起きるトラブルの方がまだ対処のしようがあり、必死に彼と一緒にエレベーターに乗り、一緒に最上階へ上がり、一緒に出口階に降りてくることに努めます。エレベーターを使わないよう説得することもありました。いずれにしてもリスクは発生するので「そこには行かない」という選択もあるのですが、それを選択すれば、どんどん彼は出かける先を失っていくと思い、必死に彼とのやり取りを重ねていました。

ある日のこと。駐車場が混んでいたため停める場所がなく、どんどん上の階に向かい、結局最上階に車を停めることになりました。いつもは、一旦最上階まで上がってから降りてくる彼ですから、「最上階からエレベーターに乗ったらどうするのだろうか？」と思いつつ、車を降りてエレベーターに向かい、一緒に乗り込み出口階へ。

「あれ？」

あまりにもすんなりと一緒にエレベーターに乗り込み一緒に降りる、その場面に、いったい何が起こっているのかあっけにとられ、了解不能に陥りました。

それから数時間後、この出来事を振り返りました。私はこれまで「Kさんは、一人でいったん最上階まで上がって降りてくる人。Kさんにとっての私は、自らの行動を阻止する人」と考えていました。その上で私は常にトラブルのリスクを考え、私と一緒に乗ることに慣れてもらう努力を懸命に担っているつもりでいました。

しかし、彼にとっては「最上階から降りてきたい」でしかなかったのです。ただそれだけなのに、私は彼を「一人で乗りたい」とか「一旦最上階に行って」と想い描き、そのための対処を考え、うまくいかないことにあれこれ悩んでいました。実は、彼をまったく理解できていないが故に、私の対応によってトラブルの方向へ私が向かわせていたのでしょう。

これまで持ち続けていた緊張感と真逆のあっけなさ。

彼には彼の世界があってその世界を持ちつつ生きている。今も彼の世界を理解できてはいないのですが、それでも、偶然彼の世界に踏み込んだ時、なんともあっけなくことが進んでいったのです。

それ以後、車が駐車場入り口にさしかかると、「どこに停めますか?」と聞くようにしました。すると「6B!（最上階の意）」と応える彼。「6Bですね!」と応える私。単にそれだけで、長年感じてきたリスクが全てなくなってしまいました（他のリスクはありますが……）。

それ以降回を重ねるごとに、このやり取りは私の中では非常にわざとらしく感じるようになったのですが、数年経った今も続けています。こちらが聞く前に「6B!」と彼が言い、「あっ!はい! 6Bですね!」とわざとらしく言うことで、彼の要望に応えて最上階に停めるという意味も加わっています。

それは、私たちの世界においてはわざとらしいことであっても、Kさんの世界では解りやすいこと/当然のことなのかもしれません。

加えて、「駐車場は、可能な限り出口に近い所に停める」と考える私と、「毎回どこに停められるか不安だから、最上階（出口に一番遠いところ）に向かえば決まった所に停められる」と思う彼とのズレもあるかもしれません。

そうしたことを理解しないままに対応していた時の私は、そもそも違う世界観の中にいる彼に対して、こちらの世界観の中で生きることを強要し、強要される中で、彼のみがこちらに合わせてくれていたように思います。そう気づいた時、これまでの支援のあり様が、何もかも間違っていて、この件に関しては本当に申し訳なかったと思いました。

（四）食材を捨てるYさんの場合

重度知的当事者のYさんは、アパートで一人暮らしをしています。夜中は一人で寝ることができるので、朝夕と休日に介助者が入っています。

彼には一人で過ごす時間があり、だれも見ていないところで、食品庫や冷蔵庫に入っている食材を捨ててしまいます。その理由は未だにわからず、日々あれこれ探っている最中で、「もったいない」とは思うものの、本人が買ったものなのでさほど問題にもせず、じっくり時間をかけて本人を理解しようと努めます。

ところが、時間をかけて考えることが許されない問題が起きました。それは、彼が食材を捨てる場所の問題です。彼の家には、可燃ゴミ用のゴミ箱と不燃ゴミ用のゴミ箱があります。彼が捨てるのはいつも不燃ゴミ用の方。もっぱら食材なので、可燃ゴミの箱に捨ててくれれば、いろいろ思うことはあっても、ゴミ袋の口をしばって捨てれば良いだけです。しかし、不燃ゴミ用の方に捨てられると、気づいた時にゴミの仕分けをしなければなりません。気づかないでいると夏場など腐って異臭がただよう事もありました。

「どうせ捨てるならこちらに捨てて」とやり取りはするものの、どうしても不燃ゴミ用の箱に捨ててしまいます。

ところがある日を境に、可燃ゴミの方に捨てるようになりました。

彼の中で何が起こったのか?

なんてことはありません。ある介助者がゴミ箱の位置を入れ替えただけなのです。

私たちが暮らす上では様々なルールがあります。他者によって決められたものもあれば、相談の上で決まったものもあれば、自らがルールとしたものもあります。

ルールが定まるにはそれなりの動機や経緯はあると思います。Yさんの場合、黄色い方は可燃、赤い方は不燃、という定めに従うしかありません。従う事ができない（理解できない）ならばそこは支援がカバーするしかありません。

指導ではなく支援するという事は、当事者の暮らしがなりたつこと、周囲とのおりあいを見出すことだと思っています。なので、懸命にルールを本人に理解してもらうか、ヘルパーが懸命にゴミの仕分けを行うかのいずれかで、暮らしをなりたたせることやおりあうことを考えていました。

ところが、箱を入れ替えるだけで事が解決してしまったのです。なんともあっけなく感じると同時に、実はまったく本人と向き合っていない中で行ってきた支援の方法がズレてしまっていた。その事に気づかないまま支援を積み重ねていた事に気づかされました。

もし一人暮らしを始めた当初に、ゴミ箱の位置を今回入れ替えた位置で配置していたら、そもそも「別のゴミ箱に捨ててしまう」という行為は現れなかったと思いますし、「彼は不燃・可燃の仕分けができる人」と受け止めてしまうことにもなっていたかもしれません。

(五) すでに走っていない電車にこだわるTさんの場合

「強度行動障害」と称される自閉症のTさんと出会ったのは四年ほど前。彼は、昭和時代の最後の通勤電車「一〇三系」に詳しく、その電車に乗った経験があることを繰り返し語ります。その語りは半端ではなく、当初は六時間の移動支援で一緒に出かけると、飲み食いしている時間以外は常に同じ話を繰り返すほどでした。しかも、私にだけではなく、すれちがう親子連れや電車の運転手や駅員にもしつこく語りかけ、相手が怖がったり無視したりじゃけんに扱ったりすると、たちまち目つきが変わってそのしつこさは増幅し、相手との間に様々な支障が生じます。それを抑制すると大パニックを起こす事も過去にあったようです。

彼の話は「一〇三系に乗った事があるか?」という質問に始まり「僕はその電車に乗ったことがある」という話を繰り返します。「〇〇線と△△線と◇◇線の一〇三系に乗ったことがある」と何度も繰り返し話します。

その話をそのまま聞けば、鉄道マニアの自慢話なのですが、一日中電車に乗りすれちがう人たちに向ける様子を見ていると、本当にその通りなのかという疑問が出てきます。

彼が話していると話に加わってくる電車マニアの人がいます。話に共感し一緒に会話したいとまざってくるのでしょうが、Tさんはまったく興味なし。

たとえば、乗ったことを自慢するのであれば一〇三系は二七年前に廃車になっているため、幼い子どもたちやその親でさえ電車の存在自体を知りません。彼の「乗った自慢」はまったく自慢になっていないのです。それでも幼い子どもやそのお母さんに向けて話し続けます。

もしかしたら、別の何かを表現しているのではないか? という疑問を抱きつつ付き合っていくと、「一〇三系」にこだわっているのではなく、「昭和」にこだわっているということにふと気づきました。

そこから彼との会話を続けていくと、「一〇三系」に乗ったことが重要なのではなく、「昭和の電車」そして「昭和」という言葉が重要であることに気づきます。さらに、「昭和」という言葉が意味するものを探って会話を続けていくと、「自分の妹と弟は平成生まれ」という話をしてくれるようになりました。その話から、「昭和の人は平成生まれよりも年上」というごく当たり前のことを言っていることに気づきました。

彼は「自分は昭和生まれで平成生まれの人よりも年上である」事を実証するために、「一〇三系に乗った」ことを語っていたのです。

私の関心は、「なぜ一〇三系なのか？」から「なぜ自分の方が年上」と実証しようとしているのかに移りました。

そこから何ヶ月もかけてやりとりしてきた結果、「自分の後に生まれた人は、決して自分の歳を超えることができない」ということを主張しているのだということが理解できました。

それが意味するものは何でしょう？

知的障害で自閉症のTさん。様々なトラブルを起こしている彼も、年とともに大人になります。私たちならば年齢とともに身につけていく事柄も、他者と比べれば常に劣っている者として評価されてしまいます。そもそもできなければ開き直ればよいのですが、Tさんなりにできていたことも、自分より年下の人たちに追い越されていくという現実。自分がどんどん年下に否定されていく現実があります。

でも、年齢だけは超すことはできない。それを必死に訴え認めてもらおうと、「一〇三系」を語る。そういう意味があると思った瞬間、私はとても切ない気持ちになってしまいました。

ある日出かけた先で偏見に満ちた対応をされ、それを必死にこらえる彼を目にしました。その後二人になった時、突然「僕、いい子だよね？」とつぶやくTさん。私は偏見に満ちた対応をした人のこととそれに何も対処できなかった自分自身のことを考えていたため、突然の彼の言葉に戸惑いました。成人している彼に「いい子」だと同意するのも違う。あの状況下で必死にこらえていた彼の凄さを認めていることは伝えたいのですが、突然「いい子だよね」と言われ、私はなんと返してよいかわからず「う〜ん」とうなるしかありませんでした。

すると、ここ最近落ち着いて話ができていたTさんが、久しぶりにこだわり会話をまくしたて始めたのです。偏見に満ちた相手に何も対処できなかった私は、悔いるようにひたすら彼の話を聞き続けました。今日の彼に全く非がなくても、世の中は彼を責める。彼はその中、必死に「年齢」という唯一の優位性を「一〇三系」の話で語る。申し訳ない気持ちでただただ彼に任せ、彼の話を聞いていました。

そして自宅に近づいた時、私は、「あなたはいい子ではなくすごい人だと思うよ」「だって、絶対に相手の方がおかしいもん」「あなたがすごいのは昭和生まれだからではなくて、あなた自身がすごいんだよ」と、ようやく口にすることができました。決して彼を諭すという気持ちではなく、彼自身のすごさと自分の至らなさを思い複雑な気持ちでようやく口にできた言葉でした。その言葉が彼に届いたか否かは解りませんが、その言葉を聞いたTさんは、急に静かになりました。

日々「支援」などと偉そうに言いつつも、実は何もできていない。逆に何もできていない中でTさんは懸命に自らを主張し暮らしているのだろうと感じました。

(六) Kさんの行動が「行動障害」ではないと気づいた時

Kさんと混雑するスーパーに行くと、彼は自分の前を歩く人や向かってくる人に対し大声で叫びます。足を踏み鳴らし周囲を驚かせます。

初めて彼を目にする人は驚き彼を避けます。過去に様々なトラブルを起こしているため彼を知る人たちは、彼が大声で叫べばその存在に気づき恐怖を感じます。

ヘルパーとして同行する私は、「落ち着いて」「静かにして」と願います。でも、それを口に出せば、ますますパニックになって声が大きくなり、私から逃れるように走っていきます。警備員に追いかけられたこともある彼とはぐれ、その間に何かが起こると事は大事になってしまう可能性があります。彼がパニックにならないようひたすら見守りつつ一緒に歩くことのみに努めます。そして、すれ違う人たちがいらぬ恐怖をおぼえないよう、「彼の叫び声や行動になんら問題はありません」と笑顔で彼の後を追いかけていきます（内心はバクバク。口の中は緊張のあまり乾ききっています）。そんな彼を「何かに混乱しているから大声を出すのだろう」と想い描きつつ、混乱しない／させないように努めていました。

ところが、ある日ご機嫌で一緒に出かけた際、彼はいつもとは違い明らかにうれしそうな笑顔で人ごみに入っていきました。いつも通りに大声を出したり足を踏み鳴らしたりしますが、混乱しているから大声を出したり足を踏み鳴らしたりしているわけではありません。自分でも止めることができない叫びでもなく、明らかに何らかの意図をもって叫んでいる（この時は、人を驚かせたいと思っているように見えました）。

人ごみに向かい、カバンを高々と上げて「わぁ〜！！」と笑顔で叫ぶ彼。彼の叫び声に前を行く人たちが振り返ります。笑顔で叫んでいる分、それを聞いた人たちも「びっくりした〜！」と笑顔で応え、道を開けてくれました。

その瞬間に思ったことは……「ふだん彼が叫んでいるのは、人を驚かそうとしているのでもなく、パニックになっているのでもなく、自分では抑え切れないわけでもなく、ただ単に、自分の存在に気づいて欲しいだけかも」ということ。

Kさんには人に触れられることを極端に嫌う、いわゆる接触過敏という状態があります。人ごみを歩く時には、絶対に人に触れないよう、器用にからだをくねらせ鞄を頭の上に乗せて人に触れないようにして歩いていきます（時に走り抜けます）。

周囲が自分の存在に気づけば、自分を避けてくれる。万が一にも人に触れることはない。そんな想いで叫んでいるとしたら、叫ぶことは彼が人ごみを歩くための術であるかもしれないと思ったのです。

そして、ふと過去の記憶がよみがえりました。

一人暮らしを始めた当初、夕方彼の家を訪ねていくと、なぜか電灯がすべて消えていました。ベルを鳴らすと彼は真っ暗な部屋の玄関の鍵を開けてくれていました。私は、「電灯をつければ良いのに」と言いながら、玄関から順に奥の部屋まで電灯をつけ、介助を始めます。

ある日、「真っ暗な中でどう過ごしているのだろう?」と思い、早めに訪ね裏から様子を窺いました。すると、彼の部屋や玄関の灯りがついていました。玄関にまわりベルを鳴らした瞬間、灯りがどんどん消えていきました。そして、すべて消えたところで玄関の鍵が開きました。さっきまで灯りがついていたのに、私が入る時には真っ暗。彼は私が来るタイミングで電灯を消していたのです。

「なぜそんなことをする必要があるのか?」と考えました。そして「彼は私のために電灯を消してくれている」という仮説を立てました。

では、なぜそれが私のためなのか?

彼は、自分が部屋に入る時、まずは玄関の電灯をつけ、続いて奥の部屋の電灯をつけて部屋で過ごしていました。ですから、私が部屋に入る時も同様にするものと思い、その時すでに電灯がついていたら「岩橋はパニックになる」と考えて、「パニックにならないよう電灯を消しておいてあげる」という発想になっていたのではないか。そう私は想像しました。

そう考えると、今までとまったく違う思いが沸き起こってきます。これまで「不可解な意味のない行動をする彼」と受け取っていました。しかし、その行動が彼の私に対する好意であるならば、不思議がったり改めたりするのではなく、まずは感謝として受け取らなければならないと思ったのです。

そして、ある日、「いつも電灯を消してくれていてありがとう」「暗くなるからわざわざ岩橋さんのために消さなくても良いよ」と伝えました。それ以後しばらくして、電灯をつけたまま玄関を開けてくれるようになりました。

彼の真意は実際のところわかりません。でも、彼が大声で叫んで人ごみを歩くのも、接触過敏である彼自身を守る術としての叫びではなく、周囲の人も同様に接触過敏だと捉えていて、その人たちのために彼は常に叫んでいるとしたら、電灯の話と同じく風景は一八〇度違ったものとして見えてきます。

2 「問題」はズレから生じていると想い描いてみる

これまであれこれ書いてきましたが、決して正解だとは思っていません。どちらかと言えば私の勝手な解釈でしかないと思います。もしその解釈が当たっていればありがたいのですが、これまたズレていると思いますし、本当のところズレているかいないかもわかりません。

そして、わかったからといってすぐさまズレに対処できるわけでもなく、本人が変わるわけでもありません。ズレに気づくということは、問題解決の糸口というよりも、その場／その時を引き受けるためのしのぎでしかなく、しのぐことで引き続き関わっていくためだけのものかもしれません。

それでも、瞬間的に了解しあえて、変化していくということもあります。でも、それは、常に振り返ってみればということに過ぎず、その積み重ねによって、辛うじて障害当事者たちが地域に居続ける（自立生活という）結果を生み出しているように思います。

障害当事者の支援を担う時、様々な「問題」にぶち当たります。それらは「問題行動」「行動障害」という形で語られ、当事者の側が変わることを求めています。

実際に、事を起こしているのは当事者の側であり、私たちの「常識」から測れば決して容認できない事柄だったりします。

「問題」が解決されなければ、現実に地域から奪われ、日常の場においての関係が閉ざされてしまうこともあります。ですから、「問題を解決する」ことが重要な支援であったりします。

しかし、「もしかしたら当事者たちが描く世界と私たちが描く世界とがズレているから問題となる」と意識してみるとどうでしょうか。彼らのありのままを認めるというものでもなく、私たちの世界からのみ判断するものでもなく、「ズレ」は双方の関係があって発生するものであり、ズレているから問題が起きる。そして、ズレているにもかかわらず相手に問題の全てを被せている。

「問題が起きる時にはズレている」と立てれば、「まずは何がズレているのかを考える」ことになります。ズレを修正するために、当事者との様々な関わりを試してみる。他の支援者が当事者と関わる様子をヒントにしてみる。目の前で起こっている事柄の以前や以後に関心を寄せ、どこがズレの始まりかを検証する。そんなことを日々想い描いていると、ふと何かに気づく機会も生まれるように思います。

(一) 異なる世界の上で気づかないズレ――問題にならないことは課題ではないのか？

ここまで、当事者との間にあるズレによって起きる不具合を書いてきました。

当事者が起こす様々な事柄が、人間関係や社会生活を奪うようなものであった時、それを支援の側とのズレと捉え、懸命にズレが何かを探り、本人にのみ問題を負わせるのではなく事柄に取り組む。それは、私たちの側の修正に努めることでもあったりします。

どれほどの事態が起きても、重度知的当事者が地域で自立した生活を営む事があたりまえと捉え、それを実現するために様々な解決策を「ズレているかもしれない」と思いながらも模索し続けてきました。「ともにありたい」という願いから、数々の難局をとりあえずでも乗り越える中で、「ズレていた」ことに後で気づくという繰り返しのようにも思います。

私は、長年「関係性による支援」を思い描いてきました。その「関係性」は、研修や専門知識によって得られるものではなく、長い年月をかけ当事者とともに様々な場面、様々な出来事を通じて築かれていくものだと考えてきました。私や私の周囲にいる人たちが築き上げてきた「関係」によって、当事者たちが、日々それなりに過ごしているという場面を見てきました。

ところが、長年付き合い続けている者の間ではうまくいっていたことが、新たに加わったヘルパーとはうまくいかない、同様にはいかないという場面がたくさん生まれてきました。

「岩橋さん（○○さん）だからうまくいく」という言葉を聞く時、「ならば、あなたも同様に当事者との関係を築いて欲しい」と言っていた時期もありました。私たちは、重度知的当事者の自立生活獲得に向けた支援を担っています。そして、数年かけて私たちの手からも自立していく（たこの木がなくても暮らしが廻る）ことを願い、事業所とのやり取りや周囲の人とのやりとりを担っています[4]。

ところが、私たちの手を離れ制度等を使い自らの暮らしとして廻し始めると、必ずといって良いほど新たな課題が現われます。それは、「私たちだからうまくいく」という話ではなく、「うまくやれている」何かがまったく明らかにされないままに他者に委ねてしまっているということだと思います。

ですから、「岩橋さんだからうまくいく」と言われる時、決して褒め言葉ではなく、なぜうまくいくのかを明らかにできない私に対する批判として受け止めています。

そして、「なぜか私とはうまくいく」というその「なぜか」を明らかにできなければ、この先当事者たちが支援を使い自らの暮らしを成り立たせていくことはできません。

特定の関係・特定の関わりというものが決して不要とは思いません。しかし、そういう人たちばかりでは、一人の当事者でさえ支援しきれない。現時点で支援できたとしても、特定の人はいずれ亡くなるということもあります。

以前、「長年放置されていた高齢の知的当事者」という新聞記事を読みました。知的障害故の問題が発生したという内容でした。記事のトーンは「放置」という言葉からも読めるように、その人の知的障害が見過ごされ支援を受けてこなかったというものでした。でも、この記事を読んだ時、長い年月を周囲の人とうまくおりあっていたのかもしれないと私は思ったのです。当事者が高齢になるということは、周囲の人たちもまた高齢になるということです。もしかしたら暮らしのキーパーソンが高齢のため亡くなり、これまでそれなりにやれてきたことが、キーパーソンの存在がなくなったことで廻らなくなって表面化した事柄を、「知的障害の故に」とあとづけしたのではないか。うまくいっていることの中身を明らかにしなければ、現時点でうまくいっていたとしても将来の暮らしは続いていきません。

私の周囲にいるヘルパーも含め、支援者たちは、何か問題が発生するとその解決に向けて懸命に努力します。しかし、問題がなければ自然な営みとして受け止め課題にすることはありません。介助者間で共有しているノートを見ると、なにか問題が起きれば細かな報告がされるのですが、問題がなければ「ふだん通りです」とか「落ち着いています」の一言で終わっていることがしばしばあります。

記録者にとっての「ふだん」とはどんな様子なのか？「落ち着いている」と書かれているが、なぜ落ち着いているのか？

もし、何も問題が発生していない中で、私たちと当事者との間に捉え方のズレがあったとしたらどうでしょうか？

うまくいっている状態とは、もしかしたら支援者に従っているだけかもしれません。選択肢がない中で、それが「ふつう」と思い描いているだけかもしれません。長年の積み重ねの中で生まれた固有の暗黙知があるのかもしれません。もしかしたら、互いに誤解していて気づかないまま表面的にうまく廻っているだけなのかもしれません。

うまくいっている＝ズレていないということではないと、意識する必要があると思います。

(二) Aさんからのメールに

「今日は天気が良いですね」とメールを送ってくる知的当事者のAさん。

私「そうですね。今日の予定は?」
A「今日は(仕事が)休みです」
私「そうですか。のんびり休んでください」
A「わかりました」

なんてことはないメールのやり取りです。

週五日一般就労しているAさんに対し、「休日はのんびり過ごす」という提案は間違ってはいないと思います。メールもそれで終わり。そこに何か問題になるようなことはありません。

私が、Aさんが「今日は天気が良いですね」の中に「休日遊びに出かけたい」という要望を込めていると気づいたのは、この簡単なメールのやり取りを、数ヶ月の間、何度も重ねた後でした。

私は、Aさんのメールを当初は単なる様子うかがい程度にしか受け取っていませんでした。でも、あれこれ振り返ってみれば以下のようなこともあるかもしれないと思ったのです。

① 天気が良いので今日一緒に出かけませんか?
② 天気が良い日にガイドヘルパーと出かけたいので手配してください。
③ 天気が良い日は出かけろと言われるので困っています。
④ 天気が良いので出かけます。○○に行くにはどれぐらいお金を持っていけば良いですか
⑤ せっかく天気が良いのに給料日前でお金がありません　等々。

「休日はのんびりする」というのは私の感覚であり私の常であったりします。また、「障害を持つAさんは、この社会の中で私たち以上に週五日間を懸命に働いている」ということで、休日はのんびり過ごし新たな一週間に向けてリフレッシュして欲しいと思い描いても間違いではないと思います。

でも、休日の過ごし方は様々。その人の年齢や仕事の内容や性格や諸々の状況によって、個々に違うと思います。それに、毎週やってくる休日を常に同じように過ごすという事もありません。

そうはいっても、私の返信に「わかりました」と応えるAさん。その後何も問題がなければAさんとも了解しあえたと思うのが普通です。

ところが、後になって、実は「ガイヘルを依頼したかった」と知ることになり、メールをもらった時点で私とAさんとの間にズレが生じていたことに気づきました。

（三）様子伺いの電話をかけてくるRさん

最近一人暮らしを始めたRさんから時折、「ちょっと話がしたくなって」と電話がかかってきます。

話の内容は、自分の今日の状態や暮らしの相談や制度にまつわる事など。「今日はとても辛くって、どうしたら良い？」とかかってくる場合もあります。でも、たいていは電話を終える頃には明るくなって、「じゃあまたね」と電話が切れます。

その場面だけを切り取るなら、嬉しくもあり辛くもある一人暮らしを懸命に廻している様子として受け取ることができます。

その翌日、たまたま、私以上にRさんを知る人と一緒だった時、Rさんからその人へ電話がかかってきました。席を外して話をした後、戻ってきた彼女は「Rさん、最近調子が悪いのよね。その理由はわかっているんだけど……」と言うのです。その内容は、私にも理解できるものでした。

更にその翌日、私のところに電話をかけてくるRさん。私はRさんが置かれている状況を知った後で、その大変さをともに解決できればと願っていました。しかし、Rさんからの電話はいつも通り明るく、知人から聞いた内容は一切話に出てきません。

別に、すべての人に等しく接することを求めているわけではありません。でも、私以上にRさんのことを知る人がいて、彼女に偶然かかってきた電話の内容を知ることがなければ、Rさんの不調を知ることもなく、「辛うじて順調」等と思い込み、Rさんと私とのズレに気づかないまま過ごしていただろうと思います。

(四) 話題はいつも同じというMさん

Mさんのお母さんが言います。

「Mが電話をかけてくる時って、決まって高校時代の話をするのよね。Mにとっては、高校時代の生活が一番思い出深いのよね」

Mさんは高校生最後の年に自立生活に向けた取り組みを始め、卒業と同時にアパートを借りて一人暮らしを始めました。高校生の時に思春期/反抗期を迎え、様々なトラブルがありながらも担任の教師に恵まれて無事卒業。お母さんの話はもっともだと思いました。同様の話を私にもしてくれるのでなおさら、お母さんが思い描いていることに共感していました。

ところが、そんな話を日々関わっている介助者たちにすると、だれ一人「高校時代の話」を聞いたことがないというのです。

ではどんな話題が出ているのかと聞くと、「遊びに行った時の話」「お店で気にいった服を買った話」「彼女が欲しい」等々、日常介助者とやりとりしている場面の話ばかりで、介助者たちが関わる以前の話はまったく出てこないというのです。

逆に、「彼女がほしい」という話を私にすることは一切ありません。あたりまえといえばあたりまえのことだと思います。でも、Mさんが各介助者と話す内容を聞いていくと、単に人を選んで話しているのではなく、その人と実際に共有したことの話をしていて、共有したことのない話はまったくしない（もしかしたらできない？）のです。

彼と話をする側のお母さんや各介助者には、「いつも同じ話を何度もするMさん」と映り、各人それぞれに自分が聞いている話の内容がMさんの一番の関心事と受け止めているのです。

高校を卒業してすでに十年以上経ち、目の前にいる介助者に高校の話をするというのは彼にとっては非常に難しいことだと思います。どのように話せばよいかという難しさもあれば、話した後の反応がどうなるのかが解らないということもあります。相手の受け止め方も様々で話を振ったMさん自身が相手の受け止め方にどう反応すれば良いかわからないということもあると思います。ならば、通じる話や返ってくる反応が同じ内容の話を相手に合わせて語るということになってもおかしくないと思います。

Mさんが話す話がMさんの一番の関心事と受け止める周囲と、相手に通じる話をするMさんとの間にはズレが生じていますが、それに気づかないまま事は過ぎているのです。

（五）いつもと変わらないHさんといつもと違うHさん

支援者にとっては当事者とのやり取りの場面で起こっていることがすべて。一人暮らしをしているHさんの様子からそれは明らかに感じられます。

Hさんの暮らしの場には、毎日異なるヘルパーがやってきます。月一回の支援会議で、各ヘルパーから様子を聞くと、一週間を彼なりに過ごしている姿がうかがえます。

毎週決まって同じ時間に同じ人が現れ、まったりと過ごす時もあれば、積極的にお出かけする時もあり、Hさんは自らの暮らしを満喫しているように感じます。

ところが、休日は遊びに出かけるHさんの下に、ある日いつもは夜の泊まりに入っているヘルパーが入った時のこと。「休日はいつも出かけている」と聞いていたヘルパーは、出かける先の相談をHさんと始めます。ところが、なぜか動こうとしないHさん。結局「一日家でのんびりと過ごしました」という報告が支援会議の場で出されました。

逆の報告もあります。日中活動を終えると、普段Hさんは、まっすぐ家に帰りまったりと過ごすのですが、ある日の夕方、休日に現れるヘルパーがやってくると、たちまちお出かけモードになってしまってまっすぐ帰宅せず、平日にもかかわらず「ひとしきり街をうろつき外食をしてから帰った」ということでした。

はじめは、「毎週出かけていて疲れているのだろう」とか「たまには夜のお出かけも良いよね」と思ったのですが、普段入っているヘルパーではない人が、臨時で介助に入る度に「いつもと違う」Hさんが現われます。各ヘルパーからの報告を積み重ねていくうちに、本人の要望として出かけるとかのんびりするのではなく、やってくるヘルパーを見て「この人とはお出かけ」「この人は家事をする人」と判断していたのです。

基本的にヘルパーの側は、いつも決まった曜日の決まった時間に本人とやりとりをしているので、その場面場面ではいつもと変わりなく過ごしています。目の前にいるHさんがいつものHさんです。でも、Hさんの側からすれば、毎日いろんな人がやってくる。いちいち目の前のヘルパーに指示することもできず、相談してその日の支援を決めることもできない中、決まって現れるヘルパーが決まった事に取り組めば、「〜をする人」になっても当然だと思います。

Hさんにとっては当然であっても、ヘルパーの側が「Hさんはこういう人」と思い込んでしまうのは誤りです。でも、自分が入る場面だけのHさんを見ていては、そう思い込んでしまうのもしかたありません。

そこに当事者と支援者のズレが存在していて、普段は廻っているものが、暮らしの中で違う場面や違う関係が生まれた時に不具合へと発展していくように思います。

たとえば、風邪をひいてゆっくり休まなければならない時に、「お出かけする人」が現れると元気を装って外出し、風邪をこじらせることもありました。逆に、出かける必要があるのに「家事をする人」が現れると出かけようとせず、本人にとって必要なことなのに「拒否」されたと映る場面もありました。

本人が事柄を理解できないのではなく、本人に対して「出かける人」「家にいる人」と思わせてしまっている私たちがいて、それで何ら問題にならないから意識に上らない。そして、ある日突然問題が発生するように思います。

「強度行動障害」と称される人たちの困難さは、「行動障害」がある日突然現れることにあるのではなく、その手前の手前のずっと手前で、ズレに気づかないまま、うまくいっていれば放置し、ちょっとした不具合はこちらの解釈で解決し、本人にとっては何も解決されていないという経験が積もり、満を持して行動に移した事が「行動障害」とされてしまう、そんな側面はないかと思ったりもします。

(六) 裸で外に出てしまったKさん

一人暮らしをしているKさんはある年の夏、暑いからか家の中では全裸で過ごすようになりました。「他人がいる所で全裸になって過ごすのは良くない」という意見もあります。でも、ヘルパーと二四時間常に一緒に暮らしているKさんは、全裸で過ごしたくても過ごせません。ですから、「家の中にいる時」に全裸で過ごすKさんをヘルパーたちは見て見ぬふりをしていました。

その事で、彼は自分の家でくつろぐことができていました。

ところがある日のこと。Kさんが突然全裸のまま家の外に飛び出たのです。

あわてて追いかけるヘルパー。

そのことが支援会議の場で問題として上がり、Kさんを「裸で外に出さない方法」が検討課題となりました。

しかし、なぜKさんが突然全裸で外に出てしまったのかと考えると、Kさん自身はちょっとした用事があって外に出ただけで、服を着ていたなら何も問題のない外出でした。

たしかに、ちょっとした用事であっても全裸で外に出ることは許されません。でも、考えるべきは、全裸で外に出さないではなく、ヘルパーには「家の中なら全裸で過ごしてもかまわない」という条件があることに、本人が気づかず、「全裸でいてもかまわない」と受け取り、そのままで外に出てしまった点にあります。

「家の中なら」という条件をごく当たり前につけている私たち。条件がついていることに気づいていないKさん。その両者のズレが「全裸で外に出る」という結果を生み出したのです。

この件は、全裸で過ごすようになって間もない時期で、この後、再び全裸で出ようとしたKさんに「外に出るなら服を着て下さい」と伝える事ができました。Kさんに多少の混乱はあったものの「そういうことね」と理解できたのか、外に出る時は服を着てくれるようになったのです。

両者のズレにすぐに気づき、次に実際に起きた場面で条件があることを彼に伝えることができたから解消されたのだと思います。

でも、もっと長い月日全裸で過ごしていた後に、「全裸で外に出る」ということが起こったならば、Ｋさんもなぜ制止されるかを理解できず、ヘルパーも条件付きで許していたことに気づかず、ズレていたことの修復はより複雑になっていたかもしれません。

3 「そもそも世界がズレている」事を前提にする

これまで書き綴ってきたズレというものは、気づくことができたからのズレであって、気づかないものは、そのまま事が進んでいてここに表すことはできません。

問題として起きれば懸命に考え対処することはあっても、問題として現れなければ気に留めもしないというのが常だと思います。実際、常に気に留めていては身が持ちません。

しかし、ズレに気づかないまま事の解決を懸命に図っても、事態はますます悪化する一方だと思います。私たちの側が解決だと思っても、当事者の側が聞き従っただけなら、当事者のみが溜め込んだ現実が、次の段階で更に激しく現れるかもしれません。

この本の著者四人は、「それでも支援し続ける」ことにこだわり続けているので、とにもかくにも日々巻き起こる事柄に向き合い続けています。

しかし、世の中は、常に当事者のみを排除する方向で、私たちの側のみが了解できる方法で、解決を図ろうとします。

ズレとは、相手があって発生するものですが、私たちの世界を動かさず、当事者のみがズレている（間違っている）と描かれ、ズレ（間違い）の修正を支援者たちは懸命に図ろうとしているようにも思います。

「支援」と「指導」は違います。私は日頃より「支援」をしているのであって「指導」したいとは毛頭思いません。

しかし、当事者が描く世界とのズレに気づかないままに担っていては、たとえ私の側が「指導ではなく支援」と言っても、当事者にとっては「指導」「抑制」でしかないと思います。

私たちと当事者の世界観のズレは、気づけば些細なことかもしれませんが、実は地球と火星ほどの違いがあるように思います。火星に住んだこともなければ行く術もない私たちが、実は同じ空間に存在しているといったもののように感じます。

火星に行く術がなければ、火星に詳しい専門家に問い合わせます。でも、専門家も火星に住んだことがないのです。様々な研究によって、実際に住まなくても火星のことには詳しいという話なのです。

テレビ番組でしばしば外国の暮らしが取り上げられていますが、実際に現地に行けばまったく違う暮らしがそこにあるということはよく聞く話です。

同様に当事者の世界も、その世界は私たちにはわからない。そして、わからないままに支援を続けているように思います。

そのズレは、うまくいかないからズレているとか、うまくいっているからズレていないというものではなく、そもそもズレているのです。どちらが正しいか間違っているか以前に、ただ、ズレているのです。

たとえば、先日観たテレビ番組でトルコの温泉が取り上げられていました。そこに入っている人たちはみな水着を着て入っていました。日本の温泉ではみんな裸で入るのが当然です。それは習慣のズレで、どちらが良いとか悪いではありません。水着を着ていれば男女関係なく一緒に温泉に入れます。私は裸で入る方がリラックスできるのですが、裸になれば男女一緒に入るというわけにはいきません（しかし、日本の中でもところ変われば混浴という習慣があったりします）。

そのようなズレが私たちと当事者たちの間に常に存在しているのです。支援とは両者のズレの間に立ち、橋渡しをするものだと考えますが、支援にあたる私たち自身が当事者とのズレに気づかなければ、当事者たちから「それは指導だ」と受け止められても当然のように思います。そして、このズレというものになかなか気づくことができない、ズレに対して無自覚に事を進め、表面化した時に「問題行動」として評価している私たちがいます。

一方で、いったんズレていることに気づけば、なんということもなく進んでいくということもしばしば起こります。そうして新たに始まる展開によってまた新たなズレを生じさせていく……。そんな繰り返しから考えれば、私たちと当事者たちの間には「常にズレが生じている」と立てる方が気持ちは楽になります。常にズレているからこそ、当事者に関心を抱き、互いにおりあうところを考える機会につながるように思います。

4　おりあう支援——ズレているならおりあうことを

「ズレ」「ズレ」と何度も書いてきましたが、私は決して「ズレている」ことが悪いとは思いません。なぜなら、まったく異なる世界観を持つ当事者たちが存在していると考えれば、ズレて当然だと思うからです。

大切なのは、ズレをいかに意識化し、互いに異なる世界観をもってどうおりあうかということだろうと思います。

私は、ズレの存在に気づかないまま状況を悪化させ、悪化した状況に対する支援を懸命に担うのだけれど、何も解決できず状況はますます悪化していくという経験を何度もしてきました。

逆に、ズレの存在に気づき対処することで事態が好転する場面も、また何度も経験しました。いつの間にか事態が好転していると気づいた時、その理由を探ると、何らかの形で当事者の側が事態を把握し周囲とのおりあいを見出した結果であるとわかることもあります。

事が起きる時も事が起きていないと思う時も、そこには常に当事者と支援者の間でズレが生じているかもしれないと考えれば、次に生まれてくるのは、互いのズレの中で「おりあう」ということだと思うのです。

Yさんがなぜ不燃ごみの箱に食材を捨てるのかはわからなくても、ゴミ箱の位置を入れ替えれば事が廻り始める。Kさんがなぜ最上階の駐車場に車を停めて欲しいのかはわからなくても、最上階に停めれば一緒にエレベーターに乗れる。

もし、ゴミ箱の位置を入れ替えず、可燃／不燃ごみの区別を懸命に教えようとすればたぶんYさんが間違った方に捨てるということは解決できないかもしれません。それを理解するために費やす時間のために、暮らしが拡げられないということもあるでしょう。「駐車場に車を停める際には出口に近い所にする」という価値観を崩さなければ、未だにKさんはエレベーターにこだわり、私は緊張感を持って支援にあたっていたかもしれません。

長年付き合い続けていると、同じ言葉で語っても相手は、どの意味で言われているかがわからず混乱してしまう状況も生まれます。しかし、新たに関わる人が同じ言葉で語れば、単純にその言葉通り受け止め、事がスムーズにいくということもあります。

ようするに、わからないズレの解消に努めるのではなく、ズレをズレとして認め互いの関係の中でのおりあいを求めていくことが、暮らしという場面では活きるように思うのです。

「そもそも当事者と支援者の間にはズレが生じている」という前提に立ち、起こる事柄に対しては、起きている状態の中でどのようにおりあっていくかを考え、事がうまくいっていると思った時は、なぜおりあえているのかを考えることが大切なのだと思います。

5　おりあいを引き継ぐ

私は長年「関係性による支援」を模索し続けてきました。そこには長い年月をかけ生み出されてきた私と当事者たちとの暗黙の了解がたくさんあります。私と当事者の関係の中だけ、暗黙の了解を持つものの中だけで暮らしているなら、それでも良いと思います。暗黙の了解とは互いにおりあっている状態だからです。

しかし、暗黙の了解が取れる関係の中だけで暮らしが廻るわけもなく、廻っていたとしても将来了解しあえる人がいなくなれば、たちまち当事者の側に不具合が生じてしまいます。

ですから、ヘルパー等の制度を使い、新しい人との関わりを常に求めていくためには、何が暗黙の了解とされているのかを意識することが大事で、それ抜きに新しい人たちが当事者とのズレやおりあいを理解することはとても難しいと思います。

相対の関係の中で、自らを賭して当事者を理解することに努めることは、素晴らしいことでしょうし、そのような人の存在は確かにありがたく思います。

しかし、昨今ヘルパーの離職率が高い中で、当事者たちは新たに現れるヘルパーと常に一から関係を築くことを求められ、暮らしを積み重ねるというより、常に初めからやり直しを強いられていると感じる場面がたくさんあります。当事者の側から見れば、ヘルパーが変わるたびに一から改めて作り上げていくということはとても大きな負担です。

ズレとおりあえたことを新たに加わる人に伝えることができるなら、当事者にとってもヘルパーにとっても楽に関われることになるでしょうし、楽に関わりあえることで次のズレに向けて思考することも生まれてくるように思います。

ひたすら末永く当事者と付き合っていきたい、付き合って欲しいと願っても、実際にはかないません。個々の当事者に対して支援の側の積み重ねをするためにも、支援を引き継ぐことも意識する必要があると思います。

そして、支援を引き継ぐには、何をどのように支援しているのか？　を伝えていく必要があります。でもそれが、単なるマニュアルであったり、目に見える形であったりするだけでは、私たちの側は引き継いだつもりでも当事者の側にとっては引き継がれたことにはならないように思います。なぜなら、彼らは私たち以上に微細な違いに気づく力があり、実際に微細な違いに気づいてしまうため、私たちが同様のことをやっているつもりでも、当事者の側からすればまったく違う対応をされていると思ってしまうからです。

もちろん、目に見える形は関係ないということではなく、そのようになっていった事の経過や、おりあえた意識や暗黙の了解も含め引き継ぐ必要があるということだと思います。

(二) 形だけでは不十分な理由

Mさんは、五〇〇円程度の自由に使えるお金ならば、好きなジュースやお菓子を買ったりします。でも、額が増えるとどのように使えば良いのか混乱してしまいます。週末、遊びに出かけるのに五〇〇〇円を自由に使えるとなれば、たちまち不安度が増し、彼の希望に即して使ったとして十分足りる額であっても、足りるのか足りないのか？　使っても良いのかダメなのか？　介助者は止めようとするのか認めてくれるのか等とざわつきます。

自由に使えるお金であれば、本人が普段所持する財布に入れておけば、好きなタイミングで使うことができるのですが、額が大きくなって不安になると、介助者の目を盗んでいなくなり、介助者がいないところでトラブルを起こしてしまいます。

そして、トラブルの対処のためにお金を使うはめになり、彼が多額のお金を持ったことで自らの暮らしに使うお金が、「弁償」という物に消え、生活が苦しくなってしまうのです。

なので、一週間分の生活費が入った財布は、介助者が預かり彼とともに使うことになりました。週末出かける際には普段より多いお金を入れて一緒に出かけて楽しみます。それは、長い月日をかけ本人の実感レベルでのやり取りも重ねながら見出した方法で、決して介助者の側が一方的に管理するものではありませんでした。

それ以後、なんのトラブルもなく介助者にお金を管理してもらうことで彼の暮らしは安定していました。

ところが、数年経ったある日を境に、特定の介助者の時にトラブルが発生するようになり、それが他のヘルパーの時にも発生し、日中活動等も含め暮らし全体にトラブルが拡大するようになりました。

その原因を探っていくと、事業所から派遣されているヘルパーが、コーディネーターも含め全員代わっていたということにつきあたりました[5]。新たに関わっている人たちにあれこれ聞いていくと、本人と共に作ってきた「介助者が彼の財布を管理する〈預かる〉」ということが、いつのまにか「財布は彼が持つ」ということになっていたのです。

なぜそのようなことになっていたのかを聞いてみると、Mさんは新たに関わりだしたヘルパーたちに「これは僕の財布だから僕が持つ」と主張し、安定して過ごす彼の姿を見て「確かにあなたの財布だからあなたが持っても当然だよね」と彼に渡していたのです。

当然、引き継ぎ事項として「Mさんの財布は介助者が管理する」ことに「決まって」いました。でも、良心的な介助者たちは、本人が落ち着いて暮らす姿に「財布をなぜヘルパーが管理しなければならないのか?」という疑問をいだき、本人が「持ちたい」と言えば、本人主体の支援を担うのだから「当然本人が持つ」という展開になっていきます。

逆に、「介助者が管理する」と「決まっている」通りに動く介助者には、本人主体ではなく「支援の側の勝手な管理」だと映ったかもしれません。

そこには、「なぜ介助者が管理するのか?〈預かるのか〉」という理由が引き継がれないままに、「財布を管理する」ことのみが引き継がれていたという問題があります。そして、本人の困難さや長年の関係の中で生み出された事柄から検討するのではなく、「財布を管理する」ことの是非から判断した結果、本人が再び自分で財布を持ち、そのことによって本人を不安にさせ、そしてトラブルを起こす彼が現われたのです。

「財布を自分で持つのが当然」と主張した彼が間違っているのではなく、「彼に持たせる」と判断したヘルパーが間違っていたのでもなく、「介助者が財布を管理する〈預かる〉」理由を理解しないままに判断したことに問題があると思いました。

いったん決めた「介助者が財布を管理する理由」が正しいとは思いません。なぜなら、そのような判断は以前の彼とともに作ってきたことであり、それ以後Mさんも支援者も様々なことを積み重ねることによって「Mさんが財布を管理する」ことができるようになっているかもしれません。本来は本人のお金なのでヘルパーが管理することの方がイレギュラーなことだとも思います。

支援者は一度体験したリスクに臆病になる傾向があるため、新たなヘルパーが踏み出すこと自体は決して悪いことだとは思いません。

ただ、「財布は介助者が管理する」という形だけが引き継がれていたため、Mさんの暮らしの積み重ねや支援の側の積み重ねは消え去り、結果Mさん自身が新たにやって来た個々のヘルパーと一から「財布」の是非を巡ってやりとりした結果、混乱を招いてしまったように思います。

支援の側からすれば、「それもまた経験」と言えなくもないのですが、Mさんの側からすれば常に現れる新たなヘルパーとのやり取りを強いられているとも言えるのではないでしょうか？

こうして、私たちの課題は、「財布を誰が持つか？」をあらためて本人とともに検討し、形もあらためて作ることとなりました。

「本人が財布を管理できる」ことの方法も視野に入れ検討した結果、これまでの「一週間分の生活費を財布に入れ介助者が管理する」から、「三日ないし四日分の生活費を財布に入れ本人が管理する」こととし、それで事が廻っていくならば、「これまで通り一週間分の生活費を財布に入れ本人が管理する」ということになりました。

それから数日経って、Mさんから電話があり「やっぱり介助者に管理してもらうことになったから」ととてもサバサバとした雰囲気でした。その声を聞いて、型通りに対応するヘルパーと自分の主張通りに対応するヘルパーが混在する中、彼自身がどのように対応すれば良いか混乱していたのだろうと思いました。また、長い月日を重ね本人と了解した形にMさん自身が戻したという点で、過去に形作った支援を、彼も実感をもって了解していたのだと気づきました[6]。

支援のわかりやすさはとても重要だと思います。そのためには形にしていく必要もあります。しかし、どれほど本人とともに納得のいく形を作り支援を引き継いでいたとしても、そこに含まれる目には見えないもの、すなわち形作られた経過やその理由や決まった時の状況等々も含め引き継がなければ、支援を引き継いだことにはならないと思います。

それはまさに、おりあう支援において、常に当事者がいて支援者がいて、当事者は一人でも支援者は常に複数いて常に変わる、そういう中でおりあい続けるために必要なことなのだろうと思います。

(二) 三つの意識化

Mさんの財布の件は、単に形だけではなくそこに至る経緯や理由や状況が引き継がれていかな

かったから起こった問題として語ることができます。しかし、見方を変えれば、順調にいってい
るということは、単に形だけおりあっていたというだけなのかもしれません。

Mさんが事の次第を理解したわけでも、支援の側が彼の世界を理解したわけでもなく、今置かれている状況の中で、単に形だけおりあっただけの話。なので、この先形を変更することもあれば、この件については解決できても、違う件ではまたトラブルが起きても当然と言えると思います。

そうはいっても、どこかで何らかの形でおりあう必要があります。私は、互いがおりあうために必要なものは、意識するということだと思います。

「障害の有無にかかわらずだれもがあたりまえに地域で過ごす」という時の「あたりまえ」や「みんな違ってみんないい」という時の「違い」を否定する人は少ないと思います。

しかし、「あたりまえ」が「社会の常識」に当事者をあてはめる。「違ってもいい」けれど「周囲の許容範囲を超えない」という条件を基にした支援の側の勝手な「解釈」による「対応」になっている。その辺りを意識する必要があるように思います。

そこで私は、常日頃当事者と向き合う中で、三つのことを意識しています。

一つは言うまでもなく「当事者を意識する」ということです。当事者と私たちの世界がズレているのであれば、「当事者の世界」とは何なのか？　ということを意識しなければなりません。

二つ目は、「私自身を意識する」ということです。私自身が抱く世界観や価値観が何かを意識

しなければ、無自覚のフィルターで当事者を観ることになるように思います。

この二つの意識化を検証する時、他人（当事者）のことはどこまでいってもわからないという面はあります。しかし、当事者との関わりを通じ、自分自身の意識化は感情レベルも含め他者の意識を知るよりも容易です。当事者の言葉や行動に対し、私自身はどのような価値観を持ちどのような経験で判断しているのか？　その判断はどこから生まれ今に至るのか？　私自身は様々な場面でなぜ一方を選択したのか？　私はどのような環境に置かれ何を大切にし、何を端折り、何を実現しようとしているのか？　いくらでも意識的に考えることができると思います。まったく異なる世界観を抱く当事者たちとの関わりは、もしかしたら私自身が無自覚に縛られている価値観に気づかせてくれる場面でもあったりします。

「当事者に向き合う」と言えば聞こえが良いのですが、「向き合う自分自身」に意識がなければそれは一方的なもののように思うのです。そして、「私自身に向き合う」中で見えてくる様々な事柄のきっかけを与えてくれる当事者の存在は、とても重要な存在になっていくように思います。

三つ目は、「相手と私の関係」を意識するということです。

私は「当事者の勝手」というものがとても大事だと思っています。その「勝手」の中に、当事者を意識する機会が数多く含まれているからです。一方当事者に対して「私の勝手」をぶつけている意識をもっています。社会の常識や習慣や当然と思われることであっても、それはあくまでも「私の勝手」だと意識します。

当事者の勝手は目にできますが、自分の勝手は意識しないと当事者の方ばかりを責めたり改善を求めたりすることになってしまいます。

そして、「当事者の勝手」と「私の勝手」の中に両者の「関係」を意識するようにしています。「勝手」の理由は実のところわからないことが多いのですが、「勝手」を意識する中で、お互いが勝手を貫けば一緒にはやっていけません。そこにおりあいが生まれると思うのですが、「当事者の勝手を認めない」「支援者は当事者の勝手に付き合う」だけではどちらも続いていきません。

「勝手」を「主張」と置き換えても良いと思います。

互いの主張を出しあい、調整していく（おりあっていく）ことは、私たちの世界ではよくあることです。いろんな要因から相手に従うこともあれば、相手を従えることもあります。お互いの納得がいく答を見出すこともあるでしょう。

でも「主張」となれば、語らなければならないので自らが語れない当事者との関係においては、互いの「勝手」を出しあい、相手との関係の中でどのような結果が生み出されたかを意識する。どのような関係が生み出されたかによって、互いの関係がどのような関係なのかを見る。

「当事者」「支援者」「両者の関係」この三つを意識するというのは、それぞれ単体で意識できるものではなく、たとえば、当事者が起す行動を見て、自分はどのような価値観を持っているのかを知る機会にする。支援の側が描いて当事者に伝えたことがどのような結果を生み出しているかを意識する。

それらを、個々の支援者が意識した上で、他者の意識から更に様々な事柄を意識していくと、これまで見えなかったものが見えてくるように思います。

余談ですが、日本語というものは、相手との関係を表すには最適な言葉だと思います。たとえば、英語で一人称は「I」ですが、日本語だと「私」「俺」「僕」等。英語で二人称は「You」ですが、日本語だと「あなた」「お前」「君」等。それらは相手との関係によって変化する言葉です。

ところがこれがこと、知的障害者になると、一律の呼び方になってしまいます。当事者を「〇〇ちゃん」と呼ぶことが良いか悪いかは、個々の関係の中で決まっていくことなのに、一律に良いとかダメと議論されます。初対面の人に対しての話し方があるはずなのに、当事者に対していきなりなれなれしく語りかける人がいたりします。なれなれしさが悪いというのではなく、そういう人に限って私に対しては丁寧すぎるほどの敬語を使うという点におかしさを感じるのです。

どのように相手を呼ぶか？　どのような言葉遣いで接するか？　日本語はそこに相手と自分の関係を言い表しているので、「当事者を意識する」「私自身を意識する」「相手との関係を意識する」ことを意識化するには最適な言葉だと思います。

（三）わからなさに付き合う

研究者は、わからないものを明らかにする事が役割なのでしょうが、日常生活を支援するものは、わからなさに付き合うことが求められると思います。

なぜなら、わからない事だらけの日常だからです。また、わかってから動いていては間に合わないことがたくさんあります。なので、わからないものに付き合うことに臆病になってはいけないと思います。

昔、たこの木子ども会を主宰していた時、統合失調症のTさんが毎週子ども会を手伝ってくれていました。

数年経ったある日、Tさんがぼそっと「僕は子どもが嫌いなんですよね」と言うのです。彼は子どもが好きだから手伝ってくれていたのだと思い込んでいましたから、とても驚きました。思わず「えっ！」と声を上げてしまった私に、Tさんは「僕は、子どものことがわからないんですよね。だから付き合っているんですよ」と、またボソリ。またまた、子どもたちと楽しむ彼の姿を何度も見てきたので「わからないから付き合う」という意味がわかりませんでした。

それから数週間後、子ども会に参加していたN君がいなくなり、Tさんも含め参加していた子どもたちと捜索することになりました。約一時間ほどして、Tさんが私のもとにやってきて、「いました！　いました！」と嬉しそうに報告するのです。でも当のN君はそこにいません。T

さんに「Nくんはどこ?」と聞けば、「そこの家（公園に隣接する個人宅）にいて、お茶を飲んでいました」とのこと。すぐさま、そのお宅に向かうと、たしかに縁側でおばあさんと一緒にお茶とお菓子をよばれているN君がいました。

なんとも拍子抜けした出来事でしたが、N君と一緒に公園に戻り、一息ついたところで、Tさんが私に「これでN君のことがわかりましたね」と言うのです。

私の中で「わからないから付き合う」といったTさんの言葉と「これでわかりましたね」と嬉しそうに語るTさんがつながり、「この人はすごい人だ」と思ったのです。

この出来事は二〇年以上前のことですが、私は事あるごとにこの日の出来事を思い浮かべています。「支援」というものを担う時、その対象者としての「障害者」を「わかろうとする」努力の結果「わかる」ことが増えてくるのはたしかだと思います。でも、いつしか「わかる」ことが当然となり「わからない」ことに不安をいだいてしまう。不安の解消を当事者の側に求め、どれほど解消に努めても「わからない」状況があると、当事者の責任にしてしまったり、その結果地域から隔離したりすることを良しとしてしまう。

「当事者のわからなさ」に不安を抱いているのは私たちです。私は子どもたちの世界観を理解することに努め、子どもたち同士の関係性の凄さに魅了されていました。でも、「わからないから付き合っている」というTさんは、そんな想いをはるかに超えたところで、子どもたちと付き合っていたのです。

Tさんにとって「これでわかりました」というのは、単に「N君がいなくなってあそこの家にいることがわかった」ということだったと思います。でも、そのN君を置いて戻ってきたTさんは、N君とおばあさんが、その時おりあっていたことを了解したから、N君をその場に置いて戻ってきたのだろうと感じました。

それは、まったく見当違いの（ズレた）場所を探し、不安をいだき懸命に対処を考えていた私に対し、それよりも何よりも、Nくんとおばあさんがおりあっていたことに喜んでいるTさんとして映りました。

Tさんの「わからないから付き合う」という言葉の意味は、実は何もわからないまま支援し続けている私自身が、そのわからなさに押しつぶされるのではなく、ズレに気づきそこからはじめて、次に繋がる言葉としてあるように思います。

(四) イレギュラーなことも糧に

自閉症の当事者は、パターン化された事柄を好み、イレギュラーなことには対応が難しいと言われます。しかし、日々彼らと付き合っていると本当にそうなのか？　と疑う場面に遭遇します。

本人が普段通りに過ごしていても突然の訪問者が現れる。毎週決まった曜日の決まった時間にやってくるヘルパーが風邪をひいて代わりのヘルパーがやってくる。いつも通うお店が臨時休業。祭日のためバスの来る時間がいつもと違う。いつもは空いているバスが学園祭のために混んでいる。お気に入りの商品が販売中止になって手に入らなくなった等々。実は、決して「いつも通り」にはいかないことがたくさんあります。

そんな時の彼らをみていると、たしかに混乱しているように感じることはあります。しかし、普段とは違う状況を何らかの形で引き受けているようにも見えます。

ヘルパー派遣の場面では、どれほど同じ曜日の同じ時間に同じ人を派遣しようとしても、イレギュラーな場面は生まれてしまいます。

懸命に同じ時間に同じ人を派遣することは、自閉症の当事者たちにとっては必要なことだと思います。でも、実際には叶わない状況の中で、単に補うことのみに目を奪われるのではなく、普段見えない当事者を意識する機会にすれば、普段、気づかない当事者に出会う糧になるように思います。普段目にする当事者と、臨時で入った所で現れる当事者の違いを比較検討することで「普段通り」の「普段」に気づくきっかけになるように思います。

そして、当事者に対する思い込みに気づく機会になれば、あらためて当事者と支援者とのおりあいを探る機会にもつながるように思います。

（五）他の人の見方と比較してみる

いつも静かに過ごしている当事者が、実はその後にやってくる介助者の場面では暴れているということがしばしば起こります。

大食漢と評される当事者が、実はその前後で食事を摂らず、特定のヘルパーにのみ食事を作らせ食べているということがあったりします。

実は、私たちが見ている当事者はそれがその人の全てではないということです。私たちは断片的に当事者の暮らしに関わりますが、彼らは連続した時間の中で暮らしているのです。

連続した時間の中で暮らす当事者たちを支援するなら、支援の側も常に連続させていく必要があります。自分がかかわる場面以外の当事者を見ることはできないので、他者が関わっているところでの当事者の様子に関心をいだき、情報を互いに収集し合う中で、自らの前にいる当事者との差異を意識するということです。

そして、それぞれの支援の差異を意識する中で、当事者とおりあえていることやおりあえていないことを意識することができるように思います。

（六）「統一した」「一貫した」支援というけれど

「自閉症の人たちは対応を変えると混乱するので、支援者は支援を統一し対応することが必要」と言われます。

確かに、個々バラバラに対応していていると本人が混乱する場面があります。支援者Aさんの時と支援者Bさんの時で、事柄に対する判断の基準が違えば、本人たちは結果として支援者の意向に沿うことが正しいとして、自らの意思ではなく支援者の意思で判断することにつながっていくように思います。そして、自らの思いとは違う支援者たちの意思に耐え切れず「行動障害に至る」という結果も生まれているように感じます。

なので、統一した対応は必要と思います。ですが、統一された対応を実行することは非常に難しいということに私たちは気づいていません。ポイントとなる点をある程度統一することはできると思います。しかし、当事者に対して異なる支援者が全く同じ対応をすることはできません。

私たちは言われたとおりに対応しているようでも、事細かな違いに気づく自閉症の当事者にとっては、まったく違う対応に映っている場合があります。レシピ通りに料理を作っているはずなのに決して同じ味の料理にならないのと同様です。

私の周囲にいる当事者たちは、幼い頃から地域で育ちその延長線上で自立生活をしています。彼らがこれまで出会ってきた人たちの中には、彼ら自身の存在を否定する人もいました。すごく優しく接してくれた人が、自分の行動に対しある日突然厳しい指導者になる場合もあります。一緒にいて楽になる人や一緒にいるだけで辛くなってしまう人もいます。とことん付き合ってくれる人もいれば、適当にあしらう人もいる。そんな中で、彼らは人を観る力を持っているように思います。
なので、日々現れるヘルパーが「何者か?」「自分と向き合っているのか?」「自分を観ずに関わっているのか?」とこちらが当事者を観るのと同じように当事者も私たちを観ているように感じる場面が多々あります。

そんな中、統一された支援がかえって目の前の人の存在を理解できなくするという事態を招くようにも思います。幼い頃から分けられて育ち、常に自分と指導者という関係の中でしか暮らしてこられなかった当事者たちは、身につけてきた「聞き従う」ということに、慣れてしまっているのではないかと思う場面もあります。

統一された支援というものは、決してできないと思いますが、統一された支援の中で暮らしが廻っていると思うなら、それはどこか支援の側に当事者を従えているのではないかと疑ってみる。ようするに、周囲の指示は一つのヒントとして、目の前にいる当事者と自分とが向き合う中で、おりあいを見出す必要があるように思います[7]。

すなわち、「支援マニュアル」に沿った関わりではなく、「支援のレシピ」を持って個々の支援にあたる感じのように思います。

6　ズレてる世界に気づかないままに

これまで「ズレていること」と、「おりあうこと」について書いてきました。

このようなテーマで書かなければならないと気づいたのは、『良い支援？』を出したすぐ後でした。

二〇〇九年一月、「ホームレス連続殺傷事件」で、私たちと長年関わってきた自閉症の当事者が逮捕されました。現在二二年の懲役刑で刑務所に服役しています。

当初冤罪事件と思いすぐさま支援に取り組んだのですが、いろいろと事実が明らかになる中で、彼の犯人性は明らかになっていきました。

逮捕された四件の内、三件の事件で罪に問われ、彼が招いた行為に対しなんとも言いがたい想いになりました。

自閉性障害を持つ彼は、地域に住む人たちから否定される面がたくさんありました。でも、保育園時代から彼を知る人たちや、成人した後自立生活を支えてきた人たち、その他様々な人たちが彼の周囲にいて彼と関わっていました。

「ともに生きる」という願いの中で、私たちは「彼を彼として認める」ことに努め、特異な行動も彼の個性として認めつつ、学校生活や仕事や暮らし全般に渡り様々な関わりを持ってきました。様々な出来事を共有もしてきました。

しかし、社会的弱者である彼が同じく社会的弱者であるホームレスの人を殺めてしまった事実を前に、私自身もバランスを大きく崩しました。

私自身、東京の山谷や横浜の寿町に住む日雇い労働の人たちや、ホームレスの人たちとの関わりがあったため、彼らに危害を加える人を許せない思いでいました。その加害者が私の仲間であったという事実に、何をどう関われるのか私自身を見失いそうにもなりました。

私は、彼の犯人性に疑いの余地がなくなるにつれ、どこか彼に対する感情を押し殺し、「障害当事者支援」に徹することを選びました。

そして、自閉性障害を持つ彼の支援を担う時、『良い支援?』で末永氏が書いていた、(当事者が問題を起こした時)「(責任は)利用者も一〇〇％、介護者も一〇〇％」という言葉を受け、支援の側にいる私たちの責任について懸命に考えることに努めました。

「障害当事者の支援」どころではない自らの感情を押し殺す中で、明らかになってきたことは、そもそも彼が抱く世界観と私たちが描く世界観とはまるで違うということでした。

「ともに生きる」ことを長年求めてきた私たちは、「違いを違いとして」とか「その人をその人として」と描き、「ともに生きる」ことを求めてきました。

しかし、拘置所にいる彼と面会を続け、検察側と弁護側双方の鑑定医と話をする中で、彼が描いているものをまったく理解しないまま表面上に現れる彼と付き合っていたことに気づかされました。

同じ日本語を使うのですが、言葉の意味が彼と私たちとでは異なっていたこと。感情という概念が私たちとは違っていること。彼の行動を私たちの常識や価値観で無意識に意味づけ解釈していたこと。ともに考えていたつもりが、実は彼一人で考え一人で行動していたこと等々。

「ともに生きる」という言葉は、「ともに生きていない現実」があるから語ると思っていた私ですが、ズレに気づかなければ無意識に「ともに生きている」ことにしてしまい、結果彼はのみで行動し、その結果は彼のみが引き受けるという事態になってしまいました。

彼とのやりとりを通じ、日常付き合う個々の当事者に対しあらためて振り返ってみると、いかに私はズレに気づかないまま支援していたかを突きつけられました。それがここまで書いてきたことです。

実際に彼が招いたことなので、彼自身が罪に問われ服役すること自体は彼自身が負うべきことだと思います。しかし、そこに至る状況を招いたのは私たち自身である、ということの責任は私たちの側にあると思います。

これまで書いてきたことは、単に支援者の気づきの必要性を問うたわけでも、気づきの重要性を書いたものでもありません。当事者たちの世界観とズレた中で支援し続けることが招く結果は、全て当事者たちが負うという現実があるということを意識しなければならないと思うのです。

彼のような大事件ではないまでも、数多の修羅場に遭遇する中で、私たちは社会や周囲の人たちが、当事者たちの存在を認めていくことに取り組んできました。そして、その結果は様々な形で現われ、様々な実績として評価を受けることもあります。

彼が事件を起こした後も彼を支援する人たちがいます。裁判では、彼の生い立ちや現状の暮らしや今後の支援の方向性を語るために証人として立つ人たちもいました。精神鑑定を行う上で、多くの支援者が鑑定医に情報を提供し、自分自身を語ることに困難さを抱える彼の事を、様々な人が語ることでより正確な鑑定にしてもらおうと努めました。

しかし、支援の側が懸命に良い支援を生み出す努力をしても、当事者との関係においてズレが生じていては、当事者の側からすれば意味がないものになってしまいます。

事件を招いた彼の場合、逮捕直後三〇名を超える人が急遽集まり支援について話し合いました。検察側の鑑定医に対し、彼を十分理解して鑑定してもらうよう、彼の幼いころを知る人や、事件当初から日常的に関わっている人が集まり、鑑定医を囲んで情報提供を行いました[8]。拘置所にいる間は毎日交代で彼と面会を行い、様々な立場の人が様々な角度から彼の想いを聞き出し、事柄の理解に努めてきました。そして、今も面会を続け、来るべき出所に向けて遅々とした取り組みを続けています。

それほどまでに関係があったにもかかわらず、ズレた関わりはまったく意図しない状況を生み出すという結果を招いたのです。

私自身、感情を押し殺し、支援という立場に徹することで見えてきたことは、自閉性障害を持つ彼と私たちの世界観が違っていたことであり、そこに気づく中で、関わりのある当事者たちをあらためて振り返りやり取りしてみると、まったく違った展開が始まりました。

それは決して何かを生み出したというものではなく、これまで受け止めていた景色がまるで変わり、彼らが表現する一つ一つの事柄がまるで違って受け止められるようになっていくのです。

そして、受け止めるところが大きく変化する中で、それ以後当事者との了解ごとが増えてきた印象を抱いています。

しかし、それは同時にこれまで了解したつもりになって関わっていたことについて全てを見なおさなければならないことを意味しています。

7　最後に――「支援がズレる」のではなく、「そもそもズレている」

これまで見てきた当事者と支援者とのズレは、決してはじめからわかっていたことではなく、見えているズレをいかに修正するかという話でもないと思います。また、いかにして当事者とのズレに気づくかということでもないように思います。

逆に、気づいてしまえばなんてこともない話に気づかないままに支援を担うことで、当事者たちに多大な負担をかけてしまっているということだと思うのです。

ここまで書いて来たことは、すべて後になって気づいたことでしかありません。なぜなら気づかないことは書けないからです。

ズレていたことに気づいた瞬間は、長いトンネルを抜けた先に広がる爽快な風景が一気に飛び込んできた感覚に似ています。

でも、再び次のトンネルに入ってしまう感覚も同時に抱きます。

気づく事の凄さよりも、気づかないままに私たちはズレてる支援を担い続けているという話です。そして、私たちのズレた支援であっても、それを受け止めてくれている当事者たちがいて、受け止めきれなくなった瞬間に「トラブル」という形で訴えている当事者がいるのだろうと思うのです。

私が当事者とのズレに気づき、当事者の側にも理解してもらえたという瞬間というのはありません。両者でスッキリする場面が少なからずあったりします。

当事者は「そういうことだよ‼」となるのでしょうが、私はどこか「これまで気づかずにいて申し訳なかった」という気持ちになります。

気づくことの凄さよりも、気づかなかった私を許してくれている当事者がいるという感覚です。そして、許されている感覚を得たがゆえに、いまだ気づいていないズレを明らかにしようとする私がいるように思います。トンネルを抜けた爽快感ゆえに次を目指す。

たぶん、私が現在支援を担っている当事者たちとは、彼らが幼い頃から付き合い続けてきたから想い描けているのだろうと思います（その辺りでは、読者の皆さんとのズレがあるかもしれません）。最近、たこの木の実績を知り相談にやって来る人たちがいます。幼い頃からの関係のない当事者の自立生活支援を求められるようにもなってきました。

本人と向き合いあれこれ理解する努力をするものの、新たに始まる関係の中では知り得ない事柄がたくさんあります。それを、周囲の人に求めても、その周囲の人たちとも新たに関わる中、相手がどのような目線で当事者と関わり当事者の情報として出しているかがわからないという場面がたくさんあります。

そうなると、私はこれまで経験してきたことを一つの基準に当事者と向き合い、周囲からの情報をヒントにして、本人に対する支援や本人が求める支援を組み立てなければなりません。たぶん、そういう支援者たちの方が多いだろうと思います。この先は私自身の課題でもあります。

正しい支援や良い支援を求める以前に、私たちが組み立てる支援の手前で、そもそも私たちと当事者たちとがズレていると意識することで、まずはおりあいを見出すことに努め、おりあいを見出すために、様々な関係や出来事を共有していくことが重要だと思います。

そもそも、「支援」とは互いのズレに気づくことを求め、おりあいを見出すところにあるのかもしれません。

【注】

1　たこの木クラブでは「当事者に語る場をご提供ください」と呼びかけ、依頼があると依頼内容によって講師になってくれる当事者にお願いしています。

2　同じ話を何度もしつこく繰り返し話す自閉症の当事者たちは多いと思います。実際理解してもらおうと努めているのかどうか？　なぜこだわるのか？　という専門的な知識を私は持ち合わせていません。ただただ、何度も繰り返される話に辛くなってしまい、私自身がイラつかないための術として身につけたものです。

3　こちらが質問していくと「わかんない」と話を終えてしまうことが多く、繰り返し同じ話をされてイラつく私の感情を回避する手立てにした事もありました。聞くといっても一度のやり取りということではありません。何度も現れる場面の中で聞き方を変える、ちょっと突っ込んで聞く。他者を巻き込む。他者とのやり取りを傍で見て考える等、時間の経過として何年にも渡ってのことです。

4　たこの木クラブから派生した「ＮＰＯ法人ねじり草」で、「知的障害当事者の自立生活獲得プログラム」を実施しています。自立生活獲得というカテゴリーの後、アフターフォロープログラムというカテゴリーにおいて、当事者とともにやり取りする中で明らかになっていく支援を、事業所や当事者を取り巻く人たちの手で担ってもらう事を求めています。

5 自閉症を伴うMさんの支援にとっては、担い手との関係性がとても重要です。そして、安定した支援体制下では様々な力を発揮し、一旦支援者たちとの関係性に不安を抱き始めるとたちまちトラブルへと発展してしまいます。その事に気づかないまま安定している彼を見て、新人ヘルパーを次々に派遣し、コーディネーターも変更してきた時期がありました。

6 この形が果たして良いかどうかわかりません。あくまでも現段階でのMさんとのやり取りの結果でしかないと思います。ただ、支援の側が決めるのでもなく、Mさんの側が決めるのでもなく、両者の中で検討しおりあっていくことが大事だと思います。なので、彼を取り巻く支援者が変わればおりあう所も変わって当然だと思います。

7 最近悩ましいのは、事業所派遣となり事業所の意向に従わなければならない状況がヘルパーの側にあり、目の前に存在する当事者と付き合うということが、スタンドプレイとして受け止められ、当事者と付き合うということが許されない状況が広がっているように思います。「ヘルパーの勝手」に、「個々バラバラ」に支援するということではなく、それぞれの関わり方を出し合い、様々な角度から当事者を理解することに努めて欲しいと願っています。しかし、そんな余裕を持てない事業所の状況を知るとなんとも悩ましいです。

8 鑑定留置に際し、私は病院に出向き彼や鑑定医と面会しました。彼の周囲には様々な人が存在していることを医師に伝え、医師二名が聞き取り調査にやって来ました。鑑定書を見ると、私たちから聞き取った情報が活かされ、専門家の見地も含め私たち自身も改めて気づかされる面がありました。弁護側の鑑定においては、検察側の鑑定書をある面引き継ぐ形で展開されている部分もあり、それを導き出すだけの関係が彼の周囲にあったと理解しています。

第5章

支援は常にズレている

末永　弘

1　当事者が必要としていることに対して支援はそもそもズレている

支援を必要としている人と何らかの支援を行っている人がいた場合、ほとんどの場合その間にはとても大きなズレがあります。どのぐらいズレているのか？　イメージとしては必要が一〇だとして、六とか七というレベルではありません。一〇の必要に対して、一とか二ぐらいしか支援が噛み合っていない。たとえばお金が足りない、家がない、介護者が足りない、こういう物質的、物理的な現状に対してはそれなりに必要に合った支援が提供できます。どちらかというと物質的、物理的な支援でまず問題になるのは支援の量の不足ということでしょう。しかし生きていく上で、というか精神的な意味で何らかの支援を必要としている人の場合、その人に対してなされる支援は大きくズレてしまう。本人からの求めが大きいことに伴ってということでもあるのですが、それに伴って支援の範囲が大きくなり支援というものがその人の生活の全体を覆うようになればなるほど、失敗の危険性が高まるとも言えます[1]。

しかし逆に、誰かに頼ることを強く必要としている人に対して、失敗を恐れて周囲の人が距離を置いた関わりしかできない場合にも、また別の形の失敗が起きる可能性があります。うまく支援できていない人のことを思い浮かべて、具体的に「どうすればいいのか?」といつも悩みながらも、その人の日常生活に深く関わっている支援者の立場としては、何かを選んだり決めたりしなければならないことが日々とぎれることなく続いてく。そもそも自分たちにできることなど少ししかないのだからと、ふーっと息を吐いて力を抜いて考えようとするのですが、そのさなかにも「辛いから何とかして欲しい」と迫ってくる当事者がいる。相当な困難を抱えている当事者に対して支援者がまいっている状況にある他事業所の人から何とか手伝ってほしいという話がある。あるいは長い精神病院での生活からようやく抜け出して自分の家で暮らし始めた人が、しばらくしてまた入院せざるを得ない状況が続いていて、その人はどういう状況ならば地域で暮らせるのか?　という問いに対して、関わってきた誰もがとりあえずの方法すら答えられなくなっている。その人が強く希望していることが、現実的でない内容であったとしても、その「希望」（たとえば関わることが難しくなっているきょうだいと一緒に暮らしたい）があることがその人が地域で暮らす理由ならば、その「希望」の中身を、支援者たちが「無理」と否定してしまえば、その人が地域で暮らす理由がそもそもなくなってしまう。とはいえ、日々接する立場の人はその希望を本人から聞かされながら、いったい何を支援したら良いのか？

グッドライフという組織の中で、二〇年一緒に仕事をしてきたHさんが、「この五、六年いくつかの出来事があり、『女性は一人暮らししたくないんじゃないか』と思うようになりました」「求められていることと、やろうとすることが違うのだとすれば、うまくいかないのは必然です」と書いていますが[2]、その通りとしか言いようがない話を聞いた後に私がいつも思うことは、「じゃあどうすればいいの？」という誰も答えてくれない問いばかりです。

2　制度や事業所と個人的な関係性は両立し得るのか？

ボランティアでの関わりから始めて、その後有償の専従介護者となり、さらに自立生活センターという当事者が中心である事業所を一緒に立ち上げるという流れで、障害者の介護やそれにまつわる事に関わってもう三〇年近くになります。この道しかないと考えて、今現在に至るまで制度化（障害者の介護保障）と、その制度を介護者という「人」に変えていくための事業所化を推し進めてきたわけですが、それが整うに伴って逆に障害者と介護者の関係性は難しくなっているということも一方で常に感じています。

ボランティアであれば、何らかの理由で関わりたい人が関わっているわけだし、有償化されたといっても個人の障害者に安い給料で雇われていた介護者は、やはりその当事者との関係性によって介護をしていた面が強いわけですから、今のように事業所に雇われてある障害者の所へ派遣される介護者とはそもそも関係の始まり方が全く違うわけで、このことは制度化や事業所化に伴うこととして避けられない側面だということはあります。しかし、障害者と介護者とが、○○さんと○○さんという個人的な関係性を作ることはこんなにも難しいことなのか？　と、事業所の介護コーディネーターという立場で日々考えさせられています。

そこには理由はいろいろありますが、一つには、やはり障害の違いということがあると思います。私が最初に深く介護に関わったSさんは、筋ジストロフィーという重い障害で、とにかくトイレに行く、ベッドへ移る、お風呂に入る、こういう当たり前のことに介護が必要で、関係性以前にまず身体介護の必要性は本人にも介護者にもとてもわかりやすくある。そうするととりあえず関係性の良し悪しは次の問題になる。その中で介護関係が長くなるにつれてお互いが馴染んでいく感じで、それぞれの間にそれぞれの二者関係が徐々にできあがっていく、そういうイメージがありました（もちろんその途中で関係が作れない介護者は去っていくということはありますが）。その後、事業所を通じて身体障害でも身体介護の必要性が少ない人や知的障害者、精神障害者と介護の利用者が広がっていく中で、身体介護がないと、そこでは「関係」からしか介護が始まらないという所がある。たとえば食事が自分で作れない人にとっては、誰かに作ってもらう必要性はあるかもしれないけれど、好きではない介護者に作ってもらうぐらいならコンビニのお弁当を食べている方が良いということにもなる。お互いに時間をかけて関係を作っていく猶予が与えられずに、まず最初に好き嫌いとか印象の良し悪しが問題になって、そこでうまく入れないとその後なかなか修正できず、どこかで一度関係がこじれた時も、そこで引きとめてくれる「身体介護」という必要性がないので、しばらく時間を置いて立て直すということも難しい。

二番目には、介護を入れる当事者側の意識が大きく変わったということがあります。介護者が足りずに毎日毎日介護者探しをしていた時には、合わない人でもとにかく誰でもいいから介護に入ってもらう必要があって、その中で最初は合わないと感じた人が実は長く付き合うと意外に良いと思えるというような組み合わせが結構ありました。それが事業所から介護者が派遣されることが当たり前になると、最初の印象がとても大きくてその印象のまま関係が固まってしまうということも多くなりました。そしてそれは介護者の立場からも全く同じことが言えます。利用者が五人の事業所ならば、好きでも嫌いでもとにかくその人の所へ行かなければ仕事がないから、まずはじっと耐えながら続けて行って、そのうちに意外と関係は良くなってきたりもした。しかし利用者が五〇人になると、最初に嫌だと思った所へ毎週耐えながら続けなくても他の人の所へ行った方が楽だと思ってしまいます（この話も、利用者が五人の事業所で、ある利用者を嫌だと思えばすぐに退職へとつながっていたのが、利用者が増えたことでその介護者は事業所を辞めずに他の利用者の介護を続けていくことができるようになったという面もあります）。

それから、もっと大きな話で言えば介護以外で何か場を共有しているということが非常に少なくなった。障害者運動という場の中で出会った当事者と介護者は、実はその運動という場の力によって関係を作っていた面が強くあって、介護による関係はむしろ後から付いてくるようなものだったのかもしれません（運動色が強すぎて逆に家の中でのごくありふれた日常の介護に全くなじめず、当事者から嫌がられていたタイプも少なくありませんが）。

事業所を立ち上げたばかりの頃の、利用者、介護者がとても少なかった時期は事業所というものが双方にとっての場として機能していて、そこから関係性というものも作れたのかもしれません（この時代にも、その事業所という場になじめなかった介護者は早いペースで辞めていきました）。

とにかく、①利用者にとっては介護者が毎日とぎれなく確保できること。②介護者にとっては給料で自分の生活が安定して、できるだけ辞めずに続けていけること。この二つを成り立たせることを目標として立てて、制度化と事業所化を進めてきたわけで、そのこと自体を否定しようとすれば、おそらく人気のある障害者とやる気や能力のある介護者しか生き残れないという答えになると思います。とはいえ、それがある程度実現できた現在あらためて思うことは、やっぱりできるだけ良い関係の人と一緒に時間を過ごしたいということや、身体介護もできるだけ良い関係の人にしてもらいたいと思うのは当たり前だという、非常に素朴なことです（事務所の中での事務的な仕事だって、できれば良い人間関係の中でやりたいと思うわけで、家の中の介護という二者関係ならばなおさらです）。だから制度化と事業所化に伴う負の側面は止むを得ないこととして引き受けた上で、それでもやはり障害者と介護者の個人的な関係性は、やはりとても重要だということをもっと前面に出して、それが少しずつでもあちこちでできていく場所（環境）に事業所そのものをしていかなければならない。それが今後の事業所や介護コーディネーターの大きな役割になると思います。

3　介護者が自分の固有名を取り戻すために

知的障害があり自立生活をしている女性Cさんと、その介護者の女性Dさんの関係がうまくいっていません。Dさんは、「通院で隣に座っていると離れた別の場所に座ってしまう」、「介護時間中ほとんど何もさせてもらえない」、「それでいてDさんは何をしに来ているかわからないとか言われる」、「Cさんは私のことが嫌いなんじゃないでしょうか?」。確かにCさんの介護は難しい。自分で動けて多くのことを自分でできるという（少なくとも本人はそう思っている）ことと、時々発作や転んでしまうことがあるので見守りが欠かせないという面もある。食事も一人ではうまく作れないので、何らかの手伝いが必要ではあるけれど、それも介護者によってはなかなかやらせてもらえない。だから介護者Dさんと同じような悩みを持って介護に入っている人も何人かいます。でもDさんが、ある時他の介護者とCさんの場面を見ていると、普通に料理を手伝ったり色々と介護をさせているといいます。それでつい私のことが嫌いなのではないかと思ってしまう。これはとてもよくある話で、実際に利用者が介護者のことを嫌いである場合も少なくありません。しかし、コーディネーターである私から見て、Cさんと介護者Dさんの組み合わせは、好き嫌いという話ではなく、おそらく「介護者」という役割を前面に出して介護をしようとしているタイプの人は苦戦していて、逆に固有名としての「○○です」というキャラクターを出してCさんと関わろうとしている人は介護をさせてもらうことができるのではないか？　と私は考えています。私自身もCさんとは長い付き合いで、Cさんの親からも、ある時「Cには介護者が必要なんじゃなくて、個人として関わってくれる人が必要なんです」と批判されたこともあり、それに対して「私もそう思いますが、そういう個人として関わる人はどうやって作ればいいんですか？」というやりとりをしたこともありました。そんなことも思い出しながら、介護者のDさんに対しては、介護者っていう役割は捨てて、Dですという固有名を前面に出す形で違う位置取りをすると、多分全然変わってきますよ」とアドバイスしました。

Dさんは「介護者って空気のような存在でないといけないと思ってました」と言います。「身体障害の人でごく稀には、介護者は静かにしていて指示したことだけやってくれる人が良いと思う人がいますが、ほとんどの人は身体障害でも知的障害でも、固有の○○さんという介護者と普通に会話をしながら、その中で必要な介護をしてほしいと思っていて、その介護者がどういう人かがわからないと、怖くて介護が頼みにくいんですよ、多分」と説明しました。現在介護者四年目のDさんが「空気のような存在」という言葉を出したことにびっくりして思わず私は笑ってしまいましたが、Dさんは大変真面目な方でとてもきちんと行き詰まっている方なので、私も改めてこういう話ができたということもあります。そして少し話していくうちに、「固有名で介護」をなどと言っている私自身、Dさんがどういう人なのか実はほとんどわかっていなかったということに、二時間程話すうちに気がついてとても情けなくなりました。自立生活センターとして、二〇年以上前に立てた「指示に基づく介助」という原則や「指示があるまでは黙って動かないように」という具体的な方法では、どうも知的障害者だけでなく身体障害者の介護も上手くできないことに気づいて、一五年ぐらい前から介護者への言い方は大きく変えてきたつもりですが、コーディネーターという立場で、新たに次々と入ってくる介護者一人一人のことを知るという当たり前のことが全くできていないことと、色々な話の中でつい固有名の○○さんの話ではなく、利用者と介護者のことという一般化した話ばかりをしている日常が、まだ四年目の介護者に「空気のような存在」という捉え方をさせてしまう原因だったと反省しています。

別の例を一つ書いてみます。

事業所が企画した大人数の旅行での移動中のバスの中の場面。同じグループホームで暮らす利用者二人に介護者二人という組み合わせがありました。男性利用者Aさんがなぜか落ち着かなくなって、バスの中で大きな声を出しはじめ、男性介護者Bさんが隣で色々やりとりしながらなだめようとしても、どんどんエスカレートしていく。仕方なく介護者Bさんが男性介護者Cさんと入れ替わり、少し時間が経つと利用者Aさんがなぜか落ち着いてきた、そんなことがありました。夜、介護者Bさんは「僕の介護で何かまずいところがあるんでしょうか？　少なくとも普段から介護者Cさんよりは怒らないし丁寧に関わってるつもりなんですが」と納得がいかない様子。私は「確かにBさんの方がCさんより丁寧で良い介護をしていると私も思う。でも利用者のAさんから見ると多分、Cさんの方が介護は雑でひどいけど、キャラクター的にわかりやすくて、Bさんは自分を抑えているから何を考えてるかわかりづらくて何となく怖いんじゃないかな？」と言いました。

Bさんは介護歴約一〇年。昔若い時期に自分を出し過ぎて利用者から首になったことが何度かあり、「末永さんからもう少し自分を抑えて介護しなさいと注意されたので、それで自分としてはすごく努力して今まで介護を続けてきているのに、今さら今度は自分を抑え過ぎてるからダメだと言われたら僕はどうすればいいんですか？（笑）」とBさんは言いました。確かにその通りです。「固有名で介護する」とか、「もっと自分を出して介護する」とか言うことは簡単ですが、自分を長い間抑えて介護してきた人がいきなり自分を出しても利用者から驚かれて、引かれるだけかもしれないし、介護者が作ってきた自分のスタイルというのは、なかなかすぐには変えられないものです。実際自分を出し過ぎれば失敗に終わるということも介護関係ではよくあることで、だからといって「自分を出し過ぎず、出さな過ぎず、相手に合わせるバランスが大事」などという意味不明な計算がちゃんとできる介護者に対しては、元々こんな話は必要ないわけですから、結局また「介護って本当に難しい」という身も蓋もない所へ私は戻ってしまう（泣）のでした。

4　追い詰める支援？

事業所内で働く介護者の知り合いで、四年ぐらい前に地方から東京へ出てきて、支援に関わることになったMくんという二〇代前半の男性（障害手帳を取るのが難しいぐらいの軽度の発達障害）がいます。その間に、まずは頼っていた介護者のお金から始まって、バイト先のお金、遊びに行っていた家の障害者のお金、事業所内のお金など、様々な所で人のお金を取ってしまうという出来事が頻繁にあって、その都度本人との話はもちろん、支援者間でも何度も話し合いがなされ、徐々に日常的な関わりも含めた支援（安いアパートを借りる、事業所内である程度時給が出せる仕事をしてもらう。話ができる人が居る場所で活動を毎週するなど）という形を作ってきました。その中でMくんが自分で仕事を見つけて、その職場で週五日、約三〇時間ぐらい働き、手取りで（社会保険加入でその分二万弱引かれ）一〇万ぐらいの給料をもらうようになって約一年。数ヶ月前から自分でクレジットカードを作り、その借金が約七〇万近くになって、毎月の支払が滞り、ようやくMくんが周囲の人に相談をしました。そして支援者と本人で話し合い、今回は事業所が立て替えてカードの借金は返済する。その借金の返済も含めて、給料は支援者が管理して、週にいくらかをMくんに渡してという形にしました。

その後、Mくんがお金を結構持っていることがあって、支援者が問い詰めると、職場の人から借りたと言います。事実かどうかを確かめるために、借りたと名前の出た職場の人に直接連絡して確認すると事実貸したとのこと。貸してくれたことには感謝しつつ、この間のMくんの状況を説明して、支援者がお金の管理をしているので、今後は貸さないで下さいとお願いする。Mくんに対しては、どうしても必要なお金は貸すから、他の人から借りたり盗んだりしないで支援者に言いなさいということは、何人もの支援者が直接Mくんに伝えていますが、それがなかなかできない（元々それができる人なら大きな問題にはならない）。

そのことがあって、さらに一ヶ月後ぐらいに今度は職場の関係者のお金を盗んでいたことが発覚します。それでまた、Mくんと支援者が集まって話し合いが持たれ今後どうするか？　という話を延々とする。Mくんのような人とその支援に関わった人たちとの間で起きているこのような展開は、実は全国のあちこちで起きていることだと思います。ただ、これ程までに見事に、悪い方に事態が進んでいくと、私たちがやっている支援というのは、本人をただ追い詰めて事態を悪くしているだけなのではないか？　とも思えてきます。クレジットカードを使えなくしたり、職場の人に借金をするという方法も潰してしまい、その結果職場でお金を盗むということになる。ただ、カードはほおっておけば返せずにいずれ使えなくなっていたわけだし、職場の人にも何度か借りて返せなくなれば貸してくれなくなるわけだから、その時間の流れを支援によって少し早めてしまっただけだと言えばそうなのですが、いずれにしても私たちの支援が、事態を良くするために役立っていなかったことだけは確かです。

5　支援者同士のズレ

とにかくこのような展開をたどって、職場でその会社以外の外部の人のお金を複数人から数回に渡って盗っていたことがわかり、支援者が集まった話し合いの中では、さすがに今回は警察へ

Mくんを連れて行くという事で意見は一致しました。以前にバイト先などでお金を盗ってしまった時には、警察へ行くべきという人と、今回は被害者に謝って被害届けを出さないようにお願いしてこちらで支援していこうという人とで、支援者間の意見が分かれ、意見が分かれた場合には自分たちの支援によって少しは何かできるのではないか？　という期待を少しは持ってしまうので、まずは警察へは行かないという立場で支援が進められていきました。

しかし同じようなことが何度か続けば、Mくんも変わらないし、私たちも二四時間見張ってることもできないから、今回は警察にちゃんと捕まえてもらおうという話になったのです。ただ、Mくんを雇っていた会社に迷惑がかかることは避けられず、最悪の場合その会社が受託している業務そのものの仕事を打ち切られてしまう可能性もあります。会社から損害賠償と言われてもMくんも払えないし、支援者だって払えないというような議論もあり、結局Mくんを警察へ連れて行くことと、会社に事情を話しに行くことをほぼ同時に行うことにしました。

やはり会社側としてはMくんのことより、自分たちの仕事が切られる可能性の方が遙かに重要なわけで、Mくんが即時解雇されたのは当然としても、被害者の人から被害届が警察へ出されるかどうか、仮に被害届が出された場合でも、書類送検から不起訴処分という結果になる可能性が高い中、その後をどう支援していくかというもう一つの議論になりました。その中で、Mくんを昔からよく知る介護者が、一度実家に帰して、家族にもMくんの状況を理解して向き合ってほしいという意見が出て、それに共感する支援者と、そうはいっても東京の楽しさを知ってしまったMくんが田舎での生活に耐えられるはずがないとか、親もMくんの障害というか病気がなかなか理解できずに今まで来ているから、それが理解できないと向き合うといっても、どう向き合っていいかもわからないのではないかと、疑問を表明する支援者もいました。

私自身はMくんに関しての中心的な支援者ではないので、最終的には中心的に関わっているメンバーで判断するしかないという前提で、私が関わった人でも残念ながら同じような展開をたどって、警察に捕まり、一度目の執行猶予ではまだ懲りず、二度目の実刑で二年近く刑務所に居て、その後実家に帰ることができて、それからしばらく経って少し新たな生活が見え始めてきている人がいる。結局私たち支援者は何もできないことがほとんどだから、刑務所という最強の入所施設と、その後実家で家族の力を借りて、本人が歳をとることと自分のしたことを理解できるようになることとを待ちながら、また近いうちに戻って来ることを想定しつつ考えていく方が良いと思う、という意見を言いました。

ただ、これは同じような展開を既に何度か経験した私の意見でしかなく、初めてMさんのような人の支援に関わった人には、なかなか理解や納得が難しい話でもあります。さらに実家に一度帰すという話になると、元々、家族がちゃんと向き合えない人たちだからこちらへ来ているわけで、今更実家に帰して何になるの？　という意見も出てきます。結果どういう方向になるかはまだ決まらないし、まず警察がちゃんと捕まえてくれるかどうかもわからない段階ですが、支援にはこのように支援者間で意見が分かれる場面が多くあって、その結果はどうあれ、何とかまだ自分たちで支援をしていこうという人がいる限り、とりあえずまだできることがある限りは、支援を続けていこうという結論になりがちではあります。

別に、Sくんという自閉症で今最も暴れている（ガラスを割ることが多い）人の支援を巡っては、ここ数年の支援者間での意見のズレが、一番中心で支援を担っているNくんをかなり苦しめています。Sくんは知的には軽度で会話も相当に成り立つので、Sくん本人の責任をはっきりさせるべきという立場の支援者も少なくありません。責任を、本人に具体的にどう取らせるのか、そこを詰めて考えて、責任を取らせるための具体的な方法やプロセスにまで責任をもつという立場から考えている支援者について言えば、それはそれで一つの立場ではあります。[3]

違法行為をしたら、警察へ行って捕まえてもらえるよう支援する。病気が原因であるなら、医者や家族と状況を共有して入院をさせてもらう。本人に毎回きちんと弁償させていく。こういう意見はそれぞれもっともだから、具体的にやってみようということで良いと思います。ただ本人責任論というのは、その裏側で、長く支援してきた支援者や中心的なコーディネーター、親など近くにいた人がこれまで本人を責めずに甘やかしてきたから今こうなっているとか、本人が何かやってしまう介護者とそうでない介護者がいるからその介護者の関わり方に問題があるとか、要するに誰かの関わり方が悪いことが原因で、今現在、本人が悪い状態になっているという短絡的な考え方とつながっている場合が少なからずあって、それがただでさえ日々起きる出来事に責任を負って動いている中心的な支援者をさらに苦しめることもあります。

こういう事態に関しても、長く自閉症のつわものと呼ばれる人と関わってきた人からは、「ガラスが何枚割れたって、そんなものは直せる物なんだから、余計なこと（本人に怒るなど）はしないで、とにかく本人と支援者が怪我をしないようにして、静かに片付ける」、「周りが何をしたって簡単には何ともならないから、とにかく一〇年単位で考えるしかない」、「むしろ地域の中のお店で何かを壊してくれたら、そこから地域の人とつながれるきっかけになるぐらいに考えないとダメ」、「本人を何とか変えようとか、自分たちで何とかできると思ってるうちは無理」、といったかなり達観した言葉を聞かされることがあり、それは一つ一つどれももっともな考え方ではあり、支援者のNくんのように一〇年本人と付き合ってきて現在行き詰っている者には、かなり理解できる話でもあります。

ただ、少し時間が経つと、結局は「自分がそこまで理解が達していないからダメなのか」とか、「人間的にそこまでできていないからダメなのか」というような、どうにもならない考えにはまってしまう展開にもなります。さらに、このような整理の方向で、支援者Nくんが一〇人程度いるSくんの介護者たちと話をしても、ある人からは反発する意見が出るし、またある人からは、それなら何を目標に日々の介護をすればいいのかわからない、という意見、あるいは本人に責任を問わないとすると一つ一つの出来事に誰が責任を取るんですか？（お金の問題は保険である程度処理できるとしても、誰が謝りに行くか、保険の手続きを誰がやるのかというような意味での）という問いが出てきたりもします。しかし、このような「誰が責任を取るのか？」というタイプの議論は、事柄を改善する方向には残念ながらつながりません。この不毛な思考や議論から抜け出すために、私は以前『良い支援？』で、一つ一つの行為や出来事を起こしている当事者の責任が一〇〇％で、その出来事を引き起こしてしまっている、あるいは防げないでいる支援者の責任もまた一〇〇％と書きました。

支援者Nくんは一旦Sくんの支援から外れて少し考えている最中ですが、いずれ自分がやらなければならないと思っているという前提がある中で、なかなか頭も体も休めることがままならず、当然のようにSくんは色々な出来事を起こし続けて、ある人から、「それでも最近少しは落ち着いてきた」という話を聞くと、微かな期待をまた持ってしまうという、揺れながら行ったり来たりしている状況です。

コーディネーターとしてそんな状況をずっと見続けてきた私からは、「自分がはまっている状況とか、揺れてることとか、そういうことを、もう一人の自分から見て、ああまた同じところにはまってるわと気づくことが、経験を積むと少しはできるようになるから」という、あまり役にも立たないアドバイスぐらいしかできないのです。

6　グループホームをどう考えるか

二〇〇二年に、グッドライフの石田代表の反対を説得する形で、グッドライフ第一生活寮を作ってから、はや一二年が経過してしまいました。現在では関連事業所も含めて二五人（男性二〇人、女性五人）が生活しています。石田さんが生活寮を作ることに反対した理由は「生活寮は小さな施設だから」です。その問題点をわかった上で、身体障害者と違って「言葉による本人の意思」という最大の武器が使えない知的障害者が、①とりあえず施設や親元から出て地域で介護者を入れた生活をして、②その経験を踏まえて親を説得して自立生活につなげていく、という目標を持って生活寮を作り、徐々に利用者を増やしてきました。しかし、この一二年間で自立生活へ移行できた人はわずかに三人だけです。

自立生活へという目標がほとんど実現しない中で、グループホームは、介護者のあり様を施設職員化してしまうという大きなマイナス面ももたらしました。施設職員化とは、わかりやすく言えば介護者が利用者の上に立って指導的な視線や言葉遣いになること、本人の希望よりも親の意向（たとえば、怪我をしないこと、食べ過ぎないこと、お金を使い過ぎないことなど）を優先して介護をすること、利用者の希望にできるだけ沿って介護する「見守り」ではなく、問題行動を起こさせないための「見張り」が介護者の役割だと勘違いしてしまうことなどです。

グループホームから自立生活へという流れが作れなかった原因としては、①利用者本人の生活力不足、②親を説得することの難しさ、③介護制度の不十分さ、④介護者やコーディネーターの力不足、などが挙げられますが、結局のところは私たち支援する側全体の力不足と言わざるを得ません。たとえ難しい課題が多くあるとしても、一つ一つ目標に向かって具体的に動いていかない限り、今の社会の価値観（障害者が他の人と同じように、自由に幸せを求めて生きていくことを支援するのではなく、自分たちに危害や迷惑を及ぼさなければそれでよいとする）に流されるだけで終わってしまいます。

グループホームの報酬単価が上がることに伴い、周辺の地域に続々とグループホームが開設され（親たちが資金を出し合い、東京都の建設費補助を使ってできている場合が多い）、在宅からそこへ入る利用者や、私たちの事業所のグループホームから新たなグループホームへ移る利用者もいます。親が介護できなくなった場合に遠くの入所施設へ入れられてしまうという時代ではなくなり[4]、親がまだ元気なうちに地域にグループホームを作って、そこを終の棲家とする、それが、最近の東京の北多摩地域で起きていることです。

親たちの考え方や動きがそこまで来ている中で、私たちがグループホームをやっていく意味といえば、あくまで、数年間程度の過渡的な生活の場として捉え、常に一人暮らしという選択肢が用意され、その生活を実際に一、二年やってみることができること、利用者本人にとって一人暮らしが合わなければグループホームに戻るし、仮に本人が快適に過ごせる状況ならば一人暮らしを続けていく、本人に合ったタイミングでそういう支援がいつでもできることを想定しながら、グループホームの中でも介護関係を作っていくことです。そういう前提で日々の支援をすることによって、グループホームでの日々の介護は全く違う形になっていくと思います。

7　親と支援者の間のズレ

私は以前、障害者の自立生活を支援する上で、親が最大の敵であると真剣に考えていました。今から二〇年ぐらい前は、明確に自分の意志で自立生活を希望している身体障害者でも、親としてはとにかく自立には反対という人がほとんどで、言葉では子どものことを心配してと言っていても、実際には子どもを自分の手元に置いておきたいだけとしか私には見えませんでした。知的障害者の場合はより深刻で、親の年齢で現在七〇代以上の世代では、自分たちが自宅でできる限り介護をして、介護が限界になったら入所施設に入れるのが子どもにとっての一番の幸せだと信じて疑わない人たちが、行政と協力して全国各地で入所施設を作ってきました。土地の値段が高く地元で入所施設を増やせなかった東京では、関東近県や後には東北地方や西は岐阜県まで、約五〇ヶ所もの都外入所施設を作り（都民の枠として作られた定員数が約四〇〇〇人分）、そこへ都民である知的障害者を大量に送り出し続けたのです。

二〇年ほど前から知的障害者の自立生活ということを進めてきた私たちに対して、親（きょうだいも含め）は常に自立に反対の立場でした。反対の理由は、「うちの子が自立なんてできるわけがない」ということと、「何かあった時に家族が呼び出されたり、責任を求められるのが困る」というものです。これらの反対意見に対しては一つ一つ問題点を整理して理解してもらい、少しずつ自立できる人も増えてきたわけですが、とにかく親は障害者の自立に反対するという時代が長く続きました（二〇〇〇年前後からの国の政策転換もあり、親の世代が若くなるほど、できる限り入所施設には入れたくない。親が介護できない状況でも入所施設ではなく、地域でサービスを受けながら暮らしてほしいと考える人が増えてきています）。

自立後の生活のイメージでもズレは小さくありませんでした。親の価値観ではとにかく健康が第一。従って食生活もバランスよく、食べ過ぎず飲み過ぎず太り過ぎず。部屋もまず清潔が第一。本人がイメージする「自分の部屋」ではなく、母親がイメージするきれいな部屋でないと気に入らないという人が少なくありません。生活の時間も規則正しく夜は早く寝て、朝も早く起き、三食きちんと食べて、お菓子やジュースは少なめに。生活費の使い方も、本人と介護者で決めて使っていくやり方は、母親がイメージする生活費の使い方とは大きくかけ離れてしまう。その年齢にふさわしく、本人のイメージにできるだけ沿った自由な生活を一緒に作っていきたいと考える介護者と、母親の考える生活のあるべき形とのズレはどの部分をとっても大きなものでした。

しかし、いくつかの理由から今では、親こそが本人の最大の支援者だと考えるようになりました。感覚的なことで言えば、自分が単純に歳をとって、二〇代だった頃の見え方と四〇代の今の見え方が変わったことが大きいのかもしれません。具体的なことで言えば、この二〇年ぐらいの間で、私たちが支援をしてきた障害者の人たちの中で、健康を害して若くして亡くなった人や、親との関係が悪化したことが大きな原因で亡くなった人が少なくなかったということ、自立した障害者もだんだんと歳をとって、周囲の介護者がどんどん結婚して家族を作っていく中で取り残されてしまい、そうするとやはり親を頼りたくなるという感じになってくる人もいること、幸い結婚できた人でも、うまくいかない時には親がとても頼りになる、そういう状況もよく見えるようになってきました。

それは、普段周りにいる支援者や介護者が頼りにならないように見える中での、相対的な見え方の変化なのかもしれません。自分自身を振り返っても、二〇代から三〇代の頃は障害のある当事者の人生や幸せのために、支援者として自分が何か役に立てるはずだという勝手な思い込みを前提に支援をしてきたわけですが、最近では支援者や介護者は当事者の人生や幸せに対してとても無力だと感じています。自分たち支援者の力のなさということも含めてとても情けない話ではありますが、近くにいる親の支援がなければとても本人の自立生活を維持できないと感じる人もいます。

親の支援はとても有難いものと最近では感じていますが、それでも私が最終的に譲れない一線はあります。親が本人の人生や生活を代わりに生きることだけは、どうやっても不可能です。なので、日中どういう所へ行くかあるいは行かないかというスケジュールや、どういう人たちと日々関わっていくかなど、生きていく上でとても大事なことを親が決定しないでほしいということ。日々生活する部屋を、本人が「自分の部屋」だと思えるように維持していくこと（母親の思う通りにやっていくと、あっという間にそれは母親の部屋になってしまいます）。食生活やお金の使い方に関しても、ダイレクトに親の考え方で決めずに、親が本人やコーディネーター、介護者などに意見として伝えて、あくまで本人と周囲の人が考えながら決めていける部分を大事にしてほしいということなどです。

これらは全て、自立生活をする障害者自身が「自分の生活」、「自分の人生」だと思えるようにするためです。もちろんそのためには、支援者や介護者が、親からもある程度認めてもらえるような「支援」が実際にできていなければまずは話にならないわけですが。

［注］

1　鈴木啓嗣という児童精神科医は『子どものための小さな援助論』という本の中で援助の基本的な難しさについて慎重に書いています。「援助が力をもつということは一見喜ぶべきことに見えるかもしれない。しかし援助がさほど簡単な単純な代物でないことも忘れてならない事実なのだ。パワーのある援助はパワーの強いぶんだけ悪影響も強くなると考えられるだろう。つつましさを忘れた援助の隆盛は、純粋な援助者の思いとはうらはらに、痛々しい結果を引き起こすのではないか。無自覚な援助の肯定は、その危険に気がつかないままに理不尽な援助を増幅させてしまうのではないか。このような懸念が、「この「小さな援助論」を展開しようとする出発点である。」

2　「たこの木通信」二〇一五年一月二〇日号

3　こういう議論を何度も経て、支援を継続してしまったが故に、最後はその利用者が死んでしまうという最悪の結果になってしまった事例を踏まえて、私は『知的障害者が入所施設ではなく地域で生きていくための本』（二〇一〇年、生活書院）の中で、「支援の失敗とこれから」という一つの章を書かせてもらいました。

4　東京都は約二〇年前から都外施設を新たに作らないという方針でやってきましたが、その裏で新たに作られている都外のグループホームへ都民を次々に送り出しているという現実もあります。

第二部　重度訪問介護の対象拡大と生活の実際

第6章

重度訪問介護という枠組み

寺本晃久

1　重度訪問介護が使える

長時間の見守りを含み、介助の内容が限定されていない「重度訪問介護」という介助制度がある。これは長い間重度の肢体不自由者を対象としたものだったが、二〇一二年にできた総合支援法で、その対象が他の障害にも広げられることになった。

『良い支援？』をはじめとしていくつかの場で、自立生活を支えるための前提である、見守りを含む長時間の介助制度が必要だと主張してきた。その足がかりが実現した。法の成立二年後の二〇一四年度から重度訪問介護の対象拡大が実施され、その動きは一部ではあるが、加速されつつある。

重度訪問介護は自立生活の介助制度としてとても役に立つ制度だ。この制度の良い点をいくつかあげてみよう。

① 目的別に分けられない

現行の、地域での介助の制度は、いくつかの類型——家事援助、身体介護、移動支援、行動援護といった具合に分かれている。対象者や目的に応じてそれぞれが使える類型が違う。

目的別では、たとえば、掃除洗濯や調理などをするのは「家事援助」、入浴や車いすへの移乗や就寝の支援といった体に触れる部分は「身体介護」、外出の付き添いは「移動支援」、外出でも病院にかかるときの支援は「通院介護」などと分かれている。対象者別では、行動障害のある人の外出を中心とした支援は「行動援護」、視覚障害のある人の外出支援は「同行援護」など。移動支援は自治体によって対象者や内容が様々に決められている。たとえば「身体介護あり」「身体介護なし」と分かれている場合があり、知的障害者でも身体障害や行動障害などがある人に対して「身体介護あり」が支給される。あるいは対象者を知的障害者に限っている自治体もあれば、身体障害や高次脳機能障害のある人を対象に含めている自治体もある。

当初、家事援助・身体介護・移動支援だったことを踏まえれば、介助を使える範囲は増えてきた。やはり何を介助するのかという目的ごとに類型が増えてきた。

こうした目的別・対象者別のしくみでは、介助を利用する回数や時間帯があらかじめ決まっていることを前提としている。毎週日曜日に外出だけとか、夜の二時間だけ食事をつくってもらえればよいとか、回数も多くはなく、内容と時間が決まっている場合は、目的別の制度でも問題ないかもしれない。

しかし、毎日かつ長時間で、内容も外出もあれば調理や入浴の支援もある人にとってはとても使いにくいものである。人の暮らしは、〇月〇日の七時に起きて朝食を食べて必ず九時には外に出る、〇月△日は誰々さんと必ず会う、などと毎日のスケジュールがあらかじめ一ヶ月毎に決まっているわけではない。たとえ「〇月□日は☆さんに会いに一〇時から一五時まで外出する」と予定が決まっていたとしても、その時の天候や体調や先方の都合によって、予定が取りやめになったり、時間が延びたり短くなることはしばしばありうる。ふだんは夜七時に夕食を食べていても、時には食べる時間が遅くなったり外食になったりするだろうし、毎日の入浴時間を決めてはいてもその場になって帰りが遅くなったから時間がずれたり入らなかったりすることはある。地域での暮らしは、生活のすべてをスケジュール化できるような入所施設でのそれとは違う（施設であっても、スケジュール化はできないしすべきでもないのだろうが）。

その点で、重度訪問介護という介助の類型は、目的別ではなく、ひとつの類型で家事や身体介護や外出などを切れ目なくできるものである。自立生活している比較的介助を多く必要とする人にとって使い勝手のよい制度だ。

②長時間が前提である

身体介護や家事援助は基本時間が三時間や一時間半、行動援護は最長で八時間までと使える時間が限られている。移動支援は自治体ごとに月に支給される時間が決まっていることが多い。目的別で区切られる介助制度では「～を行うため」の時間の積み上げで支給時間が決まってくる。たとえば入浴するための支援ならば三〇分や一時間もあればよいわけで、おのずとそう長い時間は想定されない。突発的なことの判断や対応、そもそも「～を行う」時の前後の判断、沸き起こる不安などに随時支援が必要になるということがあり、そのことがなければ全体として生活が成り立たない場合、短時間の細切れの介助がいくらあっても役に立たない。その点、重度訪問介護では見守りが含まれており、最初から長時間の利用が前提である（一回あたり四時間が利用の基本）。

③障害者の自立生活にあわせた資格・研修

居宅介護などの介護を仕事として行うには、介護職員初任者研修（以前のヘルパー二級）という研修を受ける必要がある。一〇日間の研修だが、高齢者に対する介護が中心の内容で、障害者の、しかも自立生活のための研修では必ずしもない。重度訪問介護は、介助を使う利用者が自らの介助者を育てるという前提で、研修の時間も短く（二〇時間）、規模の大きくない障害者団体などでも研修を主催することが可能なカリキュラムである。一定のカリキュラムの枠は定められているものの、考え方としては、介助を使う人の個別性に応じて内容を組むことができるし、障害者の介助や自立生活に特化した研修を行うことができる。

④ 障害当事者がつくり広げてきた制度である

重度訪問介護は、一九七四年に東京都で脳性麻痺者介護人派遣事業として始まった制度が元になっている。介護人派遣事業はその後自治体の独自制度として各地に広がっていった。二〇〇三年の支援費制度が始まった時に「日常生活支援」として国制度に組み入れられた。最初は脳性麻痺者のみを対象に始まり、少しずつそれ以外の重度障害者へと対象が拡大されてきた。

家事援助や身体介護といった居宅介護が、高齢者の介護を基本形とし障害の軽減がすなわち自立支援とする発想を源流にもち、行政の側から作られてきたものであるのに対し、介護人派遣事業は、障害当事者が自らの必要に応じて求めてきたことによって作られてきた制度である。同じ介護の制度にあって、居宅介護と重度訪問介護は元になった歴史や考え方がまったく違う。

2　対象者

今回の対象拡大において、総合支援法では「重度の肢体不自由者その他の障害者であって常時介護を要するものとして厚生労働省令で定めるもの」と対象者が示された。それまで「重度の肢体不自由者」だったものに、「その他の障害者」が加わった。

けれども、「その他の障害者」で「重度」かつ「常時の介護」が必要な人とは何か。それを誰がどう認定するのか。

二〇一三年の間に国の検討会で対象者や研修の中身が検討され、二〇一四年に実施された。二〇一四年現在、重度訪問介護の対象とされた「重度」かつ「常時の介護」が必要な人とは「行動障害」のある人となっている。

障害者に対する支援制度を使うときに、障害支援区分という、どの程度の障害の程度か・どの程度の量の支援が必要かをあらかじめ調査し六段階に区分（スケール）を定めることになっている。その障害支援区分の調査の中で「行動関連項目」という「行動障害」がどの程度かを聞く部分があり、一二項目——①コミュニケーション、②説明の理解、③異食行動、④多動・行動の停止、⑤不安定な行動、⑥自らを傷つける行為、⑦他人を傷つける行為、⑧不適切な行為、⑨大声・奇声を出す、⑩突発的な行動、⑪過食・反すう等、⑫てんかん――それぞれの項目で〇～二点をつけていく。行動援護と重度訪問介護ではそのうち一〇点以上になる人を対象としている。

ここで課題は、行動障害が一〇点未満であっても地域で自立生活をする上で長時間の介助を必要とする人は、重度訪問介護の対象になっていないことである。その点について国の検討会の報告では「必要とする支援の内容と、ヘルパーによる長時間の支援をその業務内容とする重度訪問介護のサービスの内容との関係が必ずしも明確化されておらず、現時点では重度訪問介護の対象として基準を設定することが困難」だとされた。

もっとも、他の問題はなくても他害があることだけで、その部分の支援がなければ自立生活は難しくなるし、行動障害がなくても自立生活となれば家事や身体介護といった目的にしばられない生活全般にわたる支援が必要になるわけで、重度訪問介護の対象とするのが「困難」ではないはずだが。その後に続く文章で「関係者の意見も聞きながら引き続き検討する必要がある」となっており、今後の見直しの余地は残されている。

「重度障害者の支援」といって問題行動の抑制ばかりに着目するのではなく、重度訪問介護では「生活していく上で必要な介助を受ける」ことに注目して、そこで何が必要なのかを考えていくべきだと考える。

3　利用の手続き

知的障害のある人が重度訪問介護を利用するにあたって、次のようなイメージが描かれている。

①相談支援事業者を中心とした連携体制の下で、

②行動援護事業者等が一定期間、問題行動のアセスメントや居宅内環境調整等を行いつつ、

③居宅介護や他のサービスによる支援を行いながら、

④サービス担当者会議等における連携により支援方法等の共有を進め、

⑤支援方法等が共有された段階で、サービス等利用計画の変更を行い、重度訪問介護等の利用を開始する。

重度訪問介護を使いたいと申請すれば支給決定を受けられて、事業所と契約すればすぐに使えるようになるわけでは、ない。利用にあたってはまず、問題行動のアセスメントを行動援護事業者などが行い、重度訪問介護以外のサービス（居宅介護や行動援護を含む）も使うことを勘案したり連携をしながら、相談支援事業者を軸に支援者の間で支援方法を考えた上で、サービス等利用計画の中で重度訪問介護の利用が適切だとなれば、ようやく使える、というわけだ。

現在、一般的には、介助や通所などのサービスを使いたいときに「サービス等利用計画」を

立てることが義務づけられている。このしくみは二〇一二年から導入され、同時に始まった「相談支援事業」を行う事業所がその計画を立てる支援を行うことになっている。ただし、相談支援事業所に頼らずに、利用者が自分で計画を立てて行政に申請を出すことも可能だ。身体障害のある人の場合はこのセルフプランが認められているが、このたびの対象拡大した「行動障害」のある人についてはセルフプランができず、必ず相談支援事業所に関わってもらう必要がある。また、他の場合にはない「行動援護事業者等によるアセスメント」なども必須となっている。

ここで、国から示されている文章はとてもわかりにくい（誤解を与える）書き方になっているが、「最初に行動援護を利用しなければならない」「行動援護事業者のアセスメントが必ず必要」と行政や相談支援事業者が誤解している場合があるかもしれない。

行動援護事業者〝等〟が障害や支援のあり方についてアセスメント（評価）をするということであって、行動援護をまず使うことが条件ではないし、行動援護事業者〝だけ〟がアセスメントするのでもない。国の文章では「地域において行動援護事業者の確保が困難な場合等であって市町村が認める場合については、発達障害者支援センター・障害福祉サービス事業者・施設等の職員、あるいは臨床心理士などの専門家であって、行動障害に関する専門知識や経験を有する者によるアセスメント等を行うことも想定」というただし書きが加えられている。

いろいろと段取りはあるものの、つまるところ、最終的には相談支援事業所がサービス等利用計画の中で「重度訪問介護を利用する」と書きこめば利用できる。したがって、相談支援事業所がどのようなスタンスを取るかが鍵になるだろう。

4 介助者の研修

今回、重度訪問介護の研修に、新たに「行動障害支援課程」が設けられた。対象拡大された人に対する介助者は、行動障害支援課程を受けていることが「望ましい」が、既に従来の肢体不自由者に対応する「基礎課程」「応用課程」「統合過程」のどれかの資格を持ち、重度訪問介護に就いているヘルパーは改めて研修を受けなくてもよいとされた。

行動障害支援課程は一二時間のカリキュラムとなっている。今まで重度訪問介護研修をしていた事業所は、新たにカリキュラムの変更や追加を申請すれば、行動障害支援課程も開講できる。

(1) 講義

強度行動障害がある者の基本的理解に関する講義（二・五時間）

強度行動障害に関する制度及び支援技術の基礎的な知識に関する講義（三・五時間）

(2) 演習

基本的な情報収集と記録等の共有（一時間）
行動障害がある者の固有のコミュニケーションの理解（二・五時間）
行動障害の背景にある特性の理解（二・五時間）

一日六時間ずつの二日間で開講でき、小規模の事業所でも研修がやりやすい。これまで知的障害のある人についての介助の入口としては移動支援が多かったが、その時にも介助者が最初から重度訪問介護の資格をとっていれば、たとえば子どもの時から移動支援で付き合ってきた人が親元から自立生活を始める場合にも、親元にいるときの余暇部分だけの支援＝移動支援から、暮らしの支援＝重度訪問介護へと利用する制度を変えても、同じ介助者がそのまま入り続けられるなど、柔軟に対応ができる。

一方、研修の内容が従来の重度訪問介護の研修とは別立ての制度になったことで、近い将来に対して課題を残した面はある。今回の改正は重度訪問介護の「対象拡大」、すなわちあくまで制度の枠組みは「重度訪問介護」であるのだが、従来の重度訪問介護とは別の枠組みと捉えられてしまう可能性がある。

行動障害支援課程のベースとなるのは、新たに設けられた別の研修課程「強度行動障害支援者養成研修」であり、これは従来の「行動援護」の研修に代わるものである。行動障害に対する対応に特化した内容で、書かれていること自体は有用なものもあるが、自立生活に対応する「重度訪問介護」の研修としては十分でないと考える。生活の実態に合わせた研修の内容にしたり、使えるテキストを作る必要がある。

5　重度訪問介護を使っていくかどうか

今自立生活をしている人が、居宅介護＋移動支援＋（行動援護）の組み合わせから重度訪問介護に移っていくかどうか。ばらばらな制度からひとつの制度に一本化でき、介助が目的別に輪切りにならないという利点はあるものの、ではそれぞれの人が実際に重度訪問介護に替える時にどのような欠点がありうるか。他の類型が使えなくなる（かもしれない、これまでの重度訪問介護は他の介助制度を同時に使うことを想定していなかったと思う）時に、行動援護など高い単価で入っていた事業所が撤退する可能性や、移動支援のみの資格でやっていた介助者が入れなくなる、といったあたりだろうか。

また今後、行政側から、重度訪問介護に移行するよう要望がある可能性もあるかもしれない。重度訪問介護は、身体介護に比べると一時間当たりの単価はおよそ半分の額である。一定の量の「時間」を保障する代わりに一時間当たりの額は低めにされているのだが、行政が制度の考え方を理解していない、もしくはあえて支給総額を減らしたいという理由で、一時間二時間といった本来なら身体介護が支給されるべきところに、重度訪問介護が支給される例もあるらしい。居宅介護や移動支援の安い類型として重度訪問介護が利用されるのでは、対象拡大の意味が台無しになってしまう。

第7章 東京の北多摩地域の事例から

末永　弘

1　重度訪問介護とはどのような制度なのか

「重度訪問介護」という制度は、重度の身体障害者たちが、自立生活をする際に必要となる日常生活全般に関わる介護を、毎日長時間利用することが可能な制度として行政に要求し、形作ってきたものです。

歴史的な経過としてごく簡単に整理をすれば、「重度脳性麻痺者介護人派遣事業」という名称で一九七四年に東京都で制度化されたことから始まり、その後脳性まひ以外の障害者にも対象を広げる形で、「全身性障害者介護人派遣事業」という名称で全国の主要な自治体に八〇年代〜九〇年代にかけて広がりを見せ、二〇〇三年の支援費制度の中では「日常生活支援」という名称となり初めて全国全ての自治体での利用が可能になりました。二〇〇六年の障害者自立支援法ではさらに「重度訪問介護」と名称が変わりましたが、何とかその制度の中身は後退しない形で維持されました。

そして二〇一四年に障害者総合支援法の中でその対象が知的・精神障害者の一部（障害支援区分認定の中で行動援護の判定項目の合計が一〇点以上の者）に拡大されました。改正後の報酬告示での定義は以下の通りです。

「重度訪問介護は、重度の肢体不自由者又は重度の知的障害者若しくは精神障害により行動上著しい困難を有する障害者であって、常時介護を要する者に対して、比較的長時間にわたり、日常生活に生じる様々な介護の事態に対応するための見守り等の支援とともに、食事や排せつ等の身体介護、調理や洗濯等の家事援助、コミュニケーション支援や家電製品等の操作等の援助及び外出時における移動中の介護が、総合的かつ断続的に提供されるような支援をいうものである」

ここに書かれている支援の定義は、重度の肢体不自由者のみが対象とされていた時と全く変わっていません。身体介護、家事援助、移動中の介護ということ以外にも、コミュニケーション支援と、最も重要な「比較的長時間にわたり、日常生活に生じる様々な介護の事態に対応するための見守り等の支援」という文言が元々入っているのです。つまり介護者が何らかの行為をしている時間ではなく、利用者と一緒に居て見守っている時間も「介護時間」として認めるというのが、この「重度訪問介護」の最大の特徴です。この点が、細かく時間と内容によって分けられてしまっている「身体介護」「家事援助」や「移動支援」「行動援護」という他の介護制度との根本的な違いであり、この制度は、常時介護を必要とする障害者が自立生活をする上で、生活全般に関わる介護を毎日長時間利用していくために形作られてきたものなのです。

2　重度訪問介護の対象拡大によって自立生活が明確な選択肢の一つになった

二〇一四年四月から、知的・精神障害者の中の一部の人が重度訪問介護を利用できるようになりました。それ以前から自立生活をする中で身体介護、家事援助、行動援護、移動支援等の制度を組み合わせて利用してきた知的障害者が重度訪問介護へ移行できることは当然大きなメリットではありますが、それ以上に良かったと思うことはこの対象拡大をきっかけとして、入所施設、病院、グループホーム、親元などで生活している自閉症の障害をもつ子どもの親から、自分の子どもも自立生活ができるのか？　という相談が相次いだことです。年齢的には本人が一〇代から二〇代で、親も四〇代から五〇代前半という方たちです。これまでも親に対しては積極的に、実際に常時介護者を入れて自立生活をしている知的障害者の事例を話してきたつもりですが、そこに「制度」というものが加わったことの意味は私の想像を超えるものでした。相談といっても、いわゆる親亡きあと的な将来の話では全くなく、ほとんどの人がそんなことが本当に実現できるならば今すぐにでも具体的に話を進めたいという内容だったのです。これにはとても驚きました。

現在は制度化後一年七ヶ月が経過した状況ですが、私が直接相談を受けた人や関わっている事業所の中だけでも、制度化後早くに親元から自立した人、グループホームでの長い混迷期を経て一人暮らしへ移行した人、病院からグループホームでの一人暮らしを経て最近一人でアパートでの自立生活をスタートさせた人、遠くの入所施設を出て体験室で介護者を入れた生活を始めた人、数年後に自立生活の目標を定めてグループホームの利用を始めようとしている人、親たちが作ってきたグループホームの空きが出て、そこへ入るという選択肢がある中で、こちらから一人暮らしという選択肢を提示したところ、それも試してみたいということで介護者と一対一でのグループホーム利用を始めた人、状況はそれぞれで、皆さんまだ新たな生活が始まったばかりではありますが、具体的な話を進めていく上で親とともに自治体のケースワーカーの反応も大きく変わりました。これまでは困難な状況になっている人に関して相談をしても、ケースワーカーの対応は精神科病院に一時的に入院させる、入所施設に併設されているショートステイを転々とつないでいく、受け入れ可能性のあるグループホームを探す、そして本人の状況が改善されない場合には入所施設を本格的に探す、というような選択しかありませんでした。ところが、重度訪問介護を利用した形での一人暮らしという選択肢が見えたことで、実に話が早く進み（もちろん親がその方向を望んでいるという前提があってのことですが）しかもその流れに大きな抵抗感がないという不思議な状況がいくつもの自治体で急に出現しました。親とケースワーカーの間でグループホームから自立生活への移行の話が進み、重度訪問介護の支給時間数についてもその中で生活介護に日中通っている以外の時間は深夜も含めて全て支給するという話が決まって、私が後からその話を聞いたという例もありました。

二〇一五年七月段階で、私が直接関わった利用者で既に九人が重度訪問介護を利用した自立生活を開始または制度移行をしていますが、そのうち四人は行政側の判断として、介護者が入っている時間（通所時間や実家帰りの時間以外ということ）の全てについて支給を認めたこともまた驚きでした（五人については、深夜について二〜五時間程度制度なしという形で私が提案しその内容で決定されましたが、その理由や詳しい内容は二〇一ページ以降に書きます）。とにかく私の予想を超えて行政側が知的障害者の一人暮らしということに対して前向きに動いたということは、常時介護が必要な知的障害者が一人暮らしをすることが一つの選択肢として行政からも認められたという意味で、記録しておくべき出来事だったと思います[1]。

3　重度訪問介護の利用状況について

長年に渡って求めてきた今回の対象拡大ではありますが、二〇一四年四月スタートの段階における制度の中身は、残念ながら多くの部分で厚労省とそれに近い関係者たちの考え方にそって作られ、一〇年来この法改正を主張してきた私たちの提案はわずかしか入れることはできませんでした。私たちは最も重要な点として、何らかの理由により長時間の見守りが欠かせない利用者をこの制度の対象とするよう求めましたが、結果的に対象者は行動援護の対象者と同じという形で極めて狭く限定されました。さらに、行動援護という制度を拡張したいという考え方により、支給決定プロセスでの制約がさらに課せられてしまいました。しかし、現在の政治状況や障害者運動全体の中で考えれば、少人数でも自立生活をしている、または近い将来自立しようとしている知的障害者が何とか利用可能な制度にすることができたという意味で、最低限将来の足掛かりとなる制度にはできたとは言えると思います。

上記のような事情もあり、二〇一四年四月の制度開始とともに既に東京の北多摩周辺地域で自立生活をしている知的障害者が、一気に重度訪問介護の利用を開始するという華々しい展開ではなく、徐々に一人ずつ話を進めていて、私が関わっている利用者の中では、二〇一五年七月現在、六つの自治体で九名が居宅介護等からの制度移行、または新たに自立生活を開始し重度訪問介護を利用しているという状況です。その中からいくつかの点について整理してみたいと思います。

(一) 支給時間数

まずは支給時間数に関する話です。

重度訪問介護の支給時間数としては、最も多い人で月七四四時間(通所をしていない人のため毎日二四時間支給)、最も少ない人で月四一八・五時間(通所時間平日の毎日約八時間と深夜を毎日マイナス五時間として計算)です。一九九ページに書いたように、三つの自治体では四人の利用者に対して、介護者が付いている必要がある時間帯については深夜も含めて全て支給という決定がでました(概ね月六〇〇時間前後)。私が支給時間数の提案をした五人の利用者に関しては、通所時間以外にも深夜についてマイナス二~五時間ということで概ね四〇〇~五〇〇時間前後という支給決定になりました。それまで身体介護や行動援護という一時間当たりの単価が高い制度と家事援助という安い単価の組み合わせの中で、概ね月三〇〇時間前後の制度(生活介護等の日中活動は別に支給あり)でやってきたため、一時間当たりの単価が安い重度訪問介護に移行する上で当然時間数は増やす必要があるのですが、その際に事業所が受け取る金額ベースで考えた時に、赤字だった利用者はそれを解消し、(ヘルパーの給料、コーディネーター、事務員の人件費、社会保険料、事務所の維持費等全てを含んだ上で）逆にその利用者一人だけを見た場合に事業所の収入が多くなり過ぎる構図は避けたい、その間を考えて結果的に金額ベースで月に一〇万〜二〇万程度の上乗せになることを目途に時間数の提案をしました。

事業所の収入が多くなり過ぎる構図を避けたいというのは、今後できるだけ行政とも協力して自立生活をする知的障害者を増やしていきたいという意味と、もう一つ、その利用者を悪用して儲けようと考える悪い人たちが出てこないようにという予防策の意味もあります。二年ほど前に、私も関わりのある事業所で、身体・知的重複の利用者に対して、ヘルパー二人が結託して新たな事業所を作り、その利用者をだます形で数ヶ月間連れ去るという事件が起きました。その利用者は重度訪問介護を月七四四時間支給されていたため、その利用者一人だけを切り取ってお金の計算だけをすれば儲かると考えた人が実際に現れたわけです。その後関係者の支援で、この利用者は元の事業所へ戻ることができましたが、この出来事が利用者や家族、長く支援をしてきた関係者に与えたダメージはとても大きいものでした。

ここまで酷い事例は珍しいとは思いますが、小さな事業所で利用者一人の収入が全体の予算の相当部分を占めているような所も、方向性を間違えるとその利用者を利用して事業所の運営をしていくという事態になりかねない危険性があると思います。今のところは、全国で自立生活をしている知的障害者を支えている小さな事業所は、多くは制度がなかった時代からの運動的な理念の下で支援がなされてきた所が多いので、その初期のメンバーが残っている限りは心配ないと思いますが、理念から離れた人がお金だけを考え始めると少し怖い気がします。身体障害者の場合には当然自分の生活を大事にする形で当事者が意思を表明するので、事業所に利用される危険性は少なかったわけですが、同じ重度訪問介護という制度の中で、知的障害者を自立させて儲けようという人が現れない仕組みを考えていくことも、制度を提案してきた私たちの責任だと考えています。

(二) 移行のプロセス

次に重度訪問介護への移行のプロセスをめぐっての話です。

厚労省が決めた移行へのプロセスは、簡単に言うと、①利用対象者を「行動援護」の対象者(障害支援区分の判定において行動関連項目の合計点数が一〇点以上という意味で、実際に行動援護という制度を利用していなくてもよい)に限定し、②本人と関わりのある行動援護事業者等(これも行動援護事業者に限らず、居宅介護や通所の事業所などでもよい)が、重度訪問介護を利用するためのアセスメントを行い、③そのアセスメント内容を踏まえ、相談支援事業所が重度訪問介護を含んだ「サービス利用計画案」を作成し、自治体がそれを認めれば重度訪問介護の利用が開始されるという流れになっています。

私が働いている事業所では、行動援護でのヘルパー派遣も数多く行っていることから、アセスメントも事業所として行い、さらにサービス利用計画案は私や他の関係者が作成することができるため、移行の中で自治体ともめることはなくスムーズに話が進んでいます。しかし最近相談があった人の場合、自治体の担当者が厚労省の通知を誤読していて、「行動援護事業者」でないとアセスメントは認めないと言っていると聞きました[2]。

(三) 事業所と利用者のメリット

そして事業所と利用者のメリットの話です。

事業所としては月の収入が少し増えました。しかしそれ以上に大きなメリットは、事務作業がとても楽になったことです。それまで実績記録票に関しても細かく一日に六回も七回も、身体、家事、行動援護などの区分で時間を分けて制度利用をしてきたのが、ほぼ一日一回〜二回の重度訪問介護に整理ができました。それに伴って毎回のヘルパー実施記録(都道府県の実地検査の時はこれが一番重要)を毎回一枚の紙で書けるようになったこと。これで利用者も身体介護や家事援助、移動支援というような制度時間の区切りに気兼ねすることなく自由に活動ができるようになりました。細かい話のように思われるかもしれませんが、このようなことの積み重ねによって、将来的に知的障害者の自立生活が、関係者の中で当り前の風景になっていくのかもしれません。

4 自閉症の人にとって、一人暮らしが一番合った環境になる場合がある

グッドライフのグループホーム（一軒家で利用者四人、世話人二人という環境）の中で、数年間混迷を深めていたAさんは、重度訪問介護を利用して一人暮らしと一対一での介護という環境へと移り、かなりスッキリとした生活をしています。

入所施設の中で自傷行為が激しくなり精神科での入院を経て、一人暮らしで一対一の介護という生活（制度上はアパートの一室を利用したグループホーム）を始めたBさんは、その後マンションを借りて重度訪問介護を利用した一人暮らしを始めました。

一方で親元や施設から離れ、一人暮らしと一対一での介護という環境になった人の中にも、おそらく自分の将来への強い不安感から、破壊行為や他害行為を続けている人たちも身近にいます。

自閉症の人の中で、自傷や他害といったいわゆる「行動障害」が起きる原因について、「障害特性×環境要因⇒強度行動障害」という整理の仕方で言われることが最近多くあり[3]、私もこの整理の仕方自体に特に異論があるというわけではないのですが、この整理によって結果的に言われたり行われることが、どうしても①子どもにとって非常に大きな環境の一つである親の関わ

り方が問題とされる場合が多いこと[4]、②そして環境を変えるといった時に現実に最も多く採用されている方法が「入所施設で二、三年本人の状態が落ち着くまで様子を見る」や「精神科病院の個室などに一定期間入って、薬の調整を併せて行う」ということでしかない状況に強い違和感を持っています。

仮に家庭内で親との関わりが難しい状況が生じていて、環境を変えるとした場合に、利用者や職員などたくさんの人がいる「入所施設」が第一の選択肢になるというのはまずおかしな感じがするわけですが、その点に関しては、自閉症に関する専門的な施設では職員もきちんとした研修を受けていて、本人の障害特性を理解した対応ができるというように、専門性を持った職員が関われる環境ならば大丈夫という説明がなされます。確かに私の周辺にも、混乱した状況の際に二年前後自閉症専門とされる入所施設で過ごしてある程度落ち着いて戻って来る人がいるのも事実です。しかし逆に戻って来れずにそのまま、あるいはさらに地方の入所施設へ送られている人も、おそらくその数倍はいるわけです。もし厚労省や専門家の人の主張が正しいならば、多くの人は二、三年で行動障害が治って帰ってくるはずで、それならば全国の入所施設の利用者はどんどん地域へ帰って来るはずですが、実際にそんな現象は起きていません。そしてそれは施設職員の専門性が足りないことが原因であるという議論になれば、今後一〇年、二〇年やってみないと結論が出ないという話になってしまうわけです[5]。

同じように、答えがわからないままにとりあえずやってみるというのであれば、一人暮らしや、グループホームの制度内でアパートの一室を利用した形での生活の仕方というものが、もっとあちこちで試されても良いと思います。そして右に述べたように実際に一人暮らし、一対一介護で落ち着いた日常生活を過ごしている利用者の介護者たちは、厚労省や著名な専門家の人が想定しているような、経験と研修を積み重ねた「専門性」を持った介護者ではなく、介護を始めたばかりの新人も含めた様々な介護者たちなのです。

今から約二〇年前の一九九四年に、東京の東久留米市で自立生活センターグッドライフという事業所を立ち上げた同じ時期に、当時一六歳だった自閉症のUくんが近所の子どもに対して触法行為を行っていたことを知った時、私たちは自閉症という障害についてほとんど何も知らないまま支援を始めました。本人と関わり、たくさんの失敗や試行錯誤の中で、結果的に障害を含めた本人のことが少しずつわかってきたという感じです。その後私自身は何十冊もの自閉症関連の本を読んで、もちろん参考になっていることもたくさんありますが、二〇年前と比べて自分がよりよい介護者になったという感じはほとんどありません。それよりも最近介護を始めたばかりの人が、たった数時間同行して研修しただけで、あとは週に一回決まった曜日に介護に入ることで双方がなじんでいけるという例を何人も見ていると、必要なのは「専門性」ではなく、まずは素朴に目の前にいる人と付き合おうとする姿勢だと、最近あらためて感じています。

［注］

1　二〇一四年四月に、全国で最初に新制度での移行を果たしたのは、東久留米市で一九九八年に自立生活を始めたUくんと、同じ市内で約一五年間自立生活を続けてきたSさんだったということも併せて書いておきたいと思います。Uくんが自立した一九九八年には、知的障害者の介護制度はほとんど何もなかったわけですが、一九九三年にやはり日本で最初に毎日二四時間の介護保障を東久留米市に認めさせた、脳性まひの石田義明さん（その後設立当時から現在までグッドライフの代表を務めている）に対する考え方と同様に、知的障害者に対しても必要な場合には二四時間の介護保障を認めるべきだとグッドライフとして主張し、その時に何とか身体介護と家事援助を一部分支給してもらい（国が通知の中で重度以外の知的障害者にホームヘルプの利用を認めたのは、その数年後の二〇〇〇年からです）、足りない部分はグッドライフの持ち出しという形で、自立生活と常時の一対一介護という生活を始めました。

2　平成二六年三月三一日　障障発〇三三一第八号「重度訪問介護の対象拡大に伴う支給決定事務に係る留意事項について」という厚労省の通知に、重度訪問介護への移行プロセスが詳しく書かれています。しかし意識的か無意識的か三月三一日付けの文章では「地域において行動援護事業者の確保が困難な場合であって」と書かれていたものを、四日後の四月四日付けの事務連絡で「困難な場合等であって」と重要な等の一文字を付け加える訂正がなされていて、これも自治体の誤読の原因になっている可能性があります。

3　平成二六年一月『強度行動障害支援者養成研修〔基礎研修〕受講者用テキスト』二三ページ「なぜ行動障害になるのか？」より。ちなみにここで「環境」とは「物理的な環境、支援者、その他の人、状況等」と書かれており、家庭環境だけではなく、福祉関係の施設や職員ということが想定されています。

4　杉山登志郎『発達障害のいま』（二〇一一年、講談社現代新書）二四一ページ。「親が知っておくべきこと、療育の要点をくり返すと、もともとの問題を軽減することと、同時に二次障害を作らないということである。すると自閉症スペクトラムをはじめとする発達障害、発達凸凹の場合、二つのキーワードに集約される。愛着の形成促進とトラウマの軽減である。」

5　小澤勲は『自閉症とは何か』（一九八四年、精神医療委員会）という大著で、自閉症をめぐる日本の専門家の理論が、実はその時々の厚生省や文部省の政策意図に合わせる形で大きく変わってきた歴史を詳しく記述しています。客観的なデータが先にある議論ではなく、これからその政策を進めて行って、結果的にその理論が正しかったかどうかは後になってみないと検証できないような議論が常になされてきましたし、現在もそのあり方は変わっていません。

第8章

「重度訪問介護の対象拡大」の経緯とこれからのために[1]

岡部耕典

1　はじめに

二〇一四年一月二〇日、日本国政府は障害者の権利に関する条約（以下「障害者権利条約」）の批准書を国連に寄託し、同条約を締結した。同条約は寄託より三〇日目の同年二月一九日より効力を生じており、外務省のホームページによれば、「本条約の締結により，我が国において，障害者の権利の実現に向けた取組が一層強化され，人権尊重についての国際協力が一層推進される」[2]とされている。

同条約の批准が国会で承認されたのは、障がい者制度改革推進会議やそれをひきついだ障害者政策委員会の議論を踏まえて障害者基本法改正や障害者差別解消法の制定が行われ、その結果国内の法律が条約の求める水準に達したという判断があったからだと思う。ただし、それは少なくとも福祉の領域については手続的にも実質的にも意図的な誤認であるといわざるをえない。なぜなら、障がい者制度改革推進本部に設置された総合福祉部会がとりまとめた「障害者総合福祉法の骨格に関する総合福祉部会の提言」（以下「骨格提言」）を所轄の厚生労働省はほぼ全否定し、二〇一二年六月に成立した障害者総合支援法にほとんど反映させなかったからである。

しかし、結果として、「重度訪問介護の対象拡大」はそのほぼ唯一の[3]例外となった。パーソナルアシスタンス（personal assistance）[4]制度の確立は、障害者権利条約による「パラダイムシフトの基礎」[5]であり、「自立生活条項」として知られる第一九条「自立した生活（生活の自律）及び地域社会へのインクルージョン」[6]の要であることを考えれば、そのことの持つ意義はきわめて大きい。

とはいえ、喜んでばかりもいられない。骨格提言においては「重度訪問介護の対象拡大」はあくまで「パーソナルアシスタンス制度の創設」の一里塚であると位置づけられていたにもかかわらず、実現した「対象拡大」はきわめて限定的なものとなり、さらなる範囲と利用の拡大を抑制するために、「行動援護の活用」というメカニズムや「強度行動障害」というカテゴライズが埋め込まれてしまったのである。

筆者は総合福祉部会の構成員として、「重度訪問介護の発展的継承によるパーソナルアシスタンス制度の創設」にかんする骨格提言の取りまとめにかかわり、障害者自立支援法制定時には重度訪問介護の対象拡大の実現を求め、さらに実施前には対象拡大の実際に対する運動側の働きかけにも関与してきた。そのような立ち位置と経験を踏まえ、「重度訪問介護の対象拡大」にかんするこまごまとして鬱陶しい、しかし最終的な「パーソナルアシスタンス制度の創設」に向けた運動のために忘れ去られてはならないその経緯と概要を整理し、記録にとどめておくことを本論の目的としたい。

2　総合福祉部会の議論と「パーソナルアシスタンス制度」

(一) 「訪問系作業チーム報告」の概要とそのポイント

総合福祉部会は、二〇一〇年四月二七日から二〇一二年二月八日まで一九回開催され[7]、「骨格提言」のたたき台作成は二期にわたる分野別の作業チームによって行われた。重度訪問介護の対象拡大を含む訪問介護やパーソナルアシスタンスの在り方にかんする検討は、尾上浩二委員を部会長、筆者を副部会長とする「施策体系~訪問系作業チーム」が担当し、他の五つの第一期作業チームとともに、二〇一〇年一〇月二六日第八回から同年一二月七日の第一〇回までの三回の部会における議論の結果を、二〇一一年一月二五日の第一一回部会において報告書[8]として提出した。

この報告書において、重度訪問介護の対象拡大に直接言及しているのは以下の部分である。

1　重度訪問介護の発展的継承による「パーソナルアシスタンス制度」の確立

1）「パーソナルアシスタンス制度」確立の方向性

○「パーソナルアシスタンス制度」の確立に向けて、現行の重度訪問介護を改革し、充実発展させる。

2）「対象者」の拡大

○対象者は「重度の肢体不自由者」に限定されるべきではない。

3）パーソナルアシスタンスの基本条件と利用制限の撤廃

○パーソナルアシスタンスとは、⑴利用者の主導（含む・支援を受けての主導）、⑵個別の関係性、⑶包括性と継続性を前提とする生活支援である。

○重度訪問介護の利用に関する利用範囲の制限をなくし、支給量の範囲内で通勤・通学・入院時・一日の範囲を越える外出・運転介助にも利用できるようにすべきである。

また、パーソナルアシスタンスと、居宅介護を含む他のサービス体系との関係は以下のように整理されている。

8　支援（サービス）体系のあり方や名称、その他

○現行の介護給付、自立支援給付、地域生活支援事業とのサービス体系は根本的にあらためて、障害者の生活構造の中で果たす機能や役割にそって整理される必要がある。

○「介護給付」の中には居宅介護や重度訪問介護等のいわゆる訪問系サービス、生活介護等の日中活動支援、共同介護等の居住支援等が混在しており、整理が必要である。また、その名称も介護保険の「介護保険給付」との混同がされやすく、見直しが必要である。

○現行の訪問系サービスを「個別生活支援」として再編し、その下に①個別包括支援＝重度訪問介護を充実・発展させた類型、②居宅介護＝身体介護、家事援助、③移動介護（社会参加や余暇支援を含む）＝移動支援、行動援護、同行援護、といった類型を位置づけて整理・発展させる。

○ＧＨ・ＣＨを居住支援の一形態として位置づけ、ＧＨ・ＣＨ利用者が居宅介護等を併給できるようにすべきである。

さらに、現行の居宅介護を「組み合わせ型の支援」として重度訪問介護及びパーソナルアシスタンスと区別し、その在り方について、以下のように提言する。

3　現行の居宅介護（身体介護・家事援助）、並びに行動援護の改善

○重度訪問介護の充実・発展によるパーソナルアシスタンス制度の確立の一方、組み合わせ型の支援として居宅介護や行動援護も改善をしていくべきである。

○居宅介護（身体介護・家事援助）においても、各障害特性やニーズをふまえた柔軟な利用ができ、評価される仕組みにすべきである。

○行動援護は、サービス利用に当たっての段取り的役割を評価し、居宅介護などと組み合わせて家族同居やＧＨ・ＣＨでの生活にも積極的に活用可能とするべきである。

また、重度訪問介護を特徴づける「見守り」の支援は、その対象者の拡大を前提としつつ、以下のような便宜の内容を含むべきことを提起している。

4　見守りや安心確保も含めた人的サポートの必要性

○現行の重度訪問介護を知的障害者や精神障害者等にも拡大する際には、家事援助・身体介護・移動支援的対応だけでなく、金銭やサービス利用の支援、さらには、見守りも含めた利用者の精神的安定のための配慮や適切な対応等が提供される便宜の内容として位置づけられるべきである。

○重度訪問介護だけでなく、居宅介護等においても、利用者の症状の波による「急なキャンセル」

や玄関先での待機や安否確認等の障害特性をふまえた柔軟な見守り対応が評価される仕組みが必要である。

このように、訪問系作業チームによる提言の射程は、たんなる重度訪問介護の対象者拡大にとどまらず、その延長線上にパーソナルアシスタンスを核とする居宅介護を含む日本の障害者福祉の体系全体の改革・再編を求めるものだったのである。

続く二〇一一年二月一五日開催の第一二回部会では、厚生労働省より各部会の報告に対する「コメント」がなされた。訪問系作業チームの提言である「重度訪問介護の発展的継承による『パーソナルアシスタンス制度』の確立」は、その意義をまったく評価されず、「障害者一人ひとりに介護職員（ヘルパー）が常時付き添うということになれば、非常に多額の財源及び人材が必要となるため、国民の理解を得ながら検討する必要があります。財源や人材の制約を踏まえ、また制度に係る費用を負担する国民の理解を得るためにも、一人で地域で生活を営めるような自立訓練や困ったときに対応してくれる相談支援体制の充実といった他の代替手段の活用など、様々な地域資源の活用により総合的に対応することについても検討が必要。」とほぼ全否定といえるコメントが付されたのである[9]。

人材の効率性や財政制約を理由とし、個別の介護やパーソナルアシスタンスではなく相談支援を主軸とする地域生活支援体制のもとでの地域生活を当事者に一律に強いる障害者自立支援法以来のこのような厚生労働省の論理構成そのものが、自立した生活／生活の自律及びそのために必要なパーソナルアシスタンスを中心とする支援へのアクセスを障害当事者の権利として確認する障害者権利条約第一九条とはそもそも相いれないものであることを確認しておきたい。

（二）骨格提言における「個別生活支援」の概要とそのポイント

二〇一一年三月三〇日開催の第一九回会議において、分野別作業チームの報告は「骨格提言」[10]としてまとめられ、同年九月二六日開催の親部会・障がい者制度改革推進会議にて確認・了承される。

「骨格提言」三五ページから三七ページまでの「5　個別生活支援」の第一項に訪問系作業チームが提起した「重度訪問介護の発展的継承によるパーソナルアシスタンス制度の創設」がその「結論」「説明」とともに詳述されている。障害者総合支援法三年後の見直しにむけて重要な論点となるため、やや長くなるが以下に全掲する。

5　個別生活支援

【表題】①重度訪問介護の発展的継承によるパーソナルアシスタンス制度の創設

【結論】

○パーソナルアシスタンスとは、

　1）利用者の主導（支援を受けての主導を含む）による

　2）個別の関係性の下での

　3）包括性と継続性

　を備えた生活支援である。

○パーソナルアシスタンス制度の創設に向けて、現行の重度訪問介護を充実発展させる。

○対象者は重度の肢体不自由者に限定せず、障害種別を問わず日常生活全般に常時の支援を要する障害者が利用できるようにする。また、障害児が必要に応じてパーソナルアシスタンス制度を使えるようにする。

○重度訪問介護の利用に関して一律にその利用範囲を制限する仕組みをなくす。また、決定された支給量の範囲内であれば、通勤、通学、入院、一日の範囲を越える外出、運転介助にも利用できるようにする。また、制度利用等の支援、見守りも含めた利用者の精神的安定のための配慮等もパーソナルアシスタンスによる支援に加える。

○パーソナルアシスタンスの資格については、従事する者の入り口を幅広く取り、仕事をしながら教育を受ける職場内訓練（ＯＪＴ）を基本にした研修プログラムとし、実際に障害者の介助に入った実経験時間等を評価するものとする。

【説明】

重度訪問介護を発展させ、パーソナルアシスタンス制度を創設するにあたっては、

1）利用者の主導（ヘルパーや事業所ではなく利用者がイニシアティブをもつ支援）、

2）個別の関係性（事業所が派遣する不特定の者が行う介助ではなく利用者の信任を得た特定の者が行う支援）、

3）包括性と継続性（支援の体系によって分割され断続的に提供される介助ではなく利用者の生活と一体になって継続的に提供される支援）

が確保される必要がある。

現行の障害者自立支援法における重度訪問介護の対象者は、「重度の肢体不自由者であって常時介護を要する障害者」（第五条三）に限定されているが、障害の社会モデルを前提とする障害者権利条約及び谷間のない制度をめざす障害者総合福祉法の趣旨を踏まえれば、このような機能障害の種別と医学モデルに基づく利用制限は見直しが必要である。

「身体介護、家事援助、日常生活に生じる様々な介護の事態に対応するための見守り等の支援及び外出介護が、比較的長時間にわたり、総合的かつ断続的に提供されるような支援」（平成一九（二〇〇七）年二月厚生労働省事務連絡）を難病、高次脳機能障害、盲ろう者等を含む「日常生活

全般に常時の支援を要する」（同）すべての障害者に対して利用可能とする。

特に、重度の自閉症や知的障害等により行動障害が激しいなどの理由で、これまで入所施設や病院からの地域移行が困難とされてきた人たちが、地域生活を継続するためには、常時の見守り支援を欠かすことはできない。また、現行制度においては重度訪問介護の対象となっていない障害児についても対象とする。

以上に鑑みると、パーソナルアシスタンス制度は、各障害特性やニーズから来るキャンセルや待機などへの対応等、利用者にとっては柔軟な利用ができ、かつ報酬上も評価される仕組みにすべきである。また、パーソナルアシスタンスは、利用者の主導性の下、個別の関係性の中で、個別性の強い支援に対応できるかを踏まえることが求められるため、資格取得のための研修は、現在の重度訪問介護研修よりも従事する者の入り口を幅広く取り、仕事をしながら教育を受ける職場内訓練（ＯＪＴ）を基本にしたものとする必要がある。

3 「重度訪問介護の対象拡大」をめぐる厚生労働省の対応

（一）骨格提言と「重度訪問介護の対象拡大」

しかし前述の「コメント」からも想定されるように、「骨格提言」に明記された「重度訪問介護の発展的継承によるパーソナルアシスタンス制度の創設」という提起に対する厚生労働省の反応はきわめて冷淡なものであった。

結果的に最終回となった二〇一二年二月八日第一九回総合福祉部会では、本文一二一ページに及ぶ「骨格提言」に対し、わずか四ページの「厚生労働省案」[11]が示されたのみであり、介護や福祉にかかわる部分の対応について記載した「4　障害者に対する支援（サービス）の充実」には、「(1)共同生活介護（ケアホーム）と共同生活援助（グループホーム）の一元化」「(2)就労支援の在り方の見直し」「(3)地域生活支援事業の充実」「(4)総合的な相談支援体系の整備」という項目があるだけで、重度訪問介護やパーソナルアシスタンスに対しては言及すらなかったのである。

そのため、筆者は総合福祉部会委員・訪問系作業チーム副座長として口頭及び事後の書面[12]にて「厚生労働省案」に対し以下の意見表明を行った。

【テーマ】

重度訪問介護の対象者拡大

《要点》

パーソナルアシスタンス制度の「段階的・計画的」実施を行う大前提として、新法では重度訪問介護の対象者拡大を必ず行うこと。具体的には、現行の障害者自立支援法第四条第3項「重度訪問介護」の対象者規定である「重度の肢体不自由者であって常時介護を要する障害者につき」から「重度の肢体不自由者であって」という文言を削除し、重度訪問介護を肢体不自由者に限定することをやめること。

《理由》

○「重度訪問介護を発展的に継承し、パーソナルアシスタンス制度を創設」（骨格提言1－4－5）することを段階的・計画的に進めるための第一歩として、「対象者を重度の肢体不自由者に限定せず、障害種別を問わず日常生活全般に常時の支援を要する障害者が利用できるようにする」（同）ことが必須である。

○重度訪問介護の対象拡大が行われなければ、グループホームでは地域移行できない重度の自閉症／知的障害当事者は、「障害者の自立生活支援の充実」「地域生活を支援するためのサービス体系の充実」（新法要旨）からまたもや取り残されることになる。

○現行の重度訪問介護の規定ぶりと省令で定める便宜の内容を踏襲しつつ段階的な対象拡大を実施するのであれば、サービス体系を変更するにあっての現場や事務方の負担は新法厚生労働省案にある「ケアホームとグループホームの一元化」と同等以下のはずである。

○新たな「障害支援区分の見直し」（同）やガイドライン作成のための試行事業を行うにあたっても、重度訪問介護の対象者拡大による「知的障害者の長時間介護のニーズ」を踏まえることが必須である。
○現在長時間の見守り支援をうけて自立生活を送っている重度知的障害者はごく少数であり、支援体制の制約等もあるので、利用者の急激な増加及びそこから生じる財政上の制約は考えにくい。
○段階的な対象者の拡大を行う場合は、ワーキンググループで作成した行程表に基づき、本則ではなく厚生労働省令を定めて行うこととする。

同年二月後半の民主党政策調査会厚生労働部門会議障がい者ワーキングチームよるとりまとめにおいて再度の働きかけを行い、さらに、ＤＰＩ日本会議や「障害者の地域生活確立の実現を求める全国大行動」実行委員会（以下「大行動」実行委員会）を中心とする障害当事者団体の後押しと党派をこえた一部の議員の応援を得て、法案上程の最終段階における政党間の駆け引きのなかで、「重度訪問介護の対象拡大」が急浮上することになった。

「地域社会における共生の実現に向けて新たな障害保健福祉施策を講ずるための関係法律の整備に関する法律」が二〇一二年三月に閣議決定され、四月に衆議院にて修正・可決、六月に参議院にて可決・成立し、同月二七日に公布された。これによって障害者自立支援法は「障害者の日常生活及び社会生活を総合的に支援するための法律」（通称・障害者総合支援法）と名称が変更になり、その第五条三項には、当初の「厚生労働省案」とは異なり、以下のように記されることになった。

この法律において「重度訪問介護」とは、重度の肢体不自由者その他の障害者であって常時介護を要するものとして厚生労働省令で定めるものにつき、居宅における入浴、排せつ又は食事の介護その他の厚生労働省令で定める便宜及び外出時における移動中の介護を総合的に供与することをいう。（傍線は筆者による）

条文としては障害者自立支援法における重度訪問介護の定義に下線部分が付け加わるのみの変更であったが、これによって、二〇一四年四月一日より、「ケアホームとグループホームの一元化」と同時に「重度訪問介護の対象拡大」が実現することになったのである。

（二）障害者の地域生活の推進に関する検討会と厚生労働省交渉

前述のように、障害者総合支援法第五条三項には、新たに重度訪問介護の対象となる「その他の障害者」の範囲は「厚生労働省令で定める」と明記されている。介護保険法や障害者自立支援法等において制度の実際の多くが法の条文ではなく省令に、すなわち厚生労働省の裁量に委ねられていることには批判も多いが、それをわざわざ条文に明記するところに、対象拡大を限定的なものとしたいという並々ならぬ決意が窺われるところでもあった。

また、同じく省令に委ねられる対象拡大を踏まえたヘルパー資格や研修制度などの在り方も懸念点であり、重度訪問介護の軒を貸して当事者主体の母屋を取られる[13]という事態は避けなければならなかった。

そのため、ＤＰＩ日本会議を中心とする「大行動」実行委員会では、「重度訪問介護拡大プロジェクトチーム」（以下「重訪ＰＴ」）を結成し「重度訪問介護対象拡大に係る、長時間介助を必要とする知的障害者についてのアンケート調査」[14]を実施するとともに、厚生労働省に対して制度構築にあたり必要な当事者・関係者サイドとの協議・調整の場を持つよう働きかけたが、民主党政権への逆風が強まるなかで、フォーマルにもインフォーマルにもそのための回路は閉ざされたままであり、それは、二〇一二年一二月の総選挙実施の結果、自・公連立政権による再度の政権交代が実現したのちも続いた。

「大行動」実行委員会では、二〇一三年二月五日付の厚労省に対する「障害者の地域生活確立と障害者総合支援法に関する要望」において、重度訪問介護の対象拡大に関して以下のような要望を行っている。

5　重度訪問介護について

①対象の拡大については、私たちと継続して協議を行い、当事者・関係者の意見を反映させること。

重度訪問介護は、本来、日常生活、社会生活において常時介護を要する障害者に対して提供されるべき長時間の介護サービスである。骨格提言を反映し、重度訪問介護の対象者を拡大することは、障害者権利条約の第一九条「自立した生活及び地域社会へのインクルージョン」を実現していくための重要な転換である。この対象拡大について厚生労働省においては、昨年一〇月二二日の主管課長会議では、行動援護との比較を提示しているに留まっている。

行動援護は主には危険の予防・回避（及び、身体介護）をサービスの内容としているが、重度訪問介護はまさに「常時介護を要する障害者」の「見守り」を含む生活全体の支援を目的としており、想定されるサービスの内容が異なることを踏まえなければならない。重度訪問介護の対象拡大においては、知的障害者、精神障害者、あるいは盲ろう者など多様な当事者ニーズに応えていくことができる仕組みづくりが必要である。どのような当事者ニーズがあり、どのようなサービスが必要であるのかを当事者参加のもとで早急に検討していくことが必要である。また、資格のあり方、サービス提供の基準などについても早急に検討していくことが必要である。重度訪問介護対象者拡大のために当事者・関係者の意見を反映しながら具体的な検討のために、私たちと継続して協議をおこなうこと。

「重度訪問介護の対象拡大」実施まで一年を切った二〇一三年七月より、「障害者の地域生活の推進に関する検討会」（以下「検討会」）[15]が開始される。本検討会は、障害者総合支援法の二〇一四年四月施行事項のうち、「重度訪問介護の対象拡大の在り方」と「ケアホームとグループホームの一元化」を中心とする「障害者の地域生活を支えるための事項」について、「その在り方について総合的に検討し、障害者が身近な地域において暮らすことができる社会づくりを推進する」[16]ことを目的とするものであり、二〇一三年七月二六日から一〇月四日まで、七回にわたり開催された。

なお、「重度訪問介護の対象拡大に当たっての論点」[17]は以下のとおりである。

1　重度の知的障害者・精神障害者で常時介護を要する者の状態像をどのように考えるか。
2　上記1の状態の者に対するサービスの在り方をどのように考えるか。
3　具体的な対象者の要件について、どのような基準とするべきか。
4　重度の知的障害者・精神障害者に対応する重度訪問介護と、肢体不自由者を対象とする現行の重度訪問介護と、サービス提供事業者の基準を区別するべきか。
5　その他

二〇一三年一〇月四日開催の第七回検討会で「障害者の地域生活の推進に関する議論の整理」（以下「議論の整理」）[18]がまとめられ、同月一五日開催の第五二回社会保障審議会障害者部会での承認を経て、一一月一一日実施の障害保健福祉担当課長会議において、おおむね「議論の整理」を踏襲した「重度訪問介護対象拡大」の概要が示された[19]。

制度実施にあたりポイントとなる「対象者の要件」及び「支援の在り方」について以下に整理しておきたい。

■対象者の要件

「新たに重度訪問介護の対象となる者」は、「議論の整理」において「『常時介護を要する者』として、『知的障害又は精神障害により行動障害を有する者』が挙げられることから」「行動障害を有する者」として整理され、二〇一三年一一月一一日実施の障害保健福祉担当課長会議において、以下の「対象者の具体的な要件」が示されることとなった。

○障害支援区分四以上

○現行の障害福祉サービスにおける障害程度区分の認定調査項目のうち、行動関連項目等(一一項目)の合計点数が八点以上である者(平成二六年度からの障害支援区分への変更に伴い、認定調査項目や選択肢の変更が行われることを踏まえ、所要の見直しを行う予定)

「新たに重度訪問介護の対象となる者」については、DPI日本会議の尾上浩二委員が重訪P

Tにおける検討も踏まえ、以下のような意見[20]を提出している。しかし、障害者権利条約批准及び同条約第一九条との整合性の観点からも重要な指摘であるにもかかわらず、対象者の要件を確定する過程で顧みられることはなかった。

「3．行動障害を有しない者に対する支援について」

○ケアホームや家族同居はもとより、地域での一人暮らしに資するサービスであることに着目し、行動援護対象に満たない（八点以下）者でも、基準項目の中で特に地域での生活やその継続を困難とさせるもの、例えば「自ら叩く等の行動」、「他を叩く等の行動」、「異食」、「過食」、「突発行動」のうちいずれかが一点以上ならば対象とする、等のしくみにしてはどうか。

○八点未満でも一人暮らしの場面では、日常生活の中での小さな意思決定やメンタル的な支援（自律支援）が断続的に必要となる。団体ヒアリングの資料で示した図の通り、これらの支援を常時継続的に行うことによって本人の地域での生活が可能となっている。家族同居、ケアホーム等では世話人や家族が何気なく手伝い行っていることも、一人暮らしではヘルパーによる支援があってはじめて本人中心の生活が成り立っている。

○今後は、障害者権利条約・第一九条にあるとおり、「他の者との平等を基礎として、居住地及びどこで誰と生活するかを選択する機会を有すること、並びに特定の生活様式で生活するよう義務づけられないこと」、そのために、どのような住まい方でも支援が受けられることを前提に制度や施策の検討をすべきである。そうした点から、一人暮らしでも支援を受けながら生活ができるためのヘルパーによる長時間支援が必要とのことであり、その検討を急ぐ必要がある。（傍線は原著者による）

■支援の在り方

主管課長会議資料において「行動障害を有する者に対する支援のイメージ」は、以下のようにまとめられている。

・相談支援事業者を中心とした連携体制の下で、
・行動援護事業者等が一定期間、問題行動のアセスメントや居宅内環境調整等を行いつつ、
・居宅介護や他のサービスによる支援を行いながら、
・サービス担当者会議等における連携により支援方法等の共有を進め、
・支援方法等が共有された段階[21]で、サービス等利用計画の変更を行い、重度訪問介護等の利用を開始する。

その前提となる考え方は「議論の整理」において[22]次のように示されている。

○日常生活の活動場面は様々であり、それぞれの場面に応じて行動障害に着目した支援を行う必要がある。

○サービス等利用計画の作成に当たっては、重度訪問介護、居宅介護、行動援護等の訪問系サービス、生活介護等の通所系サービス、地域定着支援等の相談系サービス等、地域における様々なサービスを想定して組み立てる必要がある。

○行動障害を有する者に対応する支援体制を構築するため、行動障害に専門性を有する行動援護事業者と他のサービス事業者の業務の役割分担を明確化し、全体としての連携体制を構築する必要がある。

○行動障害を有する者について行われた専門的なアセスメントや環境調整等について、すべての事業者が支援方針や支援方法を共有しておく必要がある。

このように、重度訪問介護の利用においては、

① 障害者自立支援法のもとで確立してきた地域福祉＝ケアマネジメント体制を大前提としつつ、

② 行動援護の利用及び「行動障害に専門性を有する」行動援護事業者を重度訪問介護利用のゲートキーパーとして「活用」し、

③ 相談援助＝障害者ケアマネジメント体制の完全なコントロールのもとで、重度訪問介護の給付管理／抑制を行うという「在り方」が提起されており、その前提で、本来外出時の援護が中心とされる「行動援護事業者が、居宅内において問題行動の分析、アセスメントや環境調整等を行えるようにする」ことや「相談支援事業者は、行動障害に専門性を有する行動援護事業者のアセスメントを活用（相談支援におけるアセスメントの補完的な役割）してサービス等利用計画を作成すること」などが「今後の方向性」とされていることを確認しておきたい[23]。

4 これからのために

（一） 小括

「パーソナルアシスタンス制度の創設に向けて、現行の重度訪問介護を充実発展させる」という総合福祉部会骨格提言の射程は、重度訪問介護の対象を拡大することの延長線上に、パーソナルアシスタンスを核とし、居宅介護を含む日本の障害者福祉の体系全体の改革・再編を求めるものであった。

これに対し、厚生労働省は、人材の効率性や財政制約を理由として、利用者の主導・支援者との個別の関係性・支援の包括性と継続性を前提とする個別生活支援（パーソナルアシスタンス）ではなく、相談支援／ケアマネジメント体制によるサービス利用のコントロールとグループホームを居住の場とする地域生活／地域移行を前提とする専門家／援助者主導の障害者自立支援法体制を堅持しようとした[24]。

その当然の帰結として、二〇一二年二月の障害者総合支援法の「厚生労働省案」には、「ケアホームとグループホームの一元化」は入っていたが「重度訪問介護の対象拡大」は入っていなかったのである。

しかし、政局と運動がせめぎあうなかで、厚生労働省の意向に反し「重度訪問介護の対象拡大」は実現してしまう。そこで、二〇〇三年に起こったいわゆる「ホームヘルパー上限問題」（岡部 2003）以降、知的障害者介護の「ニーズ爆発」に対して大きな危機感を抱いてきた厚生労働省は、重度訪問介護の利用の拡大をきわめて限られたたものとすることを意図し、拡大される対象者を「知的障害又は精神障害により行動上著しい困難を有する障害者であって常時介護を有するもの」[25]に限定し、さらに相談支援事業者と行動援護事業者をゲートキーパーとすることで[26]制度利用の抑制を図ろうとしたと考えることができる。

（二）今後のために

そもそも総合福祉部会とは、「障害者権利条約の締結に必要な国内法の整備を始めとする我が国の障害者に係る制度の集中的な改革を行う」[27]ために内閣府に設置された障がい者制度改革推進本部の諮問機関である障がい者制度改革推進会議の部会として、「障害者に係る総合的な福祉法制の制定に向けた検討（障害者自立支援法をめぐる論点に関する検討を含む。）を効果的に行うため」[28]に設置された機関であり、その最終答申である「骨格提言」を推進本部のメンバーであり部会事務局の立場である厚生労働省が無視したり、恣意的な取捨選択を行ったりすることは本来認められるべきではない。

また、人材の効率性や財政制約を理由とし、パーソナルアシスタンスによる見守り支援を得て親元でも施設でもなく「自分の家」で暮らすための支援を知的障害／精神障害者に選択させないことは、あきらかに障害者権利条約第一九条の趣旨に反する。

それにもかかわらず、重度訪問介護の対象拡大において、対象者を厳しく限定し、その利用の拡大をきわめて限定的なものにしようとする障害者総合支援法成立以降の厚生労働省の対応は看過されるべきではない。

とはいえ、さまざまな問題点を孕みつつも、重度訪問介護の対象拡大はともかくも実施され、今後パーソナルアシスタンス制度を確立していくための大きな足掛かりを得ることができたことも事実である。特に、制度がこれまでの身体障害者対応と新たに対象者に加わった知的・精神障害者対応に分割されず、従来型の重度訪問介護研修の修了者も、新たに拡大された対象者の介護に従事できることの意義は大きい[29]。

つまり、楽観はできないが、悲観したものでもない、やるべきことがある、ということである。重度訪問介護の対象拡大を求めてきた運動側はていねいに実践を積み上げさらにノウハウと実績を蓄積しつつ、「検討会」のテーマとなった「1　重度の知的障害者・精神障害者で常時介護を要する者の状態像をどのように考えるか。」及び「2　上記1の状態の者に対するサービスの在り方をどのように考えるか。」という命題に対して厚生労働省の思惑とは異なるそのオルタナティブを提示していく必要がある[30]。

［注］

1　本章は「賃金と社会保障」二〇一四年一〇月下旬号掲載論文「「重度訪問介護の対象拡大」の経緯と「パーソナルアシスタンス制度創設」の課題」を加筆・修正し再録したものである。

2　報道発表「障害者の権利に関する条約」の批准書の寄託（外務省）http://www.mofa.go.jp/mofaj/press/release/press4_000524.html

3　他に「ケアホーム・グループホームの一元化」がある。

4　パーソナルアシスタンスとは、公的な費用の提供を受けつつ、①利用者の主導（支援を受けての主導を含む）による②個別の関係性の下での③包括性と継続性をもって行われる個別の生活支援である。通常の福祉サービスと異なり、障害当事者運動によって獲得されてきたという歴史があり、日本の自立生活運動では、事業所のイニシアティブが強い在宅介護と区別して「介助」と呼ばれることが多い。詳しくは岡部（2006:

142-144）等を参照のこと。

5 障害者権利条約の策定過程において、パーソナルアシスタンスの言葉を含む第一九条の重要性を確認したドン・マッケイ特別委員会議長の言葉。経緯や詳細については崔（2012）を参照のこと。

6 本条文名も含め、本稿における障害者権利条約の訳文は、特に断りがない限り原文の内容を政府公定訳よりも正確に訳出していると考えられる川島聡＝長瀬修仮訳（二〇〇八年五月三〇日付）http://www.normanet.ne.jp/~jdf/shiryo/convention/30May2008CRPDtranslation_into_Japanese.html を使用する。

7 障がい者制度改革推進会議総合福祉部会の資料・動画・議事録は以下の厚生労働省のサイトに現在も掲載されている。　http://www.mhlw.go.jp/bunya/shougaihoken/sougoufukusi/

8 「資料7－1 部会作業チーム（施策体系～訪問系）報告書」及び「資料7－2 部会作業チーム（施策体系～訪問系）報告書の概要」（二〇一一年一月二五日第一一回総合福祉部会）
http://www.mhlw.go.jp/bunya/shougaihoken/sougoufukusi/2011/01/dl/0125-1_13-1.pdf
http://www.mhlw.go.jp/bunya/shougaihoken/sougoufukusi/2011/01/dl/0125-1_14-1.pdf

9 二〇一一年二月一五日障がい者制度改革推進会議総合福祉部会（第一二回）資料8 第一期作業チーム報告書に対する厚生労働省からのコメント。　http://www.mhlw.go.jp/bunya/shougaihoken/sougoufukusi/2011/02/dl/0215-1a08_01.pdf
議事録。http://www.mhlw.go.jp/bunya/shougaihoken/sougoufukusi/txt/110215-01.txt を参照。

10 「障害者総合福祉法の骨格に関する総合福祉部会の提言」（二〇一一年八月三〇日障がい者制度改革推進会議総合福祉部会）全文は以下。
http://www.mhlw.go.jp/bunya/shougaihoken/sougoufukusi/dl/0916-1a.pdf

11 二〇一二年二月八日第一九回総合福祉部会　資料2　厚生労働省案。http://www.mhlw.go.jp/bunya/shougaihoken/sougoufukusi/2012/02/dl/0208-2a01_00.pdf

12　二〇一二年二月八日第一九回総合福祉部会 部会終了後に委員から提出された意見 http://www.mhlw.go.jp/bunya/shougaihoken/sougoufukusi/2012/02/dl/0208-11a01_00.pdf　pp.11-12「岡部委員」http://www.mhlw.go.jp/bunya/shougaihoken/sougoufukusi/2012/02/dl/0208-11a01_00.pdf

13　重度訪問介護の前身である日常生活支援は、当事者主体の介護を求める運動の成果である全身性障害者介護人派遣事業に起源をもつ制度である。

14　調査期間二〇一三年七月二〇日〜八月二〇日。調査報告は、二〇一三年八月二一日　障害者の地域生活の推進に関する検討会（第三回）ＤＰＩ（障害者インターナショナル）日本会議ヒアリング資料別紙として、以下に掲載されている。http://www.mhlw.go.jp/file/05-Shingikai-12201000-Shakaiengokyokushougaihokenfukushibu-Kikakuka/0000016192.pdf

15　「障害者の地域生活の推進に関する検討会」議事録及び資料等は以下。http://www.mhlw.go.jp/stf/shingi/other-syougai.html?tid=141325

16　二〇一三年七月二六日第一回検討会開催要綱より。なお、推進会議と異なり、構成員は「有識者、関係者」とされており、「当事者」は明示されていない。

17　資料5 重度訪問介護の現状等について（二〇一三年七月二六日第一回検討会）　http://www.mhlw.go.jp/file.jsp?id=147260&name=0000013344.pdf

18　資料1　障害者の地域生活の推進に関する議論の整理（二〇一三年一〇月四日第七回検討会）。http://www.mhlw.go.jp/file/05-Shingikai-12201000-Shakaiengokyokushougaihokenfukushibu-Kikakuka/0000025288.pdf

19　（3）障害者総合支援法の平成二六年度施行について　分割版 資料2　重度訪問介護の対象拡大について（二〇一四年一一月一一日実施の障害保健福祉担当課長会議）http://www.mhlw.go.jp/seisakunitsuite/

bunya/hukushi_kaigo/shougaishahukushi/kaigi_shiryou/dl/20131112_01_03-02.pdf

20 重度訪問介護の対象拡大についての意見（ＤＰＩ日本会議 尾上浩二 二〇一三年一〇月四日）。http://www.mhlw.go.jp/file/05-Shingikai-12201000-Shakaiengokyokushougaihokenfukushibu-Kikakuka/0000025293.pdf

21 検討会の「議論の整理」では、「状態が落ち着いてきた段階で」となっていたが、「状態が落ち着くまで支援に入れないというのはおかしい」という重訪ＰＴ側の指摘を受けて修文の段階で訂正されている。

22 「議論の整理」二ページ目「（１）支援に際して求められる観点」

23 「議論の整理」二ページ目「（２）今後の対応の方向性」

24 この方向性は、二〇〇八年に実施された「障害者自立支援法三年後の見直し」から一貫している。「障害者自立支援法三年後の見直し」の射程と限界については、岡部（2010a:98-106）、岡部（2010b:135-137）を参照のこと。

25 障害者の日常生活及び社会生活を総合的に支援するための法律（障害者総合支援法）の平成二六年度施行について（二〇一三年一一月一二日実施 障害保健福祉主管課長会議資料）：17 http://www.mhlw.go.jp/seisakunitsuite/bunya/hukushi_kaigo/shougaishahukushi/kaigi_shiryou/dl/20131112_01_03.pdf

26 そもそも行動援護とは、知的障害者の移動介護を廃止する際にその代替として創設された「問題行動を点数化することによる利用のスティグマ性の付与と厳しい介護者の資格要件による構造的供給不足という強力な利用抑制メカニズムをビルドインされた身体介護付き移動介護」（岡部 2009:108）であることも思い起こす必要がある。

27 第一回障がい者制度改革推進会議（二〇一〇年一月一二日）資料２　障害者制度改革の推進体制。http://www8.cao.go.jp/shougai/suishin/kaikaku/s_kaigi/k_1/pdf/s2.pdf

28　障がい者制度改革推進会議総合福祉部会の開催について（二〇一〇年四月一二日障がい者制度改革推進会議決定）。http://www.mhlw.go.jp/bunya/shougaihoken/sougoufukusi/dl/bukaikaisai.pdf

29　ただし、指定基準は同一だが、これまでの「主として肢体不自由者に対応する重度訪問介護」に対して新たに、「主として行動障害を有する者に対応する重度訪問介護」を標榜できることにし、また従来の「主として肢体不自由者に対応する研修」に加えて、「主として行動障害を有する者に対応する研修」を設け、「それぞれの障害特性に応じた研修を受講しておくことが望ましい」ことを事務連絡で周知すること、さらに同研修は厚生労働省が今後障害福祉サービス従事者の共通研修とすることをめざしている「強度行動障害支援者養成研修と同等の内容とする」ことなどが決まっており、これらの措置が重度訪問介護の対象拡大をパーソナルアシスタンス制度化へと発展的に継承する際の足枷にならないかどうか、注視する必要がある。（障害者の日常生活及び社会生活を総合的に支援するための法律（障害者総支援法）の平成二六年度施行について（二〇一三年一一月一一日実施障害保健福祉主管課長会議資料）：17-18

http://www.mhlw.go.jp/seisakunitsuite/bunya/hukushi_kaigo/shougaishahukushi/kaigi_shiryou/dl/20131112_01_03.pdf

30　問題はその機会がないことである。三年後の見直しにおいては「障害者等及びその家族その他の関係者の意見を反映させる」ことが障害者総合支援法附則によって求められているが、そのために独立した検討会が設置されることはなく、議論は社会保障審議会障害者部会においてすすめられることとされた。そこでは障害保健福祉部長主催の「障害福祉サービスの在り方等に関する論点整理のためのワーキンググループ」が行った論点整理に基づいて議論が行われ、二〇一五年一一月をめどに結論を出すことになっている。ただし、ワーキンググループ構成員からは障害当事者は排除され、部会のヒアリングにおいても、知的障害／自閉の者たちのパーソナルアシスタンスに実際にかかわる支援者や研究者の意見を聞く機会は設けられていない。

［参考・引用文献］

岡部耕典（2003）「支援費支給制度における『給付』をめぐる一考察――『ヘルパー基準額（上限枠）設定問題』を手がかりに」『社会政策研究 第4号』東信堂：183-202

岡部耕典（2006）『障害者自立支援法とケアの自律――パーソナルアシスタンスとダイレクトペイメント』明石書店

岡部耕典（2009）「重度訪問介護、行動援護、移動支援事業の現状」『発達障害者白書二〇一〇年度版』日本法律文化社：107-108

岡部耕典（2010a）「自立生活」『概説　障害者権利条約』法律文化社：95-110

岡部耕典（2010b）『ポスト障害者自立支援法の福祉政策――生活の自立とケアの自律を求めて』明石書店

崔栄繁（2012）「自立生活」長瀬修・東俊裕・川島聡編『増補改訂　障害者の権利条約と日本――概要と展望』生活書院：203-223

第三部 次につなげる

第9章

重度訪問介護の対象拡大を重度知的当事者の自立生活支援につなげるために

岩橋誠治

1 「等」の一文字を引き継ぐ

二〇一四年四月から「重度訪問介護の対象拡大」が実施されました。これまでその対象となる人たちの自立生活支援に関わってきた者としては、待ちに待った感があります。しかし一方で、その中身を知ると、「これが果たして重度知的当事者並びに他の障害当事者の自立生活にとって有効な制度になるのだろうか?」という思いが日に日に拡大しています。

本来、重度身体当事者たちによって長年築かれてきた重度訪問介護は、「長時間介助」「当事者自らが介助者を育てる」というものであり、「重度訪問介護」という呼び名の前にあった「日常生活支援」という呼び名がしっくりといく枠組みだと思います。

そして、その枠組みにある「見護り」という概念は、制度や担い手たちによって規制されるものではなく、自らが欲する支援を自らが得るためにあると思います[1]。

これらは、まさに私が日々関わる知的当事者たちの自立生活支援においても必要なものだと思ってきました。重度身体当事者たちが「自らの意思で重度訪問介護を使う」という点で見ると、「自らの意思」を表明することに困難さを抱える知的や発達や精神の当事者は利用が難しいように感じます。しかし、「長時間介助」を「その人の暮らし[2]に寄り添う」と置き換え、寄り添う中から本人の意思や本人が求める支援を明らかにするとなれば、まったく違った景色が見えてきます。

人が暮らす上で必要となる支援を、「身体介護」や「家事援助」や「移動支援」という枠で担おうとすると、枠に入るものしか担えません。制度によって輪切りにされた当時者の暮らしから、本人の意思はますます見えなくなり、専門性を身につけた者[3]にしか担えないものになってしまいます。どれほどの専門性を身につけても、その人の意思というものは個々バラバラであって、個々の意思を明らかにするためには、その人の連続した暮らしに寄り添い、その人の周囲にいる様々な人と関わることが必要です。「その人がその人として地域の中で暮らす」ということを、連続した流れの中で「見護る」必要性が明らかになれば、自らの意思で制度を利用する人以上に、知的当事者にとって「重度訪問介護」は必要な枠組みであることがわかります。

ところが、「重度身体障害者等」の「等」の一文字に加えられたものは、「他の重度障害者」ではなく「行動障害を有する者」でした。「行動関連項目一〇点以上の者」に拡大された重度訪問介護は、自らの暮らしのための支援の枠ではなく、「行動障害を起こす者」を「介助／支援」と称し「指導する」「管理する」という真逆のものになっているように感じます。

「移動支援」制度ができた時に、爆発的に利用者が増え財政が圧迫された経験を持つ厚労省は、重度訪問介護の拡大によって同様の事態が起きる可能性を理由に、可能な限り対象を絞り込もうとやっきになっています。また、意思決定に困難さを持つ重度知的当事者の親たちは、当事者自らの暮らしを願うよりも、「親が描く暮らし」の実現のために制度保障を願い、「一人暮らしよりもグループホーム」「親もとからの独立よりも日中通う場所の確保」「様々な人の関与よりも専門性」を望んでいるように感じます。対象は拡大されたのですが、厚労省が「行動障害を有する者」という形で対象を絞り込んだことで、単に対象を絞り込むだけでなく、個々の当事者を管理していく方向へと加速しているように感じます[4]。

危惧する面はたくさんあります。しかし、それでも「等」の一文字を入れるために奔走されてきた方々の後を引き継ぎ、自らの支援の現場において実のある拡大にしなければと思います。対象拡大から一年七ヶ月が経った今、自立生活を営んできた二人の重度知的当事者の「重度訪問介護」への移行プロセスを通して、今後の重度訪問介護や重度知的当事者の自立生活支援について考えたいと思います。

2　知的当事者の自立生活の前提となる環境や関係性について

二人の重度知的当事者の重度訪問介護への移行プロセスから考えていきたいと思いますが、その前に私が関わった当事者たちの環境や状況を簡単に伝えたいと思います。

なぜなら、この後にも述べますが「行動障害」と称される「障害」は、単にその人の能力や状態だけでは言い表せず、当事者が置かれている環境や周囲の人たちとの関係性が深く影響しています。そして、彼らの重度訪問介護への移行は、それを前提として展開してきたからです。

後に述べることが実際にくぐり抜けてきたことであっても、環境や関係性の違いを抜きに読めば単なる理想論になるかもしれません。また、私が展開したことをそのまま展開できたとしても、異なる環境や関係性の中では違った方向に進むかもしれません。さらに、私自身も他の当事者であったならまったく異なる展開になるとも思います。

私が述べていくことは、あくまでも目の前にいる当事者たちと当事者を取り巻く人たちとの関係の中で取り組んできたことです。その前提で、今後それぞれの場や目の前に存在する当事者との関係の中で、よりよい展開を求めるヒントとして読んでいただきたいと願います。

(一) 出会いと長年の関わりの中で

まず、一番に挙げなければならないことは、これから取り上げる二人の当事者と私が初めて出会ったのは、かれこれ三〇年近く前になるということです。一人は小学二年生の時、もう一人は就学前からの出会いです。これは、アセスメントを義務づけられる中でとても重要なことだと思います。そして、その関わりは単に「私との関係」だけではなく「ともに生きる」ことを願う人たちとの関係を土台に今日に至っています。さらに、学校や学童クラブや児童館という空間の中で、常に他の子どもたちと一緒に過ごすための様々な取り組みに関わってもきました。

それは、彼らが経験してきたことを大人の目線で常に見てきたということであり、彼らを取り巻く人々[5]の中で過ごす彼らと、様々なことを共有し続けてきたということです。ですから、グッドライフが取り組んできた、入所施設から障害当事者を地域に出して自立生活を支援するというものとは違った形の取り組みになります[6]。

(二) ライフステージの共有

「障害があってもともに生きともに育つ」という点では、二人とも普通学級で過ごし、周囲の大人たちは、それを認めようとしない学校や教育委員会と常に対峙してきました。

義務教育を終えたあと、一人は学校へ行くことを拒否したため、社会人として暮らすことを指向し[7]「共に働く場」を作りました。もう一人は他のクラスメイトと同様の高校進学を望んだため、公立高校への進学[8]を実現する取り組みを行いました。そして、彼らが成人する過程で「自立生活」を指向し、それまでに作ってきた関係の中で、個々の暮らしを実現してきました。

(三) 親以外の関与

地域で暮らす障害児や障害者を巡る運動の多くは、「障害児の親」と呼ばれる人たちが中心となって担われることが多いと思います。しかし、私が住む地域での取り組みは、常に「ともに生きる」という想いをもって親以外の人たちが、自らの課題として長年担い続けています。

当事者たちが成人してからは、その関係は加速し、親を介しての当事者ではなく、「その人(当事者)と私」「その人(当事者)と私たち」といった関係の上で、「自立生活」も親の要望とは別に、本人との関係の中で生まれた自然な流れだと感じています[9]。

(四) 「自立生活」という個人の暮らし

「ともに生きる」という発想から生まれた「就学運動」を振り返ると、当時ともに育った子どもたちの関係が、大人になっても続いていくことをイメージしていたように思います。しかし、「同級生」と常に一緒という人はまれで、ともに育った子どもたちは、成長とともにそれぞれの暮らしの場に散っていきます。それと同様に障害を持つ子どもたちも、それぞれのライフステージの中で、それぞれの暮らしを新たな人とともに作っています。

私たちと彼らとの大きな違いは、日常生活のベースにおいて介助や支援が必要になるということです。『良い支援?』にも書きましたが、関係性の中だけで個々の暮らしを支えることは、自立生活を始める当事者が増えるにつれて無理が生じます。個々の当事者の暮らしを保障するためには、制度をいかに活用していくかが重要になってきました。

（五）地域の関係の中で暮らすこと

個々の当事者の暮らしは長い年月をかけ築いてきた関係者の中で、「暮らしを廻している」というものではありません。長い年月をかけて築いてきた関係を「捨てない」「切らない」と言う方が正確だと思います。彼らの生活において「インフォーマル」と表現されるものが何かを問われると、明確には答えられません。しかし、彼らを知る人たちが確実に周囲にいて、様々な人との様々な関係の中で、彼らの思いも明らかにされていくということが、無意識のうちに営まれています[10]。

（六）専門性ではなく関係性と言えるのは

私自身は、「障害」についても「障害者支援」についても、さらに「福祉」についても専門的に学んだことは、全くといっていいほどありませんし、逆に、「専門性」によって当事者たちが排除されていく現実に抗してきた面が強くあります[11]。しかし、「専門性ではなく関係性」と言えるのは、地域の中で様々な人と常に自分たちのあり様を検証できるからだと思います。日々起こる出来事の中で、決して当事者の存在を否定することなく、起こっている事柄に対し常に「おりあうこと」を求め、次につながっている実感があるからです。「おりあう」ために「当事者を排除しない」、「排除しない」ために更に関係を拡げることに努めてきたからこそ、専門性よりも関係性と言えるのだろうと思います。

これが、まったく関係性のない人の相談を受け、明日から同様の取り組みができるかといえば、まったく自信がありません[12]。

（七）行政との関係

以上は、日常の暮らしという場面ですが、実際に重度訪問介護に移行するにあたっては、その手前に長年の行政交渉の積み重ねがありました。

具体的には「多摩市在宅障害者の保障を考える会」という市行政との交渉窓口があり、これは重度身体当事者たちが中心になって立ち上げられたものです。そこで交渉されることは常に重度知的当事者にも共通することとして、知的当事者が直接語らずとも対象を分けることなく取り組んできました。

子どもたちを巡る取り組みから始まったこの木クラブは、発足当初教育委員会が専らの交渉相手でしたが、公民館や児童館といった社会教育の場面では逆に協働関係を築いていました。行政には人事異動というものがあり、長年の関わりから後に福祉部に移動してくる職員もいて、交渉場面でも違った様相が生まれました。

（八）具体的にサービス類型を移行するにあたって

もし、対象拡大を機に「初めて」自立生活を始める人の支援をすることになっていたら、かなり違った展開になったと思います。なぜなら、支給量の基準もなければ具体的な担い手の確保の問題もゼロから始まることになるからです。支給量は、すでに支給されている量がひとつの基準となりましたし、すでに二四時間の支援体制もあったので、単純に制度移行にのみ力を注げました。行政側がこちらの意図と異なる「移行の実績」を積み上げる前に、一日も早く移行したいとは思いましたが、実際に当事者の暮らしやその支援は廻っているという点では余裕がありました。

このように、長い年月の中で築いてきた関係や取り組みがあって、今日の当事者たちの自立生活や自立生活支援があります。それは、一朝一夕にできるものではないし、支援の力量のなさから当事者たちに大きな負担をかけていることもたくさんあります。全てが正しい取り組みだとは毛頭思っておらず、逆に自分たちの不十分さを思う日々です。しかし、そうであっても、とにかく関わり続けてきた中での今日であり、そうした前提の中、制度移行当初の混乱期に二人の当事者の重度訪問介護への移行に取り組みました。

対象拡大と同時に移行することを目指していましたが、実際には当事者各々の支給決定期間終了時に移行することになりました。初めてのケースで、行政も私も、さらに利用に際して登場する相談支援事業所も具体的な手続きや進め方を理解できていなかった面があります。しかしそれ以上に、厚労省が示した内容が、重度身体当事者たちによって長年かけて築かれてきたものとはあまりに違うと感じたことが大きかったのです。それは、まったく別個な「知的当事者版重度訪問介護」の枠組みであるかのようでした。私は、示された手順や内容通りに進めることに危機感を抱き、示された内容やその意味付けについて、過去の歴史も踏まえつつ各方面と確認しながら取り組んだため、時間がかかりました。

自らが、相談支援事業所や行動援護事業所として名乗りを上げ、サクサクと事を進めることもありだろうと思います。しかし、意思の表明に困難さを抱える重度知的当事者たちについては、周囲の思惑次第で支援をいかようにもできてしまいます。また、過去の経験[13]から私たちが事業所となってしまっては、行政の思惑の尖兵を担うことにも繋がると感じ、あくまでも当事者の側に立って行政や相談支援事業所と事を進めてきました。

重度訪問介護が自立生活支援への実効性をもつものとして、後に続く人たちが使っていけるように、一つ一つの手続きや書面や段取りにこだわり、厚労省から示されるものについて行政や相談支援事業所と何度も話し合いつつ進めてきたために時間がかかることになりました。

当事者たちとのやり取りを含めると、必ずしも納得のいく取り組みではなかったと思います。私自身が当事者の了解を得ずに手続きを進めてきたことも否めません。対象拡大のタイミングや行政とのやり取りや具体的支援の状況とを天秤にかけ、私自身が判断し進めてきたものが多いように思います。

結果として「四月移行」の要望は、いつしか個々の現支給決定期間終了日が目標となり、一人は対象拡大から四ヶ月後。もう一人は七ヶ月後からの実施となりました。

二人の重度知的当事者の重度訪問介護移行に際し、一つの行政と二つの相談支援事業所、さらには支援に関わる事業所やその周囲の人たちとのやり取りをしました。以上の状況を踏まえて移行過程やその後の状況から、重度訪問介護を利用しいかに自立生活を実現していくか、その支援のあり様を述べていきたいと思います。

3　本人にとっての重度訪問介護

重度訪問介護は、重度身体当事者たち自らが長年厚労省等と交渉して制度の枠を作り、自らが利用の主体となり様々な形で活用してきた制度です。支援費制度になって推薦登録ヘルパーが利用できなくなり、事業所派遣という形になったことで、若干様相は変化しています。ただ長時間の派遣は、今も当事者がヘルパーを使い、自らの暮らしを成り立たせられる枠だと思います。

当事者自身が介助者を使うという点においては、重度知的当事者でも同様です。しかし、すでに自立生活をしている人たちは二四時間何らかの制度によって介助を受けているため、暮らしにおける介助場面では、「身体介護」「家事援助」「移動支援」の枠で担うヘルパーも、「重度訪問介護」枠で担うヘルパーもヘルパーには変わりありません。類型別に使いこなしているのではなく、「ヘルパーがやってくる」という理解に留まっていると思います。さらに、これまで関わってきたヘルパーや事業所が変わらないため、「重度訪問介護への移行」にまったく実感はなく、半ば「どうでも良い」ことで、手続きに対しては「煩わしい」と感じていたと思います。

そういう彼らを見ていると、重度訪問介護への移行は、移行することに意義があるとか重度訪問介護自体に意味があるというよりも、制度がどうであれ当事者たちが暮らすということにおいて制度があり、それをいかに活用して本人主体の支援ができるかという私たちの側の課題だと思います。

本人たちから見て変わった点としては、相談支援員の関与があります。相談支援員は、これまで彼らの暮らしに関与していませんでしたから、重度知的当事者の自立生活や支援の実態をまったく知りません。彼らのこれまでの暮らしや支援の状況等を知らないままに、サービス等利用計画を立てるという立場にあります。

相談支援員の登場は、当事者たちにこれまでとは違う何らかの影響を与えるでしょう。しかし、それさえも彼らにとっては、単に「突然現われた人」「何か訳の分からないことを求める人」「やり過ごせばいなくなる人」程度にしか捉えられていないように思います。ただ、そこから始まる何かがあるのかもしれない、これもまた私たち支援の側の事柄として考えてきました[14]。

実際、移行するにあたり当事者本人たちの関わりは、相談員との面談（顔合わせ）やサービス等利用計画案にサインをもらう時や、各事業所とのサービス調整会議の時のみで、申請書類の作成や提出、細かな情報提供や移行にあたっての検討等々の全ての場面に現れるという事はありません[15]。

実際のやり取りの場面でも、「ハイ」の一言で済まされたり、「めんどくせぇ〜」と言われたり、また、相談支援員との面談場面では静かに対応していても、相談支援員が帰った途端に暴れだしたり、面談中に突然席を立ち介助者と一緒にその場を離れるということもありました。

そのような当事者たちの様子に、私自身もイラつくことはありました。勝手に進めたくなる誘惑にも駆られました。しかし、当事者たちの様子やその様子に対する私自身の感情から、考えることがたくさん生まれたという点で、移行に際しての本人たちの関与は大きかったと思います。

移行にあたっての詳細については「どうでも良い」ことでしかない当事者たち。「自分たちの側の制度なのに」と思う一方で、「本来保障されるべきことが保障されていない」という私たちの側の課題であり、保障されていないことを変えていくのは私たちの側の責任だと思います。そして、私たちが何をどのように変えれば良いかを、私は当事者たちの存在から勝手にうかがい知るという関係にあったと思います。

4　移行に際して常に考えてきたこと

(一)　知的版重度訪問介護ではないということ

今回の重度訪問介護の対象拡大で、重度身体当事者以外の障害当事者も含まれるようになりました。しかし、実際は「重度身体障害以外の障害」に拡げたというよりも、「行動障害を有するものを含める」になったと読む方が良いと考えています。

そもそも「身体障害」と「行動障害」を同レベルで語れるものなのかという疑問があります。「身体障害」では、個人が抱えるものが環境や周囲によって「障害」とされます。一方「行動障害」の「行動」は常にその人と周囲の関係の中で「起こっている」ことです。「行動」は環境や関係が変われば現われ方も変わりますし、その評価もまた変わるのです。「起こっている」というよりも私たち自身の支援の不足故に「起こさせている」ものであり、それを「障害」とする時、私たちが「起こさせている」ことの全てを当事者に負わせ、周囲の関与や影響を抜きに本人自身を「障害」と評価しているように思うのです。

「身体障害以外の障害」にも対象を拡大されたという理解でいくと、「知的」「精神」「発達」等々それぞれに必要となる支援の中身が違うため、障害者間の分断が生まれるように感じます。逆に、過去（実際には今も）において、周囲の無理解などの課題であるにもかかわらず、入所施設へと追いやられてきた身体当事者たちの存在から、「～できない」という「行動の障害」とイメージするならば、「行動障害」は周囲の評価によって生まれていくものになります。バリアフリー化等によるおりあいを見出さず、周囲の評価によって責任を障害者の側だけに負わせてしまう。そう考えると「障害」別に分けるのではなく、「障害」と評価し排除するものに対しての「支援」という切り口からみれば、障害種別に関わらず同一のものととらえることができます。

そのような思いで待望していた重度訪問介護の対象拡大。検討が煮詰まってきた頃、長年重度訪問介護を利用してきた身体当事者たちにこの先の展開を聞いてみました。すると、「無関心」「懸念」「人任せ」の三つの反応があり、私の想い描いているものとはまるで違った捉え方がされていました。

「無関心」というのは、他人事というより「複雑でわからない」というものです。長年重度身体当事者たちが築き育ててきた重度訪問介護。「介助を使って暮らす」という当事者の意思が重要と考える人にとって、重度知的当事者が重度訪問介護を使い暮らすということが「イメージできない」のです。「どんなに障がいが重くても介助を使って施設を出て自立生活をする」という理念の中に、重度身体当事者以外の人（自らの意思を明らかにできない人）は含まれていないという現実をあらためて知りました。もし、含まれているなら、自らの意思が認められず入所施設に収容されていた当事者たちは、まさに自らの意思と認められていない重度知的当事者の意思について、私たち以上に関心を抱いていただろうと思います。

次に激しく現われたのは、「懸念」です。相談支援事業所によるサービス利用等計画案作成やアセスメントを巡り、対象が拡大されることでこれらが身体当事者たちにも同様に求められることに対する危惧。懸命に守ってきたものが対象拡大によって崩されるのではないかという想いです。私自身も相談支援事業所の関与やアセスメントについては、ある面同様の危惧を抱いていました。しかし、あたかも既得権を主張するかのような身体当事者の発言には少々閉口しました。そして、「人任せ」。「当事者の事は当事者自身が決める」という「当事者主体」を装いつつ、自らが発信できない当事者の状況は横に置き、当事者を取り巻く「支援者」たちに任せるという態度です。

「無関心であってはいけない」「対象拡大に反対するわけにもいかない」という段階に留まっているという印象を受けてしまいました。

「懸念」を抱く人も「人任せ」の人もいましたが、結局は彼ら重度身体当事者のように、制度整備に比例して自立生活者が増えるという状況にはないため、彼らが抱いた「懸念」は良くも悪くも何ら影響がなく今日に至っているように見えます。逆に言えば、実質的には「重度知的当事者版重度訪問介護」ができたということだからだと思います。

相談支援事業所の関与・アセスメントの作成・研修制度やその内容等、同じ制度の枠内にもかかわらず知的当事者の場合は別のものになっています。「行動障害を有するもの」ではなく、「常時介護を必要とする者」にしていかなければならないと、私は思うのです。しかし、その機運は盛り上がらず、「対象拡大」の取り組みはすでに終わったかのように受け止められているように感じます。

しかし、同じ制度の枠内で違う形や意味が存在するという事は、いずれ重度身体当事者たちに対しても同様のことを求めてくる可能性は十分あるということです。「行動障害を有する者」の「行動障害」が他者との関係や他者による評価に関わっているとするならば、重度身体当事者も自らが必要とする介助保障ではなく、行政が認める介助保障へ引き戻されてしまう、そうした危機感をもって欲しいと願っています。

そのためには、知的版重度訪問介護ではなく長年重度身体当事者によって築かれてきた重度訪問介護を他の障害当事者と同じ枠組みとして共有していくべく展開する必要があると思います。

(二) 重度訪問介護は行動援護とは別物

「行動障害を有し常時介護を必要とする者」が、重度訪問介護に含まれることになったのですが、そこに含まれる人の要件は「行動援護」を利用する人と同じです。

行動援護は「常時介護を必要とする者」としながら「一日の上限八時間」とする矛盾を抱えています。「常時介護が必要」を要件にしつつも支給されない部分については、家族等によって担われるということです。逆に言えば、家族が支えるという前提で、高い単価で人を集める類型だとも言えます。

本来「行動援護」は「重度知的版重度訪問介護」を目指していました。しかし、実際に自立生活をしている重度知的当事者の数があまりにも少なく、地域の中で過ごす当事者といってもそのほとんどは家族のもとで過ごしています。よって、多くの人たちにとっては、長時間の派遣よりも家族が担えない分を支援する枠組みが必要となります。また、単価が低くなると「行動障害」を抱える人の介助を担う人を確保することができないという理由から単価を上げることに努力した結果、「行動援護」ができたようにも思います。

私は、「行動援護」のあり様も「重度訪問介護」と同様に考えなければならない面があると思いますが、家族のもとで過ごす人の支援を担う枠組み自体を否定するものではありません。

同じく「行動障害を有し常時介護を必要とする者」を要件とする「行動援護」と「重度訪問介護」ですが、私は、それらは「自立生活」という視点で棲み分けできるものと考えてきました。

家族が当事者の暮らしのベースを担っている時には、単価の高い「行動援護」を利用しながら人を確保して介助を担う。それは単にその時間の介助を担うだけではなく、来るべき自立生活に向けて人を育てることも含んだ利用が望ましいと思います[16]。そして、自立生活を獲得した時には「重度訪問介護」を使い当事者自身の二四時間の支援を担えば良いと考えています。

(三) 専門性だけでは人の暮らしは廻らない

重度身体当事者によって築かれてきた重度訪問介護の資格研修の内容は、当然身体当事者を対象としていましたから、対象拡大によって新たな課程が設けられました。

研修によるのではなく「当事者自身がヘルパーを育てる」という意味から短時間でヘルパー資格を取得できることは同様で、重度知的当事者を対象とした課程も短時間で資格を得ることができるようになりました。また、重度訪問介護研修などの過程を受けても他の障害者の介助にあたれるという点も、実際はともかく研修によって担い手を縛られずにすむ点では良かったと思います。

しかし、その研修内容は、行動援護従事者研修と同じものになっています。行動援護の単価を上げるために「専門性」を求めた研修の是非はともかく、単価の低い重度訪問介護の内容においてどれほど専門性が求められるのか非常に疑問です。

「当事者自身が育てる」という枠組みから見れば、重度知的当事者の場合、身体当事者と同様に自らがヘルパーを育てるということは厳しいと思いますが、だからといって、机上の専門性に解決を求めても地域で暮らす当事者たちには意味がないように思います。個別の支援に対する専門的知識よりも、本人を取り巻く人たちといかに連携し、本人の意思に近づけるかが大きな課題だと私は思います。

しかし、新たに設けられた過程は、当事者を専門性によって分断するような内容になっているように感じます。

（四）行動障害がなくても常時介護を必要とする当事者たちのこと

「行動障害を有する」という要件によって「専門性」が求められるおかしさもさることながら、重度知的当事者の中には、行動障害がなく（行動関連項目一〇点以下の人）ても自立生活をしている人がいて、二年前に自立生活を始めたHさんがそれにあたります。彼は、現在、身体介護・家事援助・移動支援という枠で四五〇時間ほどの支給を受け、日中は地域生活支援センターを利用しています。仲間たちの支えもあります。彼の暮らしを制度の枠で輪切りにすることなく担える重度訪問介護は、彼にとっても必要な枠だと思います[17]。

ただ、現状の事業所による派遣では、「行動障害を有しない者」で「長時間介助」が必要な人たちは、ともすれば事業所によって容易に囲われてしまいます[18]。

事業所によって囲われることなく、当事者自らの暮らしを支援するための制度のあり様を考える必要があります。「行動障害があるもの」という枠で区切るのではなく、「長時間介助の必要性のあるもの」という枠で考え、そこに起こる様々な課題の解決を図る必要があると思います。

（五）重度訪問介護利用の主体を当事者の手に

以上のことを意識しつつすでに自立生活をしている人たちの重度訪問介護への移行に取り組み、その枠で個々の当事者の自立生活を担い始めて一年が過ぎました。

私は、これらが単に彼らだけに通じる手法ではなく、常に後から現れる人たちにとって有効となる事を意識しつつ担ってきました。

件数自体はまだまだ少ないため、私自身が意識できていないことがたくさんあると思います。先にも述べたとおり、私たちの状況下でのみ通じる事柄もたくさんあると思います。

ただ、この先も意思決定に困難さを抱える当事者たちが重度訪問介護を使い、「自立生活（=自らに拠って立つ生活）」をいかに実現していくか？　いかに継続していくか？　制度変更のドサクサに紛れて担ってきたことを以下具体的にまとめていくことで、今後につなげたいと思います。

5　重度訪問介護利用の枠組みづくり

厚労省は、「重度訪問介護」の対象を「行動障害を有する者」に拡大したことに伴い、相談支援事業所や行動援護事業所の関与、アセスメントの作成等のかせをはめてきました。そして、養成研修も含めそこに貫かれる「専門性」の関与。これは、長年身体当事者たちが抗してきたものだと思います。

「行動障害を有する者」に対してセルフプランが認められないのは、「自らの暮らしを自らの手に」という想いにまさに反します。行動援護事業所の関与はすなわち行動援護支援者養成研修を受けた者の関与であり、その研修に貫かれている「専門性」は昨今取り上げられている「社会モデル」に逆行し、アセスメントはまさに「医療モデル」をもって当事者支援を担うものです。

しかし、一方で意思決定に困難さを抱える人たちは、ともすれば支援の側に囲われ、「金づる」として制度の「利用者」ではなく事業所によって「利用される者」になりはしないかという危惧を抱きます。

『良い支援?』の中でも書きましたが、私は、「複数事業所の関与」の延長線上で「重度訪問介護の対象拡大」をきっかけとして、新たな支援の枠組みを作りたいと願ってきました。

相談支援事業所の関与は第三者関与として、サービス利用等計画案作成は単に重度訪問介護を巡るものではなく他のサービスを利用している人にも通じる事柄として、アセスメントは重度訪問介護を担う事業所に対するチェック機能として考え、この間新たに加わった相談支援事業所や行政との新たなやり取りに努めてきました。そうした具体的なやり取りとそこに現われる想いを述べていきたいと思います。

(一) 行政に対して

二〇〇三年以降、制度はコロコロと変わり、どちらかと言えば状況は後退していると感じています。重度訪問介護の対象拡大も一見前進のように見えますが、その枠組みや取り組み方、現場の意識を考えると非常に危うく感じます。

行政とは、厚労省からの通知の解釈を巡ってやり取りをしてきました。具体的に移行する当事者の存在を通して、移行や新たに利用する人の決定に至るまでの手順、支給決定権者としての行政の支給決定のあり様についてもやり取りしてきました。そうした点について述べたいと思います。

①二四時間の介助保障

多摩市では、「在宅障害者の保障を考える会」として長年交渉を重ねています。もっぱら重度身体当事者の人たちの介助保障についてやりとりしていますが、常に「知的当事者も同様」と主張してきました。

重度知的当事者自身が自らの言葉で訴えられない状況があり、重度身体当事者の主張と同様とする形で、重度知的当事者の介助保障を求めてきました。

その下地がある中で、重度訪問介護を巡る話も介助保障の一つの手立てとして位置づけられ、「自立生活をする当事者」ということで、同等の支給を受けるのは当然のこととして話し合ってきました。

多摩市では重度訪問介護の支給時間の上限を二〇時間／日と内規で定めていますが、これは重度身体当事者との交渉の中で、残り四時間は生活保護の他人介護加算を利用するという合意があるからです。しかし、現状他人介護加算が取れていない重度知的当事者の場合、上限を二〇時間に定めるのはおかしいと主張しました。

一方で末永氏が言うように、全ての時間を制度で保障してしまっては事業所の抱え込みが始まることを危惧し、「二四時間の保障」を訴えつつある程度の空白時間は必要[19]とも伝え、日中活動としての生活介護や就労継続B型の時間も含め一日二一時間程度の支援を確保しました。

また、これまで日中活動の場が休日であったり本人の都合で休んだりする場合は、「併給不可」を理由に居宅介護が認められていませんでした。しかし、重度訪問介護に移行したことで、事業所または本人いずれの都合によっても日中活動を休んだ場合には、重度訪問介護で対応することになりました。

普段から全ての時間の支給を受けていないのに、日中活動を突然休まれてしまうと事業所にとっては大きな負担になります。そのため無理やり日中活動の場に送り出していた状況もあったりします。休んだ時に重度訪問介護が使えるとなれば、事業所の負担は軽減され、負担軽減は当事者との対応に余裕を生み出し、介助者に余裕が生まれれば、結果休まずに日中活動の場に行けるということにつながっていくと考えました。

また、私たちが担う支援には複数事業所によってヘルパーが派遣されていますが、足りていない支給量を可能な限り公平に分配するために、実際の派遣時間の報告から各事業所が類型別に請求する時間を計算していたため、実際の派遣と請求とのズレが生じていました。日中活動が休みになるとその計算は非常に複雑になります。しかし、休めば重度訪問介護で対応するということができるようになり、これについては事務レベルで非常に楽になりました。

②相談支援事業所の関与

知的当事者が重度訪問介護を利用する際には、相談支援事業所によるサービス等利用計画の作成が必要になります。

多摩市では二〇一三年一〇月にようやく特定相談支援事業所の指定を始めたところでした。対象を拡大した四月段階でのサービス利用計画作成状況は一割に達しておらず、そのような状況の中で、重度訪問介護に際しての利用計画を立てる事業所がないと行政から言われました。

私は「制度の不備を当事者に押し付けるのか!」と、行政に対し「速やかに移行の手続きを進めて欲しい」と訴えました。

行政は、たこの木クラブが相談支援事業所となって計画案を作成する事を求めてきましたが、私たちは当事者の側に立って相談支援事業所を利用する立場を取りました。

続いて行政は「相談支援事業所は、市内の事業所でなくても良い」と言ってきました。それに対しては「この先長い付き合いになる相談支援事業所が市外であって良いのか?」「サービス利用計画案の作成が義務となる中、相談支援員が計画案を作成する際に自立生活という視点が重要になる。単に重度訪問介護への移行のためというだけでなく、行政は全ての当事者に関わることとして、市内の相談支援事業所に引き受けてもらうよう努めて欲しい」と訴えました。

市内の事業所といっても、当時は、社会福祉協議会、障害者支援センター、精神科病院が主体となる事業所の三ヶ所しかありませんでした。

私の心づもりとしては、社協と支援センターそれぞれに一名ずつ引き受けてもらおうと考えていました。ただ、当時、支援センターは三月で職員が全て辞めてしまい、四月から全て新しい人員で継続することになっていたため混乱状態にありました。

支援センターが機能していないことを行政は承知していたので、社協の事業所に二名を引き受けてもらうことを考えたようです。私は、それぞれに一名ずつ引き受けてもらうことで、各相談支援事業所との連携を図りたいと考えていました。行政も相談支援事業所も新たな取り組みに手探り状態であったため一度に二人の移行を進行させていくことは難しいと判断し、まずは社協による相談支援事業所に一名引き受けてもらい、時間をおいて支援センターの方にお願いするよう伝えました。

その一方で、各相談支援事業所には事前にこちらの思いや引き受けることの意義等々を伝え、内諾をもらうことに努めました。その上で、形式上行政から依頼する形を取り、当事者の側が状況を整えるのではなく、あくまでも行政が状況を整えるものとしました。

③相談支援事業所との契約にまつわる出来事

重度訪問介護への移行申請から支給決定に至るまでの流れを確認し、とりあえずしばらくは相談支援事業所とやり取りしていくことになりました。ところが、行政に相談支援事業所から「契約について」の問い合わせが入り事態が滞ることになりました。

二〇〇三年以降、事業所との契約書を交わしてサービスを受けることになっています。当然、これまでも居宅介護事業所や日中活動の場を担う事業所と当事者とは契約書を交わしてきました。しかし、重度知的当事者の場合、この契約を巡る話は非常に難問です。

これまで関わりのある事業所は、運動の延長線上でやり取りしてきたので、たこの木と事業所との合意の中で、契約書はある面形式的なものでしかありませんでした。行政に提出する各申請書類についても同様で、「代筆者欄」に「支援者」と記入しつつも、保護者でもなければ後見人でもない私が申請書類を書いて提出することに何の根拠もありません。しかし、長年の行政とのやり取りと合意の上で、「支援者」という立場に何の根拠がなくても申請は受理されてきました。

事業所や行政とのやり取りは、あくまでも話し合いの結果として了解されてきたものなので、その積み重ねのない相談支援事業所が「誰と」「どのような形で」契約を結ぶのかという点に疑問を抱くのは当然のことだと思います。

事業所から行政に問い合わせがあった際に、たまたまいあわせた私は、担当職員がこれまでの経緯を伝え対応するものと思い電話が終わるのを待っていました。

ところがあろうことか担当職員は、これまで行政とやり取りしてきたことをまったく白紙に戻すかのように「どのように契約を交わすのか解らない」と回答し、ゼロベースの「協議事項」としてしまいました。

厳密に事を進めれば、私は後見人ではないので契約できません。本人がサインすれば契約とみなすというのも違うと思います。成人した彼に代わり親御さんが契約する根拠もありません。

行政担当者の対応で驚いたのは、これまでの経緯をまったく説明できないままに「協議事項」としてしまった点ですが、「協議事項」とすること自体はとても大切な事だと思います。

それは、長年行政とやり取りしてきた私にのみ通じる対応ではなく、誰に対しても通じる事を求めなければならないと考えるからです。

悪意のある者が本人に代わり申請や相談支援事業所との契約を簡単に行えれば、当事者は悪意あるものに囲われる危険が生まれます。後見人という形があれば解決するかと言えば、決してそうではありません。後見人に悪意はなくても、後見人を介し重度訪問介護を使い当事者を囲い込む事は可能です。

後見人関与の是非よりも、当事者に関わる者が「協議」を重ねて事柄を解決していくことが重要で、「協議」の過程で「支援者」として現われる者を見極めていく必要があると思います。

結果、この件について、行政に対してはこれまでの経緯（後見制度を利用しないこと、それによって互いに合意してきた点等）を確認した上で、相談支援事業所に出向き、相談支援員並びに事業所の責任者を交え協議しました。

そして一つの解決方法として、相談支援事業所の相談員並びに責任者と行政職員二名、それに私と当事者本人とが集まり、契約を交わすという提案がなされて私の方も同意しました。

④アセスメントの作成者は？
重度訪問介護を利用する際には、「行動援護事業所等によるアセスメントを参考に、サービス等利用計画を立てる」ことになっています。

この「行動援護事業所等」の「等」に含まれるものの例としては「発達障害者支援センター等」と書かれています。

厚労省が求めるアセスメントなるものの必要性はまったく賛同できないのですが、新たに加わる相談支援事業所を考えると当事者と当事者を取り巻く状況を共有することは必要だと思います。

その観点から、アセスメントの作成者は「本人と普段から付き合いのある者」「支援体制の中心にある者」として行政に了解を求めました。

「何をアセスメントするか?」という点については後で述べますが、当事者と普段付き合いがない者が書いたアセスメントを参考に、相談支援員がサービス等利用計画案を立てるということは、当事者の状態のみを見て支援を考える「医療モデル」の出発点であるというイメージを抱いています。

当事者の「行動障害」が周囲の環境や関係性によって現われるならば、本人のみを見てアセスメントするのではなく、本人と本人の周囲を知る者が書くことが、その後のサービス等利用計画案作成に有効であると主張し、二人のアセスメントは私が書くことになりました[20]。

(二) 二つの相談支援事業所に関わって

①相談支援事業所の役割

重度身体当事者が重度訪問介護を利用する際には、セルフプランという自らのサービス等利用計画案を作成できるのに、重度知的当事者は相談支援事業所によるサービス等利用計画案が求められています。

「自らの暮らしは自らが決める」という観点で見れば、相談支援事業所という第三者によって決められてしまう可能性があることになります（本人の想いに則した利用計画ではなく、行政が認めている支給量の範囲で計画を立てることが実際には横行しています）。

アパートで一人暮らしをする重度知的当事者との接点がない相談員からの「本当に彼にとってこの暮らしが良いのか？」「行動障害を抱えている人が一人暮らしをして、世間にさらされるのはかわいそう」「入所施設やグループホームの方が本人にとって良い」といった発言も、実際耳にしました。

重度訪問介護の利用に限らず、サービス等利用計画案を作成するために相談支援事業所を訪ねると本来は当事者の想いの実現のために立てる「利用計画」が、どこかその人の「人生計画」を立てるかのように対応する相談支援員がいたりします。

これまで私は、「障害者のために」と称しつつ、彼らを対象者とし施設入所や親と暮らすことが最善の暮らしであると主張する人たちを何人も見てきました。行政と当事者の間に立ち、当事者の声を聴くことやあるがままの状態や状況から支援を考えるのではなく、行政が認める範囲でのみ計画を立てようとする人たちが多いように感じます。

私は長年、「とにかく今の状況を何とかして次につなげる」ことを考え支援を担ってきました。将来に向けて何が正解かはわかりませんが、「現実（現状）を見れば無理」という判断（正解）を持って、当事者たちに向き合う人たちが多く、そういう人たちが相談支援員として当事者の「利用計画」を立てるということは、結果として「人生計画」になってしまうように思います。

ですから、そのような人たちに「利用計画案」の作成を依頼せず、自らが計画案を作成するという重度身体当事者の人たちの主張は十分理解できます。

しかし、重度知的当事者の場合、自らが「利用計画」を立てられないという現実があります。ならば、周囲にいる支援者がセルフプランとして提出すれば良いという判断もあります。しかし、重度知的当事者の周囲にいる人の判断が本当に正しいと言えるかといえばそうとも限りません。

登録ヘルパーという形で、本人を中心に意識ある人で支援体制を組めていた時はまだよかったと思います。しかし、事業所派遣という形になる中、暮らしの支援の大部分を事業所が担っています。つまり日々の暮らしを一番観ているのは事業所だったりします。しかし事業所には事業所維持のために考えなければならないことがあります。そして、時に当事者の想いと事業所の状況がぶつかることもあります。

そのような場合、重度身体当事者たちは、自分の想いを受け止めてくれるよう事業所に訴えることができます。また、訴えても叶わなければ事業所を移ったり、自らが事業所を起こしたりすることができます。事業所と話し合い改善したり、様々な事柄を天秤にかけて判断したりすることもできます。

しかし、重度知的当事者たちは、重度身体当事者たちと同様に事業所を選んだり事業所を立ち上げたりすることはできません。話し合いによって解決するということも難しく、話し合いで解決できたというものであっても、実は当事者の側が説得されただけということもあったりします。『良い支援?』の中でも書きましたが、日々の支援の中で本人の「行動障害」に対応できなくなると一事業所だけで取り組んでいる場合、どんどん当事者を管理していく方向へと進んでしまいます。私たちはそれを複数の事業所で担うことで、新たな出会いや新たな視点の中で修復し次につなげてきました。しかし、そこには事業所収入の問題があり、他の事業所とシェアするよりも一事業所で抱え込んだ方が良いと考えがちです。そうなるとますます当事者を囲い込み、事業所の意に当事者を合わせることになってしまいます[21]。

また、行政は可能な限り支給を減らしたいと考えるのに対して、事業所は本人の「行動障害」を理由に支給量の確保を指向する場合があり、「本人が暴れている」方が事業所にとって収入が増えるということにつながる危険性もあります。そして、事業所が「これ以上の支援は無理」と判断した時には、事業所側の問題を抜きにすぐさま入所施設や病院へと当事者を送り、自らの支援を放棄するといった結果を想像すると、おそろしくなります。

このように見てくると、知的当事者を支援する現場の人たちがセルフプランという形で立てる事が、重度身体当事者と同様に良いことだとは思えません。

その観点から、相談支援事業所によるサービス等利用計画案の作成には、支援の現場から一歩離れたところで、支援のあり様も含めその実際をチェックする役割があると思います。現場が日々の支援に追われる中見えなくなっていく時、困難な状況を打開するための手立てを考えるという役割もあると思います。そして、第三者としての関与は、事業所によって当事者が囲い込まれて虐待等が起こらないようにするという意味もあると考えます。

また、支援の困難さ故に派遣事業所が撤退しようとすることに対し、調整を図ったり新たな事業所の確保といったことにも第三者として取り組むことができたりもします。

ただ、現実はそこまでの役割を担える相談支援事業所はありませんし、制度上、そこまでの役割を担えるだけの費用もありません。

まだまだ重度知的当事者の自立生活支援に対する理解が足りていない中、相談支援事業所とのやり取りは、どちらかと言えば煩わしさの方が勝っていると思います。ですから、自らが相談支援事業所を立ちあげて、この件に関してはサクッと終えて、現場の支援に力を注ぎたいと思ったりもします。

しかし、第三者を関与させるということは、支援の側が当事者を囲い込まないためにとても重要なことです。意思決定に困難さを抱える重度知的当事者の自立生活に理解を示す相談支援事業所を探すよりも、身近にある相談支援事業所に理解を求めやり取りする事が重要だと思います。

それは、単に相談支援事業所内の相談支援員に理解を求めることに留まらず、知的当事者の自立生活に理解を示そうとしない地域の人たちに対し、支援者は何をどのように語るかを学ぶ機会として位置付けられます。互いに逃げようのない場で重度知的当事者の自立生活を否定する人や排除しようとする人たちに理解を求めていく練習の機会として捉え活用すると、意外に気が楽になったりもします[22]。

②アセスメントを作成するにあたって

個々の当事者のアセスメントは私が書くことになりました。では、何をアセスメントするのか?

厚労省はアセスメントシートの参考例を示しています。そこには、本人の状態や行動が挙げられそれに基づく支援の必要性や内容を記入するものになっています。しかし、これは本人のみに焦点をあてたものでしかありません。

私が書くアセスメントも、本人の生い立ちや歴史や本人の状態等を一つの情報として挙げました。しかし、それ以上に、当事者がどのような状況の中でどのような人と関わり、本人の状態が周囲の環境や関係性によってどのように表れるかを中心に書き綴りました。

また、自閉症を伴う当事者たちにとって必要となる支援が何なのかを、支援によって本人を変えるという視点ではなく、本人に現れる状態に対し周囲がいかに取り組むか、取り組むために必要となる支援の枠がどういうものであるかを、事業所が置かれている状況や個々の事業所の取り組み方も含めて書きました。

すなわち、本人をアセスメントするのではなく、本人が置かれている状況や関係性をアセスメントするものとして書き綴りました。

これには三つの意味を込めました。

一つには、「行動障害」というものが常に周囲との関係の中で起こるものであり、本人のみに焦点をあててアセスメントしても意味がないということ。

もう一つは、現状当事者が置かれている状況を明らかにすることで、事業所が当事者を囲い込まないように支援の現状をオープンにすること。

三つ目は、「行動障害」となって現われる事柄は、支援の内容や支援体制の不十分さからもたらされているものであり、その不十分さを今後どのように改善するかという将来に向けた内容のものです。

これらは、単にアセスメントが単体で存在するのではなく、これを参考にサービス利用計画案作成が作られるという前提に立ってのものです。

相談支援事業所が立てるサービス等利用計画案と、行政の支給決定とはまったく別物です。ところが、実際は行政の下請け的な相談支援事業所が目につきます。相談支援事業所はあくまでも当事者の側に立ってサービス等利用計画案を作成するものと考えた時、相談支援員が行政を納得させる利用計画案を立てる必要があります。初めて重度知的当事者のサービス等利用計画を立てる、まして初めての重度訪問介護を中心とした支援計画を立てる相談員にとっては、サービスの量も含め基準となるものがなく、計画案の根拠が必要になります。本来アセスメントに盛り込むことではないと思いますが、量と質を確保するための根拠となる事柄も含め書きました。

③サービス利用計画案の作成

■支給量を巡って

居宅介護や移動支援を使い暮らしている人たちが、重度訪問介護に移行する際にはすでに支給されている量が一つの目安となります。同じ時間で移行すると単価の違いから金額ベースでは下がってしまうことになる[23]ので、現状の「支給額」に見合う量がどれだけなのかを換算しました。また、身体介護や家事援助という類型の内容を盾にとって長年支給量を抑えてきた状況に対し、「見護り」という概念が含まれる重度訪問介護になれば、支給される量も当然変わってきます。更に、今後重度訪問介護を使い自立生活する当事者たちのことを考えた時、市内で初の利用であれば今後の支給に対する基準にもなる事を考えました。

その中、支給量について、まずは「二四時間の介助保障」と立て、二四時間のうち本人が支援を必要としない時間を引き算する発想で検討しました。

日中、別のサービスを利用していれば、当然その分は他のサービスでまかなわれます。しかし、日中のサービスが休日の為に使えなかったり、本人の体調不良で休んだりした場合などは、引き算できないので重度訪問介護でまかなうよう伝えました。

二四時間の介助が存在するという点について、重度身体当事者たちは介助者との距離感を自らが測る事ができます。しかし、重度知的当事者の場合自らが距離を取るという事は非常に難しく、介助者が常にいる事によって逆にストレスをためてしまう場合があります。よって「一日の中で支援の空白の時間を作る」「作る努力をする」という言い方で、空白にできる場面を検討しました。

この時間は、「サービス等利用計画」の「等」に込められたインフォーマルな支援の時間をいかに確保するかという課題を残す意味もあります。当事者の暮らしにとって制度による保障は重要ですが、すべてを制度によってまかなわれる時、末永氏も言うように事業所による囲い込みが始まるように思います。また、制度によって二四時間が保障されてしまうと、これまで当事者と関わってきた周囲の人々は、その人の暮らしが廻ることで無関心になり、関わりが薄まるという現実があります。空白の時間は、制度以外の人を巻き込むための時間とも考え、公的な保障が受けられないのではなく、公的保障によって本人の暮らしが縛られないために、派遣事業所も相談支援事業所も行政もともに考えていく機会を生み出すことを求めました。

これまで、「身体介護」や「家事援助」で支給量を確保しようとした時、当事者にとって必要な支援を足し算し、足した数値は行政が了解しなければ支給されない状況でした。足し算の根拠に対する説明責任は、当事者と支援者の側にありました。行政は自らが納得する説明がされなければ支給量を増やすということはなかったのです。

しかし、重度訪問介護が「常時介護を必要とする者」であるならば、一日二四時間のうち必要がない部分を引き算するという発想に変わります。そして、不要とする根拠の説明責任は、基本的には行政の側に発生するものと思います。私たちには、今後自立生活を始める重度知的当事者が増えることを願い、行政に協力するという立場の逆転を生み出すことも必要になってくると思います。

表面的にはこちらから空白の時間を提示して、やみくもに支給量を要望しているのではなく、こちらが譲歩した形を生み出すことになり他のサービスも含め概ね二一時間／日程度の支援量を確保しました。

■支援の側が作成し、相談支援員が認める形

実は、アセスメントに続きサービス等利用計画案の案も私が書きました。グッドライフのよう

に自らが相談支援事業所となって計画案を書くというのもありだと思いますが、私は以下の理由から案の案を私が書き、相談支援員が作成したものとして行政に提出してもらうようお願いしました。

a　初めてのケース故に相談支援員に計画案を立てる根拠や基準がなく、モデルケースとして当事者に必要な支援を伝える。

b　これまで、行政に対し同様のものを出してきたが、相談支援事業所という第三者の意見としてまとめ、行政に受け取ってもらうことを願った。

まずaについては、「知的当事者の自立生活」とその「支援」は、親もとで過ごす当事者たちとは明らかに違います。長年知的当事者の自立生活支援の現場にいる私でさえ、個々の当事者にとって必要な支援が何なのかを理解できているとは思えません。また、それは重度身体当事者の様に枠組みだけを作り後は本人に委ねるというわけにもいきません。言葉にならない支援も含め計画案に盛り込んでいくことは、実のところ私自身も躊躇するところです。それをいきなり相談支援員に書いてもらうというのは非常に無理があります。そこで、私が案の案を書き、たたき台にしてもらえればと思い作成しました。

「解決すべき課題」と書かれた欄の一番に私が書いたものは「自分（当事者本人）のことを知ってもらい、周り（支援者等）の理解を得られるようにしたい」です。そしてそれを解決するために「必要な支援を明らかにするための支援体制を作る」としました。

ある人には「何ら支援が見いだせていない中で自立生活を支援するなんて無責任な」と言われました。でも、本人がサービス等利用計画案作成にあたり実際語っているわけではありません。また、長年関わってきた私自身が明確に本人の想いを代弁できているわけでもありません。相談支援員がどれほど専門性を身につけていたとしても、実際の個人の暮らしにフィットした計画案を立てられるものではありません。

実際、一人目は計画案作成にあたってまったくやり取りできない人でした。二人目はそれなりに話をすることができます。しかし本人に「どんな生活を望みますか？」等と聞いても、相談支援員がサービス利用計画案作成に必要な回答は返ってこないのです（二人目の当事者は「彼女が欲しい」と言い相談支援員に失笑されていました。私が相談支援員であれば、「彼女が欲しい」という当事者の訴えに、彼女は紹介できないが解決するための方法として、「移動支援の活用」をあげますが）。

ならば、何を支援して良いかわからないという地点に正直に立ち「支援を明らかにする」ための支援を一番に掲げたのです。そして、それを解決するためには「見護り」も含め本人の二四時間をともにし、本人にとって必要な（不要な）支援を明らかにしていくことを求め、重度訪問介護の時間数確保としました。

当然ながら「一人暮らし（現状の暮らし）を維持する」ということも明記し、支援者の価値観によって暮らしの場を考えるのではなく、本人が置かれている状況から支援を考えるように明記しました。

金銭や健康管理・緊急時の対応等についても挙げました。これらは実際の暮らしの中で必要となる支援でもありますが、現状は特定の人に委ねられてしまっています。それを担う人には何の収入もありません。現行制度ではまかなえていない事柄であり、今後の解決課題として載せることで、計画を立てさえすれば良いのではなく、相談支援事業所も一緒になって課題に取り組むことを意識しました。

私が計画案を立てるとこのような意識の中で立てることになるのですが、ほとんどの計画案は、本人が抱く課題と本人自身が解決するために支援は何をするかという視点で書かれているように思います。

そうした計画案が、本人了承の下にあっても良いと思います。しかし、重度知的当事者であり「行動障害を有する者」が重度訪問介護を利用する時、本人の了承はどこまでいっても闇の中にあり、「行動障害」が、周囲の関係性に大きく影響を受けているという点から見れば、「自立生活」という状態に立ち続け、後は支援者の課題としてサービス等利用計画案が作られる必要があると思います。

私はそういった点を含めたモデルケースとしてサービス等利用計画案の案を作成しました。

次に、第三者として相談支援事業所が計画案を作成するということについて。これまでも支給量を巡り行政と交渉する際には同様のものを作成してきました。当事者の現状を伝え、課題解決のために必要となる支援やその量を伝えてきました。

しかし、行政にとっては支給を求める側と支給されたものを担う側とが同じであり、ある時点までは増えても、それ以上は現状維持の形が続いていました。一年ごとに見直される支給決定量についても、本人が落ち着いていれば減らされ、本人が騒動を起こしていれば現状維持という図式がありました。

本人が落ち着いている理由が、介助体制の安定にあって現状の支給量が確保されているから安定が図れているにもかかわらず、「落ち着いているから減らす」という理由にされ、私たちは常に異議を申し立て、現状維持を図るのがやっとの状態でした。

すべての支援が保障されているわけではないため、重度訪問介護への移行を機に支給量を増やすことを願っていました。しかし、それを私たちが計画を立て私たちが担っていくのでは、行政にとっては「事業所によるお手盛り」に映ってしまいます。

それを第三者に計画してもらう事で、「お手盛りではない第三者が必要と認めたもの」としようと考えました[24]。

また、私たちが普段担っている支援が第三者を通じて明らかになることで、支援の中身をオープンにしてそれぞれの立場で考え作り上げる機会にしようと思ったのです。

長年当事者と関わり続けてきた者にとって、相談支援事業所の新たな関与は正直煩わしいことです。しかし、この先運動の延長線上で自立生活支援を担ってきた人たちが現場を離れた時、第三者の関わりがとても重要だと思います。

とはいっても、その第三者がどれほど重度知的当事者の自立生活支援を考えているかといえば、皆無といって良いかもしれず、ならば、自分たちが担っている支援を明らかにする機会とそれをもって相談支援員の理解を深め、この先事業所が重度知的当事者の支援を担っていくことや新たな自立生活者を生み出すこと、事業所に対するチェック機関として機能することを願って、今から育てていく必要があると思います。

■モニタリング

サービス等利用計画案が行政に受理され、サービス等利用計画となり、当初三ヶ月は毎月、その後三ヶ月~半年ごとに計画に基づくモニタリングがされます。

私はこのモニタリングの機会を通じて、さらに相談支援員に重度知的当事者の日常とその支援について理解を深めてほしいと願っています。

私たちは、毎月自立生活をしている当事者たちの「支援会議」を当事者ごとに開いています。当事者の暮らしに関わる事業所が集まり、日々の様子を共有し、課題を共有し、解決方法を模索することを繰り返しています。よって、モニタリングもその支援会議の場に相談支援員も同席して、共に考える機会になることを願っています。

実際は、相談支援員の考え方によって開きがあります。一つの事業所は三ヶ月毎のモニタリングの機会以外にも支援会議にできるだけ参加し、状況を共有しようと努めています。もう一つの事業所は、計画作成当初三ヶ月間のモニタリングを開かず、モニタリングの機会も半年に一回と立て、支援会議にも参加していません。

そのような違いがあるものの、私は支援会議に相談支援員が常に参加していくことを歓迎したいと思っています。それは単に当該の当事者のことに留まらず、知的当事者の自立生活支援を共に考える機会でもあります。また、そのような機会を持つことで私たちが関わっていない知的当事者のサービス等利用計画にも大きな影響を与えると思っています。

さらに、相談支援事業所には立てた計画案の実行のために、地域の資源とのつながりを保つ必要が生まれます。日々相談支援員と付き合うことで、計画が机上のものにならず、作成する側と依頼する側とそれを実行する側とが日常的につながることで、他の当事者に対するサービス提供の機会が生まれると思います[25]。

重度知的当事者の自立生活支援に理解を示さない相談支援員との関わりは、とても煩わしいことかもしれませんが、将来を見すえモニタリングの機会を通じて新たな関係を築くことは必要だと思います。

また、モニタリング会議の機会を通じ担い手である事業所と相談支援事業所が関わることは、普段の支援をチェックする機会にもなります。

現状では、圧倒的に私たちの経験の方が優っているため、支援の実際や発想や今後の展開のほとんどの場面でこちらが思い描いている通りに進められています。

逆に、相談支援員の方に専門的な知識や経験がある場合、相談支援員の価値観で当事者に対する支援が縛られていく可能性もあります。現状は、こちらの意向をもって相手を説得する形になっています。

しかし、この先私も含め担い手が代わっていく中で、現場はその日その日の積み重ねでしかなく、時に、当事者自身を無視した事業所側の都合で進めていくこともあり得ると思います。虐待はその最たるものです。相談支援員が恒常的に付き合い続ける事は、事業所や担い手の都合のみで当事者を支援しないようチェックする役割があると思います。そのように定期的にチェックされることによって、各事業所の自己抑制が働き、ともに当事者支援に関わり続けられるように思います。

逆に、現場を担う事業所の側は、自らが相談支援員から聞かれる事柄に対し、担っている支援を意識して語ることが求められ、現場を担う側と相談支援員との意見が異なる時、互いの立場から協議し続けることは、当事者でない私たちにとっては不可欠なことだと思います。

現状はまだまだ相談支援員の側に重度知的当事者の自立生活支援の実感も実態もない中で、意識して取り組まなければならないことはたくさんあります。

ここまで書いてきた取り組みを家族が担うということはかなり無理があると思います。状況が変われば取り組み方も大きく変わります。実際、この間重度訪問介護への移行の相談や新規利用の相談が入っていますが、当事者が置かれている状態だけでなく、各行政の捉え方一つとってもすんなりと行かない面があったりします。まだまだ始まったばかりの重度訪問介護ですが、繰り返しなされるモニタリングの機会を通じ、互いに協議しあう土俵としていきたいと考えています。

6　重度訪問介護に寄せる期待

(一)「行動障害を有する者」ではなく「長時間介助を必要とする者」へ

一人暮らしをしているYさんは、重度の知的障害当事者ですが、日中は週五日就労継続支援B

型に通い、朝と夕と休日に居宅介護や移動支援を入れて自らの暮らしを成り立たせています[26]。「行動障害」はなく、本人も一人の時間を過ごしたいらしく、支援の空白があります。

また、一人暮らしをしているHさんは、日中、四〜五日、地域活動支援センターに通い、それ以外の時間は月四五〇時間の居宅介護と移動支援を使い暮らしを成り立たせています。彼も「行動障害」はなく、一人の時間を欲する面を感じるのですが、試みとして自宅に一人でいる時間を作ると良からぬこと（ガスや水道をいじる等）をするために、一人にすることが現段階ではできません。

重度知的当事者だからといって、すべての人が重度訪問介護を利用するということを求めているわけではありません。それぞれに暮らしに必要な支援が受けられれば良いと考えています。

Yさんの場合は短時間の介助。Hさんの場合は長時間の介助。行政が言うところの財政課題という切り口ではなく、本人にとって本当に必要な支援が何かをともに考え、生み出すだけの信頼関係をもって行政ともやり取りしたいと思います。

Yさんは、現状夜中の介助は必要ないと立てていますが、そのことによって不具合が生じれば夜中も含めた支援体制は必要になると思います。逆に、現状夜中の介助をつけているHさんが、この先本人と支援者たちが様々な経験や試みを繰り返す中で、支援量を減らしていくこともありうると思います。

よって重度訪問介護は、自立生活をする者に対しては、「長時間介助を必要とする者」という規定で支給すれば良いと考えています[27]。

（二）対象者拡大に伴い内容の拡大を

①介助保障の歴史

現在のヘルパー制度は、当初「家政婦派遣」と称されたように、基本は「家族が当事者の面倒を見て、面倒を見きれない分を」家政婦を派遣するという「家事援助」がベースでした。

自立生活運動の中で、ヘルパーが家事のみを担うだけでは重度身体当事者の自立生活は成り立たず「身体介護」の必要性が訴えられ、続いて「移動支援（ガイドヘルプ）」というものが、付け加えられていきました。重度訪問介護は、「脳性麻痺者等介護人派遣事業」という形でヘルパー派遣だけではまかないきれない「介護」を保障する枠組みとして始まり、ヘルパー制度との統合の中で「見護り」という概念が埋め込まれ長時間介護を保障する枠組みとして今日に至っています。

重度訪問介護という言い方より前にあった「日常生活支援」という言い方が実は一番しっくりいくと私は思っています。

現在の重度訪問介護は、家事援助＋身体介護＋移動支援＋見護りという内容で成り立っていて、自立生活を営む重度身体当事者たちの介助保障を今日まで築いてきました[28]。

②対象拡大に伴う内容の拡大を

重度身体当事者によって築き上げられてきた重度訪問介護に、他の障害当事者を加えるということは、当然必要に応じその内容も拡大していることに目を向ける必要があります。

決して別立てではなく、新たに内容を拡大することでよりその中身の充実が図られるものと私は考えています。

特に、行動障害を伴う重度知的当事者にとっては、その原因が単に本人の障害のみを原因とするのではなく、ヘルパーや周囲の人たちとの関係の中で起こっているとすれば、その関係をも支援する必要があると思います。

たとえば、ご近所付き合いについて。身体当事者の場合は、本人がご近所と付き合うか否かは本人の意思に任されています。ご近所にとっては、あいさつ程度の関係で済むということもあります。しかし、夜中に奇声を発する／暴れるという人が近所に住んでいれば、周囲は不安を抱くのは当然だと思います。偏見に基づく面もありますが、夜中の生活騒音に「一体何が起こっているのか?」という不安を抱いていることもあります。当事者が出す音の原因が判れば意外と安心するのですが、原因がわからないと、たとえば「虐待されて血まみれになっているのでは」等と想像しだしたりして、室内で当事者とともに過ごしているヘルパーとはまったく違う解釈で不安を募らせていることもあります[29]。

毎日通うお店の店員とヘルパーが仲良くなれば、店員の当事者に対するイメージも変化します。周囲の人に受け入れられれば、ヘルパーが知らないところで起こっていることも、周囲からの情報として入ってくることもあります。

ヘルパーは、単に当事者を介助するだけでなく当事者を取り巻く人たちの関係も含めて介助することで、本人にとっても住みやすい場所になり、本人が安心して過ごすことができれば、自ずとヘルパーの負担も軽減されるということを何度も見てきました。

しかし、現状のヘルパー派遣では、その点をヘルパー個人の資質に委ね、事業所は放任がせいぜいです。事業所が「本人のみにサービスを提供する」としていると、ヘルパーが周囲との関係を大切にしようとしても、「でしゃばったことをするな」と言われてしまいます。

制度の内容として、周囲との関係を築くことも含めて担っていくことが必要で、そのための内容の拡大が必要だと思います。

私は、行動障害を伴う知的当事者の支援を専らとしていますが、精神当事者の場合は、長時間介助者と過ごすことは、知的当事者たち以上に負担が増すという声を聞きます。

重度訪問介護は「滞在型」を前提としているのですが、必要な時に呼ばれて即対応するという「待機型」という新たな形も必要だと思います。

「関係を築く」という新たな介助の内容も「待機型」という新たな形も、実はこれまで重度訪問介護を使い自立生活をしている重度身体当事者にも当てはまることだと思います。

長年入所施設で過ごしていた重度身体当事者が地域で暮らす上では、周囲との新たな関係を築いていくということも必要です。しかし、常に職員に囲まれて過ごしてきた故に、近所との関係を作ることができず、地域で暮らしていながら自分と介助者（あっても当事者仲間）という関係しかないという人が多いように思います。

長時間介助を入れて暮らしていても、実際の場面では別室で待機しているケースが多く、互いに干渉しあわない時間があったりします。二人っきりならそれはそれで良いのでしょうが、そんな場に私が友人として訪ねて行くと、介助者がいることで、それぞれがそれぞれに所在をなくすという状況になったりします。

新たな内容や新たな形を加えるということは、個別の障害にとって必要なことではなく、加えることで拡がる可能性を含んでいると思います。

③新たに自立生活を始める重度知的当事者の場合

これまでは、すでに制度を使っている人たちが重度訪問介護に移行する取り組みから書いてきました。

すでに支給されているものを基準に、移行後の支給量を検討することができましたし、アセスメントにしても、自立生活を始める以前から付き合いがある当事者に対し、過去の出来事や本人に対する支援の経験を振り返りつつ、その折々にある状況や関係性を言葉にすることができました。

行政に対しても長年の交渉を下地に、移行を巡るやり取りを行ってきました。また、相談支援事業所に対しても、これまでの経験を踏まえて移行に際しての主導権をこちらが持って取り組むことができました。

しかし、今、目の前に現われ今から支援を始める当事者に対し、どのように対応できるのか？私たちの知らない地域でこの重度訪問介護を利用して重度知的当事者の自立生活を実現しようとする時に、何が必要なのだろうか？　と考えます。

グッドライフのように入所施設から出て地域で暮らすことを求め取り組んでいる人たちは、その人が過去どのような経験を積み、どのような思いで今目の前に存在しているのかも含め手探りで支援を行っているように思います。

当事者と幼い頃から付き合い続けてきたのでわかるという事柄がないとすれば、本人の情報は極端に少なくなります。紙に書かれた情報と見えない相手の価値観の中で語られる情報のみで、支援を構築していくとなれば、支援の枠を作り、一般論に当てはめ、困難事例は専門性に頼るということも当然に思えてきます。

『良い支援？』の中で、「自立生活獲得プログラムが支援者プログラム」であると書きました。

もし、重度訪問介護を使い長時間当事者に寄り添う時間が保障されれば、本人を理解する機会は格段に増えると思います。

現状では、まず「サービス等利用計画」を作成して支援を担うことになっていますが、逆に先ず長時間介助を担い、その中で見えた支援の必要性を明らかにするために重度訪問介護が使えたなら、支援や支援計画に当事者をあてはめるのではなく、当事者と過ごす中で必要な支援が導き出されるように思います。

④見護り介護の新たな意味付け

重度身体当事者は、長時間の介助保障を得るために、「見護り」という概念を導入し今日に至っています。

しかしこの「見護り」が、重度知的当事者にとっては「監視」となってしまう危険性が常にあります。当事者の状態を把握した上でのリスクの回避。そのために制度を使い地域で暮らすのではなく、制度によって社会との壁を築いてしまう。

ヘルパーは、当事者の暮らしに対し断片的に関わっています。身体当事者たちは自らの暮らしをつなげているのは自らであり、断片的に現れるヘルパーを自らが使いこなしていくことが大切になってきます。

しかし、重度知的当事者の場合は、目の前で起こることが、実際はそれ以前のヘルパーによってひき起こされているということがしばしば起こります。当事者と相対で懸命に考えても「行動障害」を起こす理由がわからず、理由がわからない中でヘルパーは懸命に行動を抑制するしかなくなるし、当事者は理解してもらえない状況に、ますます「行動障害」を増していたりします。

この「見護り」は、身体当事者にとっては今のこの時間を「見護る」ということですが、知的当事者にとっての「見護り」は、今を「見」て、将来を「護る」すなわち、自立生活を継続して営むことができるよう、過去と現在、そして未来に向けて、当事者の暮らしを「護る」ことにあるように思います。

7　最後に

対象が拡大されてまもない重度訪問介護。とにかく「等」の一文字を加え対象を拡大することが大きな目標としてありました。そして、現在、長年拡大を願ってきた人たちによって重度訪問介護への移行が進められています。

私たちは、対象は拡大されたものの実質この枠に移行する人の数は一〇〇人にも満たないと思っていました。しかし、国保連に上がってきた知的当事者の重度訪問介護の利用状況は、私たちの想像をはるかに超えるものでした。

私たちの知らないところで自立生活を営む重度知的当事者たちが存在していたというものではなく、移動支援や行動援護では確保できない時間を重度訪問介護でまかなっているという状況があるようです[30]。もし、そうであるならば、対象拡大を求めてきた者たちの意図とは違う方向へと進み、そのような利用が進めば、厚労省が危惧する通り利用が爆発的に増える可能性があります。そして、私たちが願う自立生活ではなく、親もとでの生活を保障するのみで利用が増えたなら、本来求めていた人たちにとっては、更なる制限がかかり築いてきた重度身体当事者たちの自立生活も危うくなるように思います。

重度訪問介護のあり様を考えるとき、「自立生活」と「自立生活支援」を決して外して語るものであってはならないと思います。

重度知的当事者にとっては、まだまだ稀な状況で課題はたくさんあります。ここまで書き進めてきたことも、実は何も理解されずただただ私の側の勢いだけで進めてきた面もあります。あらためて次の人とのやり取りを始めると、一からやり直しということがあったりします。

しかし、対象拡大を機に、重度知的当事者たちの自立生活を願い、現実のものとするために重度訪問介護を様々な立場の人とこの先のあり様を検討していきたいと願います。

「自立生活」という「自らに立った（依拠した）生活」の実現のために、この枠組みを如何に活用するか?

単に重度訪問介護のあり様にとどまることなく、まずはこの枠を使い自立生活を実現し、実現された自立生活の中で自立生活支援という私たちの側の課題をさらに明らかにし、一つ一つ解決していく方向へと進んでいきたいと願います[31]。

【注】

1 入所施設等では、人手不足を理由に食事の時間はもとより、トイレ介助さえ時間が決められていたりします。

2 暮らしとは、「ご近所付き合い」も含めて

3 障害の専門家というだけでなく、相談支援員等暮らしの現場に関わっていない者等

4 現実、財源の確保問題はあると思います。「行動障害を有する者」ではなくたとえば「長時間の介助を必要とする単身者」とすることでも対象は絞れます。しかし、「重度訪問」=「行動障害」=「重度」とする時に、単なる対象の絞り込みにとどまらない様々な問題が生まれると思います。

5 取り巻く人々とは、何も「ともに生きる」ことに賛同した人たちだけではありません。彼らを肯定的に受け入れる大人や否定的に見る大人や様々な想いをもって彼らを見てきた同世代の人たちも含みます。

6 グッドライフの取り組みを否定するものではなく、環境が違えば取り組み方も違ってくるという意味です。

7 本人が指向したというよりも「学校に行くことを拒否した」ことにより、学校という場を終えれば社会人としていかに過ごすかという点で当時働くことを周囲が指向しました。

8 本人が合格に耐えうる能力を身に付けるというものではなく、「障害児の高校進学を考える会」等は、「意欲

と希望のある者を全員受け止めること」を求め、都教委等と交渉を重ね高校進学を勝ち取ってきました。

9 たこの木クラブも「子どもたちどうしの関係づくり」ということで、親以外の関係づくりを長年求め、個々の当事者との付き合いの中で今日の自立生活支援が意識されています。

10 就学運動の中で関係を築いてきた人たちが、その後の特定個人の自立生活を支援するために事業所を起こして担い続けているケースはいくつかあります。しかし、多摩では、『良い支援？』にも書いたように、当事者たちが次々に自立生活を始めることで、早々と制度の担い手たちによる支援を模索してきました。そして、制度の枠にはいない人たちが当事者の周辺に存在しています。

11 過去の専門性は、「専門」を求めるあまり当事者を分断する方向にあったと思います。その状況は今も変わらずあるように思います。しかし、昨今、私たちと想いを同じくしその実現に向けて取り組む人たちや研究も増え、「専門」というだけで否定するものではないと思っています。ただ、その見極めは逆に複雑になっているとも感じています。

12 当事者の幼い頃を知らない／初対面の状況から支援を組み立てるという点で、グッドライフの取り組みと多摩での取り組みは様々な違いが存在すると思います。

13 支援費制度が始まった時、「サービス調整費用」を得るために相談支援員となりました。これは単に費用を得るためのものだけではなく、日々の当事者の状況を行政に伝えるために活用しようと考えました。しかし、行政が求めるものはこちらの思惑とは違い、安い費用で必要以上の情報の提出を求め、支給量抑制につながる情報以外は意味のないものにされてしまったため、利用をやめました。

14 相談支援員といっても、知的当事者の自立生活に関心を抱き、これを機に当事者との関係を築き自立生活支援についての理解を深めようとする人もいれば、単にこちらに言われるままにサービス利用計画を立てるのみの人もいて、相談支援員個々に対応を変えていました。

15 本来は全ての場面を当事者とともに担っていきたいと思うのですが、彼らとの了解一つとっても、本当に了解できているかを検証するとなれば、不明な面も多々あり非常に時間もかかるため、支援の側の課題として位置づけ先に進めていきました。

16 厚労省は「行動障害を有する者」の重度訪問介護利用にあたり、まずは行動援護を使いアセスメントやモニタリングを繰り返しながら重度訪問介護へ移行するという流れを立てました。しかし、自立生活を始めるにあたり行動援護をまず使いそれから重度訪問介護へ移行するというのは非現実的です。しかし、親もとにいる間に行動援護を使い自立生活へと移行する際に重度訪問介護へ移行するという流れはありだと思います。また、その場合の行動援護の内容は大きく変わってくると思います。

17 彼には、側わん症があるため行政からは「身体障害者手帳をとって重度訪問介護に移行して欲しい」と言われています。しかし、彼と同様に行動障害のない重度知的当事者の自立生活を考えた時、彼のみに通じる手法で重度訪問介護に移行してしまっては後に続かないと考え、行政の提案を保留しています。

保留の理由としては、「現状の支給量でとりあえず彼の生活が廻っている」「重度訪問介護の対象拡大の見直しがある中、現時点で移行してしまっては行政の課題にならない」と伝え、重度訪問介護の要件から「行動障害を有するもの」を除く事を、地元行政サイドからも厚労省に訴えるよう求めています。

18 行動障害のある人も同様に囲われる危険がありますが、「行動障害」のない人は、表面化しにくいという点があります。

19 単に、財政面から行政とのおりあいを見出すというだけではありません。計画上支援の空白をあえて作ることで、お金を出したくない行政とお金にならないことをやりたくない事業所とそれを調整する相談支援事業所それぞれが空白の時間を巡り課題として取り組むことを主張してきました。

20 逆に私のような者がいない場合、相談支援事業所は単に専門家によるアセスメントを求めるのではなく、この趣旨を意識してアセスメントが作成されるようその手配も担う必要があると思います。

21 複数の事業所で支援を担う際、互いの事業所の取り組みを認め相互に補完しあう状況にあれば有効な取り組み方になります。しかし、一旦自らの利益を求めだすと状況が一転。本人の真意が明確でない分声が大きい事業所が他の事業所の支援の揚げ足を取り、協議の場を混乱に貶め、自らの利益を守るために他の事業所を追い出すことも容易になり、現場の支援を担う者だけだと調整が非常に困難になります。

22　そう考えていくと、実はセルフプランを立てられる重度身体当事者にこそ、相談支援事業所を使い自らの自立生活に必要となるサービスを伝えて欲しいと願います。家族という暮らしのベースがあっての制度利用と自立生活をしている場面での制度利用では、まったく必要となる事柄や必要となるものや量が変わってきます。自らが語れない重度知的当事者の自立生活の手前に、障害当事者が介助を使って暮らすということを相談支援員が知っていれば、話は格段にスムーズに進むと思います。

23　東京都区内では支給決定内容によって、同じ時間を重度訪問介護に移行すると金額が下がるケースもあります。

24　これは単に、支援の側が立てた計画をそのまま相談支援事業所が行政に上げるという意味ではなく、相談支援員の側から支援者が立てた下案を精査するということも含みます。下案と違う計画案が出されたなら、その違いを検討する機会も必要と思っていました。実際には、検討する場面は少なく、実質私が立てたものを理解することなく事業所の書式にあてはめるにとどまるということもありました。逆に、私が描いた行政との量的な落とし所ではなく、趣旨に則った計画を数値として表現し量の確保に努める事業所もありました。

25　身体的な障害の場合、見ず知らずの人でも本人の状態を聞けば、おおよその支援の必要性は見えてきます。しかし、知的や自閉症といった障害の場合、個々の評価や様々な状況が発信者と受信者とでは食い違う場合があり、相手がどのような価値観で当事者を見ているか、共通に知る当事者を基準に話を伺うと、互いのズレは小さくなります。

26　類型別の介助を担っているのではなく、請求上は区別されていますが、実際には重度訪問介護と同様に、当事者の暮らしに則して介助を担っています。

27　現実、行政の側はできるだけ支出を削りたいと考え、事業所派遣となった昨今の事業所の側は、できるだけ安定した収入を得ようと考え、両者間でお金の取り合いになってしまっていて、ともすれば本人不在の状況が生まれているように感じています。その辺りは、相談支援事業所が状況を把握し、第三者として適正に判断して欲しいと願うのですが、現状その力量はまだ不十分という面があり、かつ、支給決定を行う自治体の指定を受けたり、相談支援事業だけでは成り立たないため、事務所経費は行政が別途支給している場合があり、そうなると第三者としての機能としては非常に危うさを感じます。

28 私が担ってきた場面ではないのですが、加えて医療的介護も含まれるようになっています。

29 ある日児童相談所から、「○○さんの家で虐待が起こっているという通報を受け調査している」という電話が入りました。「ご近所に調査に行くと問題はないと聞くが、実際はどうだろうか?」という問い合わせでした。本人が発する声を聞いて通りかかった人が通報したようですが、ご近所に理解を求めていたため、児童相談所の職員も電話一本でことの次第を理解したようです。

30 たぶんそうだろうと予測し、各自治体に重度訪問介護への移行状況を伺っていったところ、何人かの相談支援員からそのように活用しているという情報がありました。しかし、実際のところは不明なので、私たちの知らないところで自立生活をしている人がいるということを願っています。

31 原稿を書き上げてから刊行までの間に、重度訪問介護への移行を巡る相談があり、ここに書いたことを参考に行政と交渉し、私たち以上の成果を実現した人たちがいます。ただ、その過程と結果を見るにつけ、状況の違いから実際に重度訪問介護を使いどのような自立生活を実現していくのかという点が気になっています。本人が語れない分、事業所や支援者たちの意向に縛られていく可能性も感じます。意思決定支援という別の切り口での展開とセットでなければ、重度知的当事者たちの自立生活支援が地域内施設化への道を切り開く恐れも感じます。そのような方向へと進まないためには、制度を介して関わる人たち以外の人の存在が不可欠だと思います。また、そのような人が存在するために、就学運動と自立生活運動とが重度訪問介護を介して結びついていくことも指向する必要があると思います。その辺りは、また別の機会に!

第10章

パーソナルアシスタンスという〈良い支援〉

岡部耕典

1　知的障害／自閉の人たちとパーソナルアシスタンス

パーソナルアシスタンス（personal assistance）とは、①利用者の主導（ヘルパーや事業所ではなく利用者がイニシアティブをもつ）、②個別の関係性（事業所が派遣する不特定の者ではなく利用者の信任を得た特定の者が行う）、③包括性と継続性（援助の体系によって分割・断続的に提供されるのではなく利用者の生活と一体となり継続的に提供される）という三つの条件が確保される個別の生活支援のことである[1]。

日本の自立生活運動には事業者中心の「介護」と区別して当事者主体の支援を「介助」と呼び実践してきた歴史があるが[2]、アドルフ・ラツカやエーバルド・クローなどの北欧の全身性障害当事者の来日講演や執筆した本の翻訳出版[3]などがあった一九九〇年代以降、研究者や運動の現場ではカタカナ書きの「パーソナルアシスタンス」という言葉も使われるようになっていった。

この言葉が政策の現場や福祉関係者のあいだで広く知られるようになったのは、日本も批准した障害者権利条約の第一九条において障害者の地域自立生活のために不可欠な援助としてパーソナルアシスタンスが特記され、総合福祉部会骨格提言において「個別生活支援」の項目に「重度訪問介護を発展的に継承する」ために「パーソナルアシスタンスの制度化」が必要と謳われたことによるところが大きい[4]。

「利用者本位」のはずのホームヘルプサービス[5]があたりまえのように事業者／支援者主導であるのに対して、介助やパーソナルアシスタンスは利用者自身の生活の自律を最大限確保する支援であり、既存の施設中心の福祉サービスのオルタナティブとして障害当事者運動によって求められ制度化されてきたという歴史がある。欧米では利用者の主導を名実ともに明らかにするために利用者自身がアシスタントを雇用し、その費用を行政が事業者ではなく利用者へ支払うダイレクトペイメント（direct payment）というしくみが併用されることも多い。ただし、他の手段――たとえば自立生活センターなどの〈当事者主体のサービス提供機構〉による提供――によって前述の三つの条件が担保できれていれば、ダイレクトペイメントとパーソナルアシスタンスが不可分というわけではない。

一九七四年に創設された東京都重度脳性麻痺者介護人派遣事業や一九七五年に開始された生活保護他人介護加算特別基準適用を活用した公的介護保障運動が日本におけるパーソナルアシスタンスの嚆矢である[6]。一九九〇年代以降は各地に誕生した自立生活センターがゴールドプランにより整備が進んだ市町村ホームヘルプサービス事業を活用するというかたちで日本でもパーソナルアシスタンスが広まっていった[7]。

さらに二〇〇三年開始の支援費制度で始まった「日常生活支援」という介護類型によってその制度的な根拠が与えられる。日常生活支援は施設系の障害福祉や介護保険の訪問介護由来の居宅介護とは出自も系統もまったく異なる介護類型であり、障害者自立支援法・障害者総合支援法に引き継がれ、現在の「重度訪問介護」に至っている[8]。

障害者自立支援法における重度訪問介護の対象者は、「重度の肢体不自由者であって常時介護を要する障害者」（第五条二）、具体的には、脳性まひ、頸椎損傷、筋ジストロフィ等による四肢麻痺があり、障害程度区分四以上の障害者に限定されている。欧米でも日本でもパーソナルアシスタンスのようなしくみを発展させてきたのは、身体（全身性）障害者が中心である。しかし、スウェーデンのパーソナルアシスタンス法であるＬＳＳ法には自閉症や知的障害の当事者が主たる対象者として明記されており、英国のダイレクトペイメント／パーソナルアシスタンスは知的障害者や精神障害者、さらには高齢者にも拡大されている。また米国・カリフォルニア州では、知的障害者が支援を受けつつ親元でもグループホームでもなく「自分の家」で暮らすことが政策的に推奨され、そのために必要な知的障害者に対する自立生活支援がサポーテッドリビング・サービス（Supported Living Services）[9]という名前で九〇年代から制度化されている。このように、欧米の多くの国では身体障害者だけではなく知的障害／自閉の者たちにも利用可能となっている。

重度訪問介護の対象者が拡大されるにあたり、その追い風となったのは二〇一四年に日本も批准した障害者権利条約である。「自立生活条項」として名高い第一九条は、パーソナルアシスタンスに代表される地域で自立した生活を送るための支援を、必要とするすべての障害当事者に対して提供することを求めている。重度訪問介護の対象者を障害種別で制限することを続ければ、条約批准後五年以内に行われる障害者権利委員会のモニタリングにおいて不適切という指摘を受けることは間違いないだろう。

「施設から地域へ」という政策の推進においても、グループホームや既存の地域生活支援のみに頼る知的障害者の地域移行の限界が見えてきている[10]。行動障害が激しい、あるいは中軽度であってもいわゆる「触法行為」やトラブルが絶えない等の理由で、これまで入所施設や病院からの地域移行が困難とされてきた知的障害／自閉の人たちの地域生活が、重度訪問介護の活用によって促進されるのではないか、という施設関係者の声もある[11]。

このような背景があり、二〇一一年一月二五日の総合福祉部会訪問系作業チームの議論の取りまとめ[12]において、重度訪問介護という「身体介護、家事援助、日常生活に生じる様々な介護の事態に対応するための見守り等の支援及び外出介護などが、比較的長時間にわたり、総合的かつ断続的に提供されるような支援」[13]を、難病／高次脳機能障害／盲ろう者等を含む日常生活全般に常時の支援を要するすべての障害者に対して利用可能とすることが提言されていることを確認しておきたい。

このとりまとめに対して、サービス利用のための財源確保への懸念を理由として総合福祉部会事務局を務める厚生労働省は強く反発した[14]。しかし、障害者権利条約の批准を前提として真にインクルーシブな地域自立生活を実現するためには、障害種別を超えたパーソナルアシスタンス制度の確立は避けて通れない課題であるという部会の判断があり、最終的にまとめられた骨格提言の「自立生活支援」の項目に「重度訪問介護の発展的継承によるパーソナルアシスタンス制度の創設」が明記されたのである。

2　行動援護のゲートキーパー化と生活支援の療育化／地域の施設化

その後の障害者総合支援法制定をめぐるせめぎあいのなかで、最終的には意に添わぬ重度訪問介護の対象拡大を実現させてしまった[15]厚生労働省側のとった対抗策は「行動援護のゲートキーパー化」であった。新たな対象者を行動援護の対象者に限定するだけでなく、重度訪問介護に行動援護を「前置」すること、すなわち行動援護事業者が問題行動のアセスメントや居宅内の環境調整等を行うことを前提にしてはじめて重度訪問介護の利用が可能になるという制度設計が当初目論まれたのである。

運動側の懸命な取り組みによって、「重度訪問介護の対象拡大」及び「ケアホーム・グループホームの一元化」という障害者総合支援法の目玉となる二つの制度変更の実際を検討するために行われた「障害者の地域生活の推進に関する検討会」では、行動援護の利用を重度訪問介護利用の前提条件とすることやアセスメント作成を行動援護事業者へ限定することは修文の過程でかろうじて退けることができた。

しかし、事業所の指定や研修制度の在り方では肢体不自由者と知的障害／自閉の者の間に大きなくさびが打ち込まれてしまった。対象拡大されたといっても重度訪問介護という制度はひとつであり、利用者が肢体不自由者であっても知的障害者・精神障害者であっても事業所の指定基準は同一である。しかし厚生労働省は、対象拡大の実施前年の課長会議において、自立生活センターなどのこれまでも重度訪問介護中心でやってきた事業所を「主として肢体不自由者に対応する重度訪問介護」と位置づけ、これに対して行動援護の事業所が新たに重度訪問介護に参入する場合には、「主として行動障害を有する者に対応する重度訪問介護」を標榜することができる、とする実質的な制度の分断を図ったのである。さらに研修制度についても、従来の重度訪問介護のヘルパー研修を「主として肢体不自由者に対応する研修」とし、「強度行動障害支援者養成研修と同等の内容」される「主として行動障害を有する者に対応する研修」を新たに設け、「それぞれの障害特性に応じた研修を受講しておくことが望ましい」ことが自治体に周知された[16]。

そもそも厚生労働省はこの強度行動障害支援者養成研修（基礎研修）を今後の障害福祉サービス従事者の共通研修とすることをめざしており、行動援護従事者養成研修も今後はそこに統合・吸収されていくことになっている[17]。対象拡大を機に重度訪問介護を分断し、知的障害／自閉の人たちに対する「生活支援の療育化／地域の施設化」（岡部 2015）を目指す政策動向は、一九九〇年代以降、紆余曲折はありつつも着実に拡大してきた介助／パーソナルアシスタンスに対する反撃の橋頭保となる可能性があり、今後の推移に注視が必要である。

それではそこでめざされる知的障害／自閉の人たちの地域生活と支援とはどのようなものなのか。強度行動障害支援者養成研修では以下のような「基本的な支援の枠組み」が前提とされている。[18]

○構造化された環境の中で
○医療と連携（薬物療法を活用）しながら
○リラックスできる強い刺激を避けた環境で
○一貫した対応をできるチーム作り
○自尊心を持ちひとりでできる活動を増やし
○地域で継続的に生活できる体制づくりを

最後に「地域で継続的に生活できる体制づくりを」と付け足されてはいるが、このような「支援の枠組み」でモデルとされているのは明らかに施設内環境とその職員体制である。地域を施設のように完全に構造化することは不可能であり、地域生活においてつねに「リラックスできる強い刺激を避けた環境」を維持することは難しい。「医療との連携」で「薬物療法の活用」が強調されているのはそのためなのか、と勘繰ってみたくもなる。そもそも施設ではなく、しかし常時の「見守り」もなく、地域において「ひとりでできる活動を増やす」ことで本当に「自尊心を持」った生活が可能となるのだろうか。また、地域生活において、「一貫した対応」を「チーム」によって確保しようとすれば、それが当事者を監視し統制する「動く施設」（ラッカ 1991）となってしまう可能性をどのようにして排除するのか。懸念と疑問は尽きない。

行動援護とは「行動する際に生じ得る危険を回避するために必要な援護、外出時における移動中の介護」であり、研修やマニュアル[19]もそのために必要な知識や理論・支援技法を学ぶことが中心である。しかし、介護の中核的な役割は日常生活の支援であり、リハビリや治療教育ではない。重度訪問介護における「重度」が意味する障害支援区分四以上の知的障害／自閉の人たちが地域で自立するためにまず必要となるのも生活支援であり、それが「利用者の主導」と「個別の関係性」のもとで「包括性と継続性」を担保しつつ提供されることでヘルパー／コーディネーターが当事者の〈安心基地〉となり、結果として日常生活における行動障害の軽減にもつながるということであって、その逆——行動障害を治して地域に出ていく——ではない。

強い行動障害のある人も含む知的障害／自閉の人たちの個別生活支援において必要な〈専門性〉というものがあるとすれば、それは自閉症や行動障害に対する一般的な知識や操作的な対処の技法を学ぶことで身につけられるものではなく、個別の当事者との「ともに生きる」時間を共有した歴史を踏まえ、日常生活と不可分の当事者の自己決定を支えかつその決定の結果に対して共同で責任を持つことにより、その当事者との個別の関係性のなかで形作られ獲得されるものではないかと思う。

近年の認知症ケアでも、「食事、排泄、入浴の生活習慣を大切に」（三好 2011）とか、早期発見と医療の役割に頼るのではなく「介護・生活支援の役割やコミュニケーションの力を信頼する方向が広がっている」（柳本 2015）など、生活支援と「見守り」の意義を積極的に評価する声が多くある。そのような取り組みとも連携しつつ、生活支援の療育化／地域の施設化に抗していく運動と実践が求められている。

3 常時介護を受ける知的障害／自閉の人たちの生活と支援の実際

実際に常時介護を受けながら地域で自立生活を営む知的障害／自閉の人たちはどのような生活

を送り支援を受けているのだろうか。重度訪問介護の対象拡大の実施を控えて運動側が行った調査[20]からは、以下のような当事者の生活と支援の実際が浮かび上がってくる。

○平日：日中は日中活動の場に通所している人が多いが、それ以外の時間は介護者と相談しながら過ごし方を決めている。

○休日：介護者と相談しながら、余暇活動や外出をする。

○生活空間：当事者が落ち着いて過ごせる空間を介護者と一緒に作っている。

○調理や後片付け：介護者と本人が分担する場合と介護者のみで行う場合があるが、いずれにおいてもメニューを決めることや食事の量や内容など健康上の配慮を踏まえ個々に合わせた工夫を行っている。

○買い物：基本的には本人の意向を重視しつつ、金銭管理や選択内容などを介護者が支援しながら買い物をしている。

○お金の使い方：本人にあったお金の使い方や管理について介護者やコーディネーターがなんらかの支援している。

○コミュニケーション：言語的コミュニケーションを行わない人も多く、試行錯誤を重ね長い時間をかけて作り上げた支援者との関係をもとに意思疎通を行っている。

調査対象となったほとんどすべての知的障害／自閉の人たちに対し、日中活動の時間帯を除き夜間も含めた常時の見守り／生活支援が行われている。肢体不自由者の長時間介護と対比して特徴的なのは、すべての生活場面において介護や家事援助・金銭利用支援などの生活支援と意思疎通・決定支援や金銭利用支援が一体化して行われているところである。

半数以上の人が、障害が重く行動援護の対象者となっている。しかし、常時の生活支援が必要度かどうかは障害支援区分や行動障害の点数とは必ずしも一致しなかった。また、調査結果からは、行動障害を無理に抑えつけようとするのではなく、見守り支援をしながら生活をともにすることによって築かれる相互理解や信頼関係（安心感）によって当事者が行動障害を含むありのままの自分で生きやすくなっている様子が伺われた。家事援助や移動支援と金銭管理・健康管理・生活のプラン作りなどの個々具体的な日常生活の支援を当事者と個別の関係性もつヘルパーが当事者の意思を汲み取りつつ一体的に行う包括的な生活支援の意義が改めて確認できるところである。

知的障害／自閉の人たちが地域で自律／自立した生活を送るために必要な支援において、身体的なケアはその一部に過ぎない。身体介護や家事援助、そして社会参加や余暇活動の支援などが一体的に行われ、かつ、それが当事者の意向を汲み取りながら一緒に考え、しかもその結果に対して支援者も責任を分け持つ共同作業であることによって、知的障害／自閉の人たちも生活の自立と自律を獲得することができる。

行動障害があってもなくても、知的障害／自閉の人たちの「支援を受けた自立」は「支援を受けた自律」があってこそ、であろう。とりわけ日常生活におけるお金の管理やその利用にかかわる個別の支援は、地域でその人が自立／自律して暮らすための基本である。

4　ヘルパー・コーディネーターの役割と「意思決定の支援」

改正障害者基本法及び障害者総合支援法において新しく加わった〈支援〉として、「意思決定の支援」がある。それは、障害者基本法では「相談業務」や「成年後見制度」などの施策実施にあたり国及び自治体が「配慮」すべき責務であり、障害者総合支援法では障害福祉サービスを実施するときに「サービス事業者」及び「相談支援事業者」が「配慮」すべき責務として整理されている[21]。

何かを成し遂げようとする心は「意志」であり、これに対して「意思決定の支援」に使われている「意思」という言葉は考えや思いを表す法律用語である。つまり、障害者基本法や総合支援法でいう「意思決定の支援」とは、主としてサービス利用契約や物品の購入などの法律行為を行うときに必要な支援のことを指していると思われる。

サービスを利用したり物品を購入したりするときにその人の考えや思いが尊重されるべき、というのは当然のことである。ではなぜわざわざそんなことを法律で確認しなくてはならないのか。その背景には、〈相談〉する者とされる者のあいだに生じる非対称な関係において相談する側の思いや考えが必ずしも尊重されないことや、施設や成年後見人が利用者の貯金や年金を必要以上に厳しく管理したり、へたをすると横領してしまうといった事件が頻発していることなどがあるのではないか。

相談支援や成年後見に内在する非対称性はたしかに問題である。しかし、だからといってその緩和や解消を、「配慮すべき責務」として自治体や事業者に押し付けるだけでは、問題は解決しないだろう。日本の成年後見制度が代理権を基本とする制度であること、相談支援事業が利用者のサービスの利用を促進するというよりは抑制するゲートキーパー（門番）の役割を期待されていることなどの制度的・構造的問題をそのままにして「心構え」を説かれるのでは、真面目な者からまず燃え尽きてしまうのではないだろうか。本来求められているのは代理権を基本とする成年後見制度の見直しであり、認定審査会を含む支給決定のプロセスへ当事者と支援者の参画を認める制度改革であることを忘れてはならない[22]。

では、支援者が知的障害／自閉の人たちに対して「常に障害者等の立場に立って」「障害者等の意思決定の支援に配慮する」[23]ことは必要ないのだろうか。もちろんそうではない。ただし、真に知的障害／自閉の人たちの自立を実現するためには、サービス利用契約や財産の管理だけでなく、個々具体的な日常生活の自律を支えることにもっと目が向けられなくてはならないだろう。その意味からも、介護／支援の現場で知的障害／自閉の当事者と「常時」生活をともにし、そこでおこるこまごまとした、しかし生活の自律と切り離すことのできない意思決定を支えていくことの重要性と、そこでヘルパー／コーディネーターの果たす／果たしている役割が、もっと知られまっとうに評価されてよい。

以下に示すのは、東京・北多摩にある自立生活センター・グッドライフ及び自立生活企画で常時の介護を受ける知的障害／自閉の人たちの生活と支援の実際に基づいて末永と岡部で作成した図である。

ここで示されているように、一人暮らしをしている知的障害／自閉の人の個別生活支援は、「毎日ヘルパーが行うこと」、「サービス提供責任者（コーディネーター）とヘルパーが行うこと」、「サービス提供責任者（コーディネーター）が行うこと」の三種類の支援の組み合わせによって成り立っている。

図　長時間の介護を利用し自立生活をしている知的障害者の生活はどのように成り立っているのか[24]

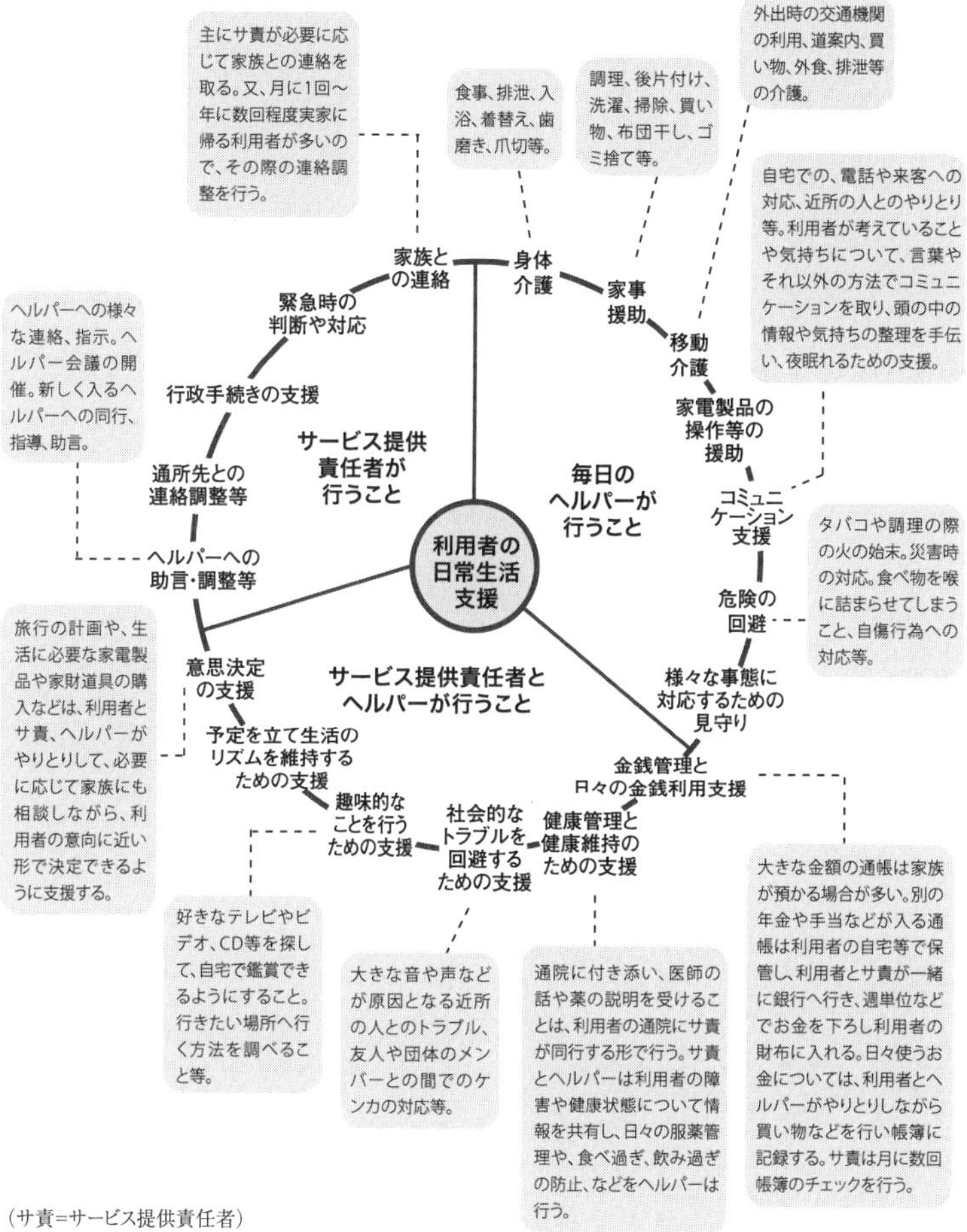

（サ責＝サービス提供責任者）

「毎日ヘルパーが行うこと」には、「身体介護」・「家事援助」「移動介護」に加えて、「家電製品の操作等の援助」「コミュニケーション支援」「危険の回避」「様々な事態に対応するための見守り」などがあり、それぞれが当事者の日常生活における個々具体的な意思決定を実現するために必要不可欠な支援である。

「サービス提供責任者（コーディネーター）が行うこと」は、「ヘルパーへの助言・調整等」だけではなく、支給決定や年金や手当の支給にかかわる「行政手続の支援」や「通所先との連絡調整等」「家族との連絡」及び「緊急時の判断や対応」などがある。さらに、「サービス提供責任者（コーディネーター）とヘルパーが行うこと」は、「金銭管理と日々の金銭利用支援」や「健康管理と健康維持のための支援」をはじめとし、「社会的なトラブルを回避するための支援」「趣味的なことを行うための支援」「予定を立て生活のリズムを維持するための支援」など多岐にわたっており、旅行や大きな買い物などの際の契約や金銭利用にかかわる「意思決定の支援」もここに含まれる。

このように、日常生活における個々具体的な意思決定の支援と表裏一体になっていることが、常時介護が必要な知的障害／自閉の人たちのパーソナルアシスタンスの大きな特徴である。言い換えれば、彼らの「当事者の主導」は単独ではなく支援者との関係性のもとに成立している[25]。

もちろん、支援者の意思が関与することで問題が生じることもあるだろう。しかし、それは施設やグループホームも同様である。パーソナルアシスタンスが当事者の生活に密着する一対一の個別の生活支援であることから、その密室性や権利侵害の可能性をことさらに問題視する向きもあるが、実は常時介護を受ける知的障害／自閉の人たちに対する「個別」生活支援の多くは決してヘルパー単独で「孤別」に行う支援ではない。

連続する当事者の日常に対して、ヘルパーは日替わり――多くの場合は週一回――のシフトが組まれ、コーディネーター／サービス提供責任者を中心とする一〇人～二〇人近くの〈チーム〉による協働で個別の生活支援は成り立っている。支援の要となるコーディネーターの任を担うのはその当事者の自立に対してもっとも思い入れがあって力を尽した者であり、コーディネーター自身もシフトに入り当事者の日々の生活にかかわる。また、支援会議が適宜開かれ、金銭管理も含む支援の課題と問題も話し合われる。

このように、知的障害／自閉の人たちの個別生活支援の実際では、第三者委員を中心とする通常の苦情解決体制に勝るとも劣らぬ多層的で有効なチェック&バランスの仕組みが存在し機能している。しかし、そのことがあまり知られておらず、知ろうともされない。翻って、施設やグループホームでは虐待や権利侵害は起こらないのか、というとそうではなく、顕在化した障害者虐待の六割以上が入所・就労支援施設とグループホームで起こっているという厚生労働省の調査結果もある[26]。

いうまでもなく、どのような支援のかたちにおいても権利侵害の可能性はつねに問われ続けなくてはならないし、パーソナルアシスタンスをその例外にしてはならない。とはいえ、どれほど「利用者本位」を心がけたとしても施設の建物《ハコ》のなかでは職員と利用者の圧倒的な非対称性が存在するのに対し、自分自身の家では当事者が名実ともに主であり、支援する者とされる者との権力関係は施設と地域では逆転する。加えて、地域では家を一歩出たら——出なくても、アパートなら両隣りや階上・階下など——周囲の目や耳という侮れない「第三者」が存在する。

いうまでもなく、入所施設やグループホームを不当に貶める意図はない。とはいえ、構造的に閉鎖性や非対称性が生じざるを得ないその支援の枠組みがあり、それに対して現行の第三者委員を中心とする苦情解決のしくみはあまり有効に機能していないことは事実であろう。支援する者とされる者の関係性がより対等であり、支援の現場が地域と直結しているという点では、パーソナルアシスタンスのほうがはるかに権利侵害を可視化しやすい支援システムであることを確認しておきたい[27]。

5　支援の専門性と報酬について

パーソナルアシスタンスが事業者中心／支援者主導の介護のアンチテーゼであることを踏まえるならば、介護の報酬がその〈資格〉や〈専門性〉によって査定されるしくみをいったんカッコにくくり、以下のように問いかけてみたい。

そもそも……当事者の生活において支援者が〈素人〉であることのどこが問題なのか。
そもそも……「みまもり」するだけで「何もしない」のは駄目な支援者なのか。
そもそも……（支援者も当事者も）〈生活〉とはそのようなものではないのか。

容易に想定できる反論として、「しかし、介護も仕事だから」「税金を使っているのだから」「素人なら無償で／安く支払われてもよいのではないか」などがある。しかし、人が「ただ生きていく」こと及びそのために必要な支援の提供が肯定されるのであれば、支援を行う者が当事者と「ともに」「ただ生きていく」ために必要な費用（生活費）を社会の責務とすることのどこに問題があるのだろうか。

重度訪問介護や知的障害／自閉の人たちの生活支援に携わる多くの人たちが望んでいるのは、「食べていくことができる」だけの収入であって、「能力に応じて」「多額の」報酬を得ることではない[28]。厚生労働省が本気で「介護から支援へ」と言うのであれば、介護報酬単価で制度をコントロールするという現在の福祉のメカニズムを、支援者が「食べていくことができる」所得を社会の側が負うべき責務として保障するという仕組みへと転換していかなくてはならないのではないか[29]。

「モノ作り」する能力より「ともに生きる」能力が必要な時代となり、評価されるべき能力とその基準の変更を含む再分配のメカニズムの仕切り直しが求められている。「重度訪問介護の対象拡大」の先に「パーソナルアシスタンス制度の確立」を展望するということは、そのような今の社会が暗黙の前提としている価値を問い直し揺り動かす政治的な営みである。

［注］

1 「障害者総合福祉法の骨格に関する総合福祉部会の提言」（二〇一一年八月三〇日障がい者制度改革推進会議総合福祉部会）http://www.mhlw.go.jp/bunya/shougaihoken/sougoufukusi/dl/0916-1a.pdf の「5 個別生活支援」参照のこと。詳細について論じた部会作業チームの提言本文は、「資料7－1 部会作業チーム（施策体系〜訪問系）報告書」及び「資料7−2　部会作業チーム（施策体系〜訪問系）報告書の概要」（二〇一一年一月二五日第一一回総合福祉部会）にて確認することができる。
http://www.mhlw.go.jp/bunya/shougaihoken/sougoufukusi/2011/01/dl/0125-1_13-1.pdf
http://www.mhlw.go.jp/bunya/shougaihoken/sougoufukusi/2011/01/dl/0125-1_14-1.pdf

2　詳しくは、安積・岡原・尾中・立岩（1990>1995>2012）、全国自立生活センター協議会編（2001）、中西（2014）など。

3　ラツカ（1991）、クロー（1994）。

4　障害者総合支援法成立三年後の見直しのための論点整理を行った「障害福祉サービスの在り方等に関する論点整理のためのワーキンググループ」（以下「論点整理ワーキンググループ」）では重度訪問介護を中心とする長時間介護の在り方を検討するための作業チームが設けられ、そこでの議論のかなりの部分が重度訪問介護とパーソナルアシスタンスの関係整理及び「パーソナルアシスタンスの制度化」の是非を問う——残念ながらかなり否定的に——ものであった。

5　介護保険制度では訪問介護、障害者福祉では居宅介護と呼ばれる。

6　その立役者として、新田勲。制度化の経緯や新田の主張は新田（2009）を参照のこと。

7　自立生活センター運動のリーダーとして、中西正司。その考え方や運動のとらえ方は中西（2014）を参照のこと。同じパーソナルアシスタンスでも、新田はダイレクトペイメントによる介護者と当事者の「命を看あう関係」、中西は自立生活センターという「当事者主体の機構」を媒介する方法を主張した。その方法論の相違もあって両者は激しく対立したが、少なくとも結果としては、日本のパーソナルアシスタンスは新田の支援論と中西の運動論に主導されて展開していったといえるだろう。

8　ただし、「重度」という対象者の制限と介護保険を髣髴とさせる「訪問介護」という名称には大いに政策側の志向性が滲んでいる。

9 サポーテッドリビング・サービスはダイレクトペイメント方式をとらずに、パーソナルアシスタンスを中心としたサポートで本人中心の支援を組み立てている。支援の実際についての概略は岡部（2009b）、詳しくは岡部（2010）を参照。

10 たとえば、二〇〇三年から一〇年計画でグループホームを主たる受け皿とする地域移行を進めてきた長野県の知的障害者大規模コロニーである西駒郷では、最終的に一〇〇名規模の移行できない入所者が残ってしまっている。

11 個人的な場において、ケアホーム／グループホーム中心の地域移行には限界を感じ、重度訪問介護のような常時の見守り支援に可能性を表明する知的障害者施設関係者の声を多く聞いてきた。

12 注1を参照。

13 二〇〇七年二月厚生労働省事務連絡。

14 二〇一一年二月一五日総合福祉部会厚生労働省コメント。

15 その詳しい経緯については第8章を参照のこと。

16 障害者の日常生活及び社会生活を総合的に支援するための法律（障害者総支援法）の平成二六年度施行について（二〇一三年一一月一一日実施障害保健福祉主管課長会議資料）：17-18 http://www.mhlw.go.jp/seisakunitsuite/bunya/hukushi_kaigo/shougaishahukushi/kaigi_shiryou/dl/20131112_01_03.pdf

17 強度行動障害政策と行動援護、重度訪問介護の関係については岡部（2015）を参照。

18 のぞみの園（2014b: 20-21）

19 のぞみの園（2014a）

20 一人暮らしもしくはケアホームなどにおいて長時間介助を利用しながら地域生活を営む知的障害当事者とその支援者に対して障害者の地域生活確立の実現を求める全国大行動実行委員会が行ったアンケート調査。調査期間は二〇一二年七月二〇日から八月二〇日まで。東京・大阪在住の二五名を対象とし、療育手帳等級は二度／A2以上が一九名、三度／B1が五人、四度／B2が一名。障害程度区分は、区分六が一三名、五が五名、四が四名、三が二名、介護保険要介護度一が一名。筆者及び末永と寺本はプロジェクトメンバーとして調査及び結果のとりまとめに協力した。

21 障害者基本法第二十三条（相談等）、障害者総合支援法第四十二条第一項（指定障害福祉サービス事業者及び指定障害者支援施設等の設置者の責務）及び第五十一条の二十二第一項（指定一般相談支援事業者及び指定特定相談支援事業者の責務）

22 相談支援において非対称かつ利益相反関係を緩和し利用者の意思決定を支援するというならば、当事者自身及びその日常をよく知る支援者／アドボケイトが支給決定のプロセスに参画可能な仕組みとすればよく、それ以上でもそれ以下でもない。詳しくは、岡部（2010: 152-154）を参照のこと。

23 障害者総合支援法第四十二条第一項（指定障害福祉サービス事業者及び指定障害者支援施設等の設置者の責務）「指定障害福祉サービス事業者及び指定障害者支援施設等の設置者は、障害者等が自立した日常生活又は社会生活を営むことができるよう、障害者等の意思決定の支援に配慮するとともに（中略）障害福祉サービスを当該障害者等の意向、適性、障害の特性その他の事情に応じ、常に障害者等の立場に立って効果的に行うようにしなくてはならない。」

24 障害者の地域生活の推進に関する検討会（二〇一三年一〇月四日）尾上浩二委員提出資料 http://www.mhlw.go.jp/file/05-Shingikai-12201000-Shakaiengokyokushougaihokenfukushibu-Kikakuka/0000025293.pdf 別紙3

25 「ヘルパーに指示ができない重度の知的障害／自閉の人たちはパーソナルアシスタントを主導できないのではないか」と懸念する向きは、実際に支援の現場を体験してみることをお薦めしたい。

26 事業所種別比で障害者虐待の実態を見ると、障害者支援施設（入所施設）一七・〇％、就労継続支援施設B

型一九・二%、共同生活介護（ケアホーム）と共同生活援助（グループホーム）があわせて一七・二%と続き、重度訪問介護事業所はわずか〇・八%に過ぎない。（平成二五年度障害者虐待対応状況調査〈障害者福祉施設従事者等による障害者虐待〉：厚生労働省調べ）http://www.mhlw.go.jp/file/04-Houdouhappyou-12203000-Shakaiengokyokushougaihokenfukushibu-Shougaifukushika/0000065134.pdf

27 日常の支援における権利侵害と利用者の囲い込みや「福祉ゴロ」への対策は別の次元で対策すべき問題である。

28 渡邊（2011）などの介助者の立場から書かれた本が参考になる。

29 そのことについて、参加所得なども参照しつつ岡部（2014b）で考察している。なお、介護報酬の体系や単価問題、さらにダイレクトペイメントの是非についてもそのような角度から再考することで見えてくるものも大きい。

［参考・引用文献］

安積純子・岡原正幸・尾中文哉・立岩真也（1990>1995>2012）『生の技法［第3版］――家と施設を出て暮らす障害者の社会学』生活書院

岡部耕典（2006）『障害者自立支援法とケアの自律――パーソナルアシスタンスとダイレクトペイメント』明石書店

岡部耕典（2009a）「重度訪問介護、行動援護、移動支援事業の現状」日本発達障害者福祉連盟『発達障害白書（2010年版）』日本文化科学社

岡部耕典（2009b）「知的障害者が「自分の家」で暮らすための支援――アメリカ・カリフォルニア州のサポーテッドリビング・サービス」『月刊ノーマライゼーション』二〇〇九年一二月号、日本リハビリテーション

協会
岡部耕典（2010）『ポスト障害者自立支援法の福祉政策——生活の自立とケアの自律を求めて』明石書店
岡部耕典（2011）「パーソナルアシスタンスの可能性を探る——重度訪問介護の可能性を探る」『発達障害白書（二〇一二年度）』日本文化科学社
岡部耕典（2013）「重度訪問介護の対象拡大に向けた実践と課題」『発達障害白書（二〇一四年版）』明石書店
岡部耕典（2014a）「『重度訪問介護の対象拡大』の経緯と『パーソナルアシスタンス制度創設』の課題」賃金と社会保障No.1620（一〇月下旬号）旬報社
岡部耕典（2014b）「生きて稼ぐ、と〈支援〉をめぐる試論」『支援』vol.4、生活書院
岡部耕典（2015）「自閉症スペクトラムと〈支援〉の本質——重度訪問介護の対象拡大と生活支援の療育化／地域の施設化」『精神医療』79号　批評社
小川喜道（2005）『障害者の自立支援とパーソナルアシスタンス、ダイレクトペイメント』明石書店
クロー，エーバルト（1994）『クローさんの愉快な苦労話　デンマーク式自立生活は、こうして誕生した』ぶどう社
全国自立生活センター協議会編（2001）『自立生活運動と障害文化——当事者からの福祉論』現代書館
寺本晃久・岡部耕典・末永弘・岩橋誠治（2008）『良い支援？——知的障害／自閉の人たちの自立生活と支援』生活書院
中西正司（2014）『自立生活運動史——社会変革の戦略と戦術』現代書館
新田勲（2009）『足文字は叫ぶ！——全身性重度障害者のいのちの保障を』現代書館
のぞみの園（2014a）『強度行動障害支援者養成研修（基礎研修）テキスト』独立行政法人国立重度知的障害者総合施設のぞみの園
のぞみの園（2014b）『平成25年度障害者総合福祉推進事業　強度行動障害支援者養成研修プログラム及びテキ

ストの開発について　報告書』独立行政法人国立重度知的障害者総合施設のぞみの園
ピープルファースト東久留米（2010）『知的障害者が入所施設ではなく地域で生きていくための本――当事者と支援者が共に考えるために』（［2007］『知的障害者が入所施設ではなく地域で暮らすための本』増補改訂）生活書院
福岡寿（2005）「行動援護の意図」加瀬進編著『行動援護ガイドブック　知的障害児・者ホームヘルプサービスの新たな形』日本知的障害者福祉協会
三好春樹・特養ホーム諏訪の苑（2011）『認知症のお年寄りが落ち着く食事・排泄・入浴ケア』雲母書房
柳本文貴（2015）『認知症「ゆる介護」のすすめ――在宅介護の〝イライラ〟を〝ほっこり〟に変える』メディカ出版
ラツカ、アドルフ（1991）『スウェーデンにおける自立生活とパーソナル・アシスタンス――当事者管理の理論』現代書館
渡邉琢（2011）『介助者たちは、どう生きていくのか――障害者の自立生活と介助という営み』生活書院

第11章

将来の支援の担い手について

末永　弘

1　障害者が地域で自立した生活を続けていくために必要な支援を将来誰が担っていくのか

障害当事者と家族や支援者らによる様々な形での「運動」の積み重ねによって、現在地域で自立生活をしている障害者の生活が成り立ってきたことは間違いありません。私が関わっている事業所を設立当初（九〇年代前半）から担ってきたのも、八〇年代に「自立生活運動」と「介護保障運動」の当事者であった身体障害者とその支援者、そして障害児を普通学級へという統合教育を目指す運動を担った人たちでした。それらの運動は九〇年代から現在に至るまで途切れなく続いてはいるものの、目的が一定程度達成される中で運動へと向かうエネルギーは大きく衰退してきています。運動の中心的な担い手であった人もその後歳をとり、その後に若い人へと世代交代されて運動が引き継がれていく例もあまりありません。そもそも運動というものは、ある時期の社会的な背景の中で、地域的な特殊性や担い手となるカリスマ的な個人の存在などが結びつく形で、いわば必然性と偶然性が合わさって成立するものだと思います。従って一つの運動が三〇年後にも同じようなエネルギーを持って続いていくということはありえないし、また三〇年後に次の世代のカリスマ的なリーダーに引き継がれて続いていくということもまずありません。つまり運動体や運動のカリスマ的リーダーは、今後二〇年、三〇年先をイメージした場合の障害者の自立生活支援の最終ラインの担い手には成り得ないのではないかということです。ではどのような組織や人がその最終ラインの担い手に成り得るのか？　それはとても難しい問いだと思いますが、私はその可能性を「事業所」とその中で引き継がれていく理念や人という所に見出そうと考えました。その事の成否は二〇年から三〇年後にある程度結果が出ると思いますが、とにかく自分が関わっている事業所とその中の人たちが、最終ラインを維持できるように今できることをやっていくということです。

では、私が考えている「最終ライン」とは何か？

○地域の中で、家族が介護困難になった障害者が入所施設へ入ることなく、親元から離れて地域での生活を継続できるように支援していくこと。

○入所施設や病院から出て地域で暮らしたいと思った人から支援の依頼があり、他の選択肢がない場合には最終的に私たちの地元で受け入れて支援をしていくこと。

○親が生活の多くを決定してしまうのではなく、障害者自身が「自分の生活」「自分の人生」ということを実感できるような日々の支援の形を作っていく。

○本人や家族が迷っている中でも、自宅で生活することや親元から離れて生活することの可能性を提案していくこと。たとえばＡＬＳの人と家族は、ある段階で呼吸器をつけて生きていくかどうか選択を迫られる状況がありますが、安心できる介護体制が前提にあれば呼吸器をつけて生きていく人が増えていくことははっきりしています。トラブルを抱えた自閉症の人の家族の多くは、本人が成長して体力的に家族介護が限界になった際に、グループホームのような支援の手薄な場所ではうちの子はとても生活できないと考えて、結果的に山奥の入所施設へ入れるという選択をしてきたわけですが、一人暮らしで二四時間介護者がついた生活が制度や事業所も含めて現実になれば、こちらの道を選ぶ親は相当数いると思います。

○地元の行政との関係で一定の緊張関係を維持していく。

利用者の制度に関して支給決定をする権限のある市や区などの自治体では、国や東京都の制度変更や市の財政事情、市長や管理職の交代などに伴う方針の変更などによって、今まで受けていたサービスを減らしたり、新たな利用者に対してとても厳しい対応をする、また同じサービスでもその使い方に関して細かな制約を付けてくるなど、今までの利用者の生活が脅かされるような出来事が時々起きます。そのような場面で、やはり行政の担当者と対峙して最終的に利用者の利益を守れる事業所や人が必要です。

○地域の他事業所や医療機関などとのつながりを維持する。

担当するスタッフや介護者等の入れ替わりはどこの事業所でも避けられないわけですが、考え方の違いがあっても最終的にはあの事業所は〇〇さんが最終的に責任を取って引き受けるとか判断をする、というような事業所同士の長い歴史の中での信頼関係のようなものが最後の拠り所となる時があるので、そのような信頼に値する事業所や担い手がいなくてはなりません。また、病院や訪問看護ステーションなどは地元で長い歴史のある所が多いので、難しい状況の利用者を最後に引き受けてもらえるかどうかという場面でも、一〇年以上の関わりの中での個人的な信頼関係が重要になることがあります。

○二四時間三六五日、利用者の生活は続いていて、そこへ入る介護者も毎日途切れなく必要です。従ってどんなに採用が困難な時代になってもとにかく事業所として介護者を雇い続けていかなければなりません。

○制度への対応

障害者の地域生活に関わる制度は、二〇〇三年の支援費制度以降もの凄い速さで変わっています。それは総体としては、全体の予算が増える、今までなかった制度が新たにできる、ということで制度が前進していると評価すべき部分が多いのですが、日本のあらゆる制度はAであったものがBに変わるというようにはならず、Aを残しつつBが加わり、次はCを加えてという構造で変わっていくので、制度は際限なく細分化されて、通知の文章の量や実際の役所との手続きに必要な書類の量もどこまでも増え続けるという結果になります。今年（二〇一五年）が三年に一回の大きな制度や報酬改定の年に当たっていたこともあり、この四月以降の書類との格闘は数ヶ月経った今も続いています。もはや都内の市区のケースワーカーではこの際限のない制度の細分化に付いていけてない人がほとんどです（笑）。そのためどこの自治体も障害福祉課専門でこの一五年ほど移動せずに居続ける職員を一人は残しています。私はまだ必死にしがみついて頑張っていますが、事業所の他のスタッフはどんどんついていけなくなっています。今回の重度訪問介護の対象拡大に関しても、区分六の利用者の場合の加算に関する規定の一文が、どう考えても厚労省の担当者の微妙な書き間違えと点の打ち間違えとしか考えられない内容で、自治体レベルで多くの誤解（というか日本語として普通に読んだ内容が厚労省の解釈と違っている）が生じるという事態も起きています。おそらく厚労省の担当者自身も、細かすぎてもはや新しい担当者にその文脈の意味が細かく引き継げない所まできているのだと思います。

○事業所の予算管理と給料の問題。

二〇一五年度の報酬改定は、基本報酬を引き下げて、処遇改善加算という介護者の給料にしか使えない部分を増やしトータルでプラスマイナス〇の改定という事業所を担う立場から考えるととても厳しい中身となりました。介護者確保のために少しでも給料を上げたい私たちの事業所では迷わず最も加算が高い「処遇改善Ｉ」を選択しましたが、これに伴って「キャリアパス要件」（職位、職責又は職務内容に応じた任用の基準と給与等に関する基準を定めること）という事業所としてはさらに困難な課題をクリアする必要が生じました。このように国の報酬改定に事業所が振り回されることは避けられないことです。また、どうしても支援の必要な新規利用者が来て、制度的に当面赤字になってしまう中でやらなければならないというような事態に対しても、事業所の責任ある立場の人が必要な支援はやるという判断ができる組織でなければなりません。一人一人の介護者からすると赤字の利用者のせいで自分たち介護者の給料が少なくなっていると見えなくもないので、介護者たちにも理解を得られる事業所の理念が必要です。

2　障害者の介護という仕事を続けていく理由について

この本の著者でもある岩橋さんが所属する団体が毎月出している『たこの木通信』の中で女性介護者のNさんが、介護という仕事の「辛さ」とその議論をさらに進めた「つまらなさ」ということについて、そして辛さの原因は介護だけでなく、所属する「たこの木」という組織にもあったという、とても基本的で大事なことを整理して書いていたので[1]、私は辛さやつまらなさということに対してどう考えたらいいのか？　と、この間考え続けています。様々な集まりの場では、障害者の介護という仕事や関係性の中にある楽しさや面白さを伝えていく、感じられるようにするにはどうすればいいかとか、そもそも人間が好きで人と関わることが面白いと思えないと看護や介護の仕事はできないという意見を言う人もいました。しかし私は「辛い、つまらない」と「楽しい、面白い」ということはNさんを含めて多くの介護者が実は両面で感じていて、その軸で考えるとおそらく「辛い、つまらない」の方が結果として勝ってしまう人が多いのではないかという気がしています。介護を始めてまだ年数が短い時期に、「楽しい、面白い」が勝っていても、介護者自身が齢を重ねる中で徐々に心身ともに固くなり、または家庭を持つことなどによっても「辛い、つまらない」が勝ってしまう人が多いように思えます。

私が所属する事業所の中で長く障害者の介護を続けている人に、続けている理由（辞めないでいる理由）を聞くと、二〇年近くまたはそれ以上続けている人（年齢的に四〇代後半～五〇代以上の世代）では社会に対して疑問や違和感を持っていた自分が、その社会に対抗しながら自立生活をしている障害者と出会い、その生き方に共感し、介護をしながら障害者運動を一緒にやることで、そこに自分の「居場所」があると思えた、というタイプの人が多くいます。学校にまともに行けなかったり、会社に雇われて働く自分など想像もできないような自分が、自立障害者という一九八〇年代～九〇年代にかけてはまだ珍しかった人たちと出会い、自分の居場所を見つけることができたという、ある意味で幸せな世代の介護者たちで、この世代の介護者はとりあえず自立障害者とその周辺に居る人や出来事が何でも輝いて見えて、とにかく面白かったのです。現在四七歳の私もその中の一人です。

一〇年から一五年ぐらい続けている人（年齢的には三〇代から四〇代前半）の答えで多いのは、フリーター的な状況から何となく面白そうと思って障害者の介護を始めた。続けている中で辛くて何度も辞めようと思ったけど、最後は自分を必要としてくれる当事者のことを考えて辞められなかった、というようなタイプの人たちです。誰でもいい介護者の中の一人としてではなく、個人としての自分を必要としてくれる当事者がいると思えることは、今の時代ではとても貴重なことで、これもある意味では一つの「居場所」だと言えるかもしれません。

ところで、障害者の介護を長く続けている人の二大理由である、この①「自分の居場所」と、②「当事者から個人として必要とされる」という、二つともが、二〇〇三年の支援費以降に事業所に雇われて介護を始めた人たちにとっては感じにくい状況になっていて、そうだとすると新しい支援費以降にこの仕事に入ってきた介護者たちは何を理由に障害者の介護を続けていく（辞めないでいる）ことができるかがとても難しい状況になっているのだと思います。

二〇〇三年以降に障害者介護を始めた人は、年齢的には二〇歳代~三〇代の人が多いと思いますが、四〇代~六〇代の人も決して少なくありません。この人たちが障害者の介護をしている理由の多くはおそらく、「たくさんある職業の中から選んで、今現在はとりあえず障害者の介護を仕事としてやっている」ということだと思います。どの職業にでも当てはまりそうなごく当たり前のこの感覚は、在宅障害者の介護ということに関しては、歴史的に見て決して当たり前ではありません。東京など一九九〇年前後には行政による障害者の介護保障制度が確立されていた地域を除けば、施設職員ではなく在宅障害者の介護が職業として成立する（食べていける仕事である）とは全く考えられていなかったわけで、ようやく二〇〇三年の支援費制度によって、在宅障害者の介護を職業とする人が大量に出現したのです。

先日あるテレビ番組で農業の未来を語るというような話をしていたのですが、出席者の一人は、農業の会社に就職して仕事として農業をやっている三〇歳ぐらいの女性。別の一人は地方で農家の後継ぎとして大規模な米作りをしている四〇代の男性でした。男性の「米作りを一生の仕事として……」という語りに対して、女性は、「一生の仕事という言い方がとても重い。自分は農業の会社に就職して今のところこの仕事が自分に合っているし面白いから続けているが、職業の一つにすぎないのだから、同じように農業を仕事にしてみて合わないと思った人は他の仕事に転職すればいいと思う」とごく当たり前のことを言いました。しかし農業に関してもこの話が新鮮に聞こえるのは、日本で農業での規制改革が一〇数年前から始まり、株式会社が農業に参入するなどした結果、農家の生まれではない人が農業の会社に就職して農業を仕事としてやるという選択肢ができてまだ日が浅いからなのです。

障害者の介護を職業として選べるようになってまだ一〇年ちょっとしか経っていないということ。そして、様々なきっかけや理由が人それぞれにあるとは思いますが、とりあえず今現在障害者の介護をしている人は、たくさんある職業の中から選んでそうしているわけですから、そう考えるとこれはやはりすごいことだと思います。しかし今現在は「選んで」やっているということは、将来やはり選んで他の職業へと転職してしまう可能性を多くの人が持っているということでもあります。

このように整理して考えた時に、今後長く続くと思われる大変な人手不足の時代の中で、障害者の介護という仕事が選ばれて、さらに続けられる仕事となるためには、障害者の介護というやや特殊な仕事の魅力や面白さで勝負するという方向性よりは、まず非常に平凡に労働条件を改善し（正規職員としての給料、ボーナスを出す、経験年数に応じて給料が上がる仕組みを作る、社会保険に加入する、休みを取りやすくする、病休などの補償を整える、労働時間を短くするなど）、同時に職場環境を整えていく（上司や先輩が話を聞いてくれる、年代の近い同僚がいる、介護者同士が話をできる場をつくるなど）ことを具体的に進めていく必要があると改めて強く感じています。何らかの強い動機があって障害者の介護をしている人（たとえばきょうだいや子どもに障害がある、学校時代に居場所がなかった、自分の居場所を探しているなど）は別として、職業の中の一つとしてたまたま障害者の介護を選んだ人に関しては、一般の職業に近いレベルの労働条件と職場環境があって、三年、五年と続けている中で、それぞれにこの仕事の良さや面白さが見つかり、自分なりの仕事の経験を積んでいけるようにすること。介護の辛い部分は同僚や先輩、上司にも話ができるようにすること。その中で結果としてこの仕事を一〇年、二〇年と続けていく人が増えていくというイメージが作れるといいと思います。

公務員や企業などで正規職員の枠が狭くなっている中で、正規職員を求めて障害者の介護を始める人はとりあえず増えています。特に男性では、三〇歳前後までアルバイトやフリーター的だった人の就職先として、または結婚をきっかけとした就職先として（他の職業では資格などがなく三〇〜四〇歳前後で新たに正規職員になれる所がとても少ないので）選ぶ人が多いし、女性も一人親で子育て中の人にとっては、パート的でなく子どもを育てられる正規雇用の場として障害者介護を選ぶ人は少なくありません（ただ、子どもが小さい場合には夜勤介護が難しいなどのハンディがある）。子育てを終えた年代の女性にとっても、障害者の介護は未経験であっても他の職業と比べればきちんとした給料がもらえる仕事として選ばれているという現状があります。ということで、一番課題が多いのは二〇代から三〇代の女性たちですが、この世代の女性たちが障害者介護という職業を選んで続けていくために整えるべき労働条件や職場環境とはどういうものか？　この世代にとって障害者の介護を続けていく理由とはなんなのでしょうか？

　上記のNさんは、たこの木通信の中で「お金と人」だと書いていて、ここで言う「人」とは、まずはヘルパー同士という「仕事仲間」のことだと書いています。お金を含めた労働条件のことについては別に詳しく書きますが、「仕事仲間」という言葉の重要性は私が所属する事業所の若い介護者たちを見ていてもとてもよくわかります。たとえばほぼ常勤ぐらいの仕事量で介護をしている人でも、週に一回の居酒屋のバイトを辞めたくないから続けているという人がいます。理由を聞くと、時給が介護より高いわけではないけど、そこで一緒に働いている人との関係が楽しいから続けているという答え。確かに、夜勤が多く、当事者との関係に悩みながらも五年、一〇年と続けている介護者は、まず第一に他の介護者との関係を拠り所にしている人が多い。Nさんも書いていますが[1]、特に女性介護者は当事者との介護関係の中で、相手と自分に対する「負の感情」に捉われてしまう場合が少なくなく、その感情を一人で抱え込まずに介護者同士で「話し」→「共感し合い」（こういう負の感情は自分だけではなかったと）→「少し救われ」→また自分の気持ちを立て直して「介護をする」、こういうプロセスが日常的に成立していないと辛さが増幅してしまう可能性が高い。この場合、同じ介護者同士であっても、話し相手が上の世代や男性介護者であった場合、むしろ共感が得られず逆効果になってしまうこともよくあります。まず上の世代は、このような話に対して「当事者のことをもっと理解する」あるいは、「当事者とけんかになってもいいから向き合ってみる」という話をしてしまいがちなのです。それは上の世代にとってみれば、自分がそのようにやってきて、その結果として今の自分の居場所があると感じているからなのですが、これはおそらく社会学者の阿部真大という人が整理して書いているように[2]、自分が成功した居場所作りの方法を他の人にも当てはめようとして失敗してしまう例だと思います。

また、女性当事者と女性介護者の間で生じている微妙で複雑な感情の問題については、私を含め多くの男性介護者は多分細かくはわかりません。わからないから軽くつい余計なことを言ってしまい、そうすると話をした女性介護者は「自分の個人的な性格の問題」だと言われた気分になって余計に辛くなる。私の場合は、男性だけでなく女性当事者のコーディネーターもやっている立場のため、女性介護者からの話を聞く機会はとても多く、その話も比較的わかる方かもしれませんが、微妙な部分がなかなかわからない。若い女性介護者にとっては、上の世代でかつ男性の介護者は二重の意味で話しづらい存在です。ということで、私は極力、話を聞くだけにして、余計なアドバイス的なことは言わないように心掛けています。むしろ若い男性介護者の方が、当事者と介護者の間で生じる微妙で複雑な感情の問題についてよくわかる人も増えてきているように見えます。ただ、少し違う言い方にもなりますが、最近辛い状況を抱えているコーディネーター同士で話をしていて感じることは、逆に共感できる、わかりすぎる相手に話すのもしんどいなということです。自分が辛くて重たい気分の時に、共感できる状況の人に話して余計にお互い解決策が見えずにさらに重たい気分になってしまうという展開です。だからよくわからないけれどどとりあえず話を聞いてくれるだけの人の方が有難く、気分が少しずれた感じになるということもあります。

ということで、当面今の二〇代から三〇代の介護者たち（男性介護者も）が障害者の介護という仕事を続けていく、辞めないでいる理由として「仕事仲間」の存在がかなり重要だとして、ではその介護者たちにとって障害当事者との関係はどうなっていくのか？　という疑問が出てくるかと思いますが、若い世代の当事者・介護者の関係性についてはまだ見えてきていない部分があります。一つ言えることは当事者も介護者も若い人ほど相手のことを○○さんという固有の人としてよく見ているということです。というより、相手が自分という固有の人間をどう評価して見ているかを見ている（気にしている）と言った方が正確でしょうか。当たり前のように子どもの頃から消費者主義（制度上もまさに二〇〇三年の支援費以降の世代）の時代を生きている介護者にとっては、介護というサービスを提供する自分と、そのサービスの利用者である障害当事者、そこを軸とした関係は避けて通ることができません。当事者側も自分にとって良い介護（サービス）をしてくれる人が良い人で、自分はいい人間関係を作れていると勘違いしてしまう状況が広がってはいますが、そのようなサービスを通じた良い人間関係は、お互いがよほどの人格者でない限りは数年が限度です。だからもっと違った個人的な人間関係が成立しないと長年に渡る介護関係は続かないと思います。しかしそのような個人的な関係性は意図して作れるものではないでしょう。一方で、同じ利用者と長年関わり続けるだけでなく、様々な障害者の介護に高い技術を持ってこの仕事を続けていくという介護者たちも増えていくと思います。ここで言う「高い技術」とは、国が言っているような資格やキャリアの評価システムでは測れないような、単純に障害をもつ利用者が求めているような介護者像です。コミュニケーション能力が高く、余計なことは言わない、しない。それでいて必要な介護については利用者が言葉でうまく説明できなくても的確にやってくれる、そんなタイプの介護者。この人たちが将来どういうモチベーションで障害者の介護を続けていけるのか私にはわからないのですが、そういう素晴らしい介護者たちが支援費以降の世代に出てきていることは確かです（私が所属する事業所には既に相当数います）。もしかすると、こういう新しいタイプの良い？介護者は、給料がある程度高くなれば、利用者や事業所からの評価という精神的な報酬も含めて、新たな介護職人のようなスタイルでこの仕事を続けていくことができるのかもしれません。

3　介護者不足はなぜ進んでいくのか？

社会的な背景から現在の介護者不足を説明すれば、最も影響が大きいのは言うまでもなく給料の低さを含めた労働条件の問題と、景気の良し悪し（景気が良ければ他の職種へ人は流れ、景気が悪いと人が介護職に集まってくる）です。二〇一四年一〇月の有効求人倍率が全職業の全国平均で一・〇二倍であるのに、介護職の有効求人倍率が全国平均で二・四二倍であること、さらに東京の介護職だけでは四・三四倍であることを見ても、これはもう普通に考えて絶望的な状況に近づいていることははっきりしています。東京のことだけを言えば、二〇一二年以降アベノミクスで東京の介護職以外の一般の職種の求人はとりあえず増え続けています。二〇二〇年の東京オリンピック決定の影響で公共事業的な仕事が増えていること、そして高齢者人口が都市部で急増していることと、働ける若年人口の減少。これだけ条件がそろえば、介護職に対する処遇改善制度などで月に一、二万程度給料が上がる仕組みだけではどうしようもありません。

障害者の介護という仕事は、二〇〇三年の支援費制度以前はとても珍しい仕事でした（在宅の介護職が仕事として成立したのも二〇〇〇年の介護保険によってではある）。珍しい仕事だから、一般の会社にはなじめなかったけれども、トータルで言えば能力が高い人も含めて多くの人がやってきました。私たちが事業所を立ち上げた九〇年代の前半から半ば（グッドライフ設立が一九九四年＝平成六年）にかけては、バブル崩壊による不況もあっていわゆるフリーター的な人材がたくさんいた（さらにフリーターにはとても明るいイメージが与えられていた時代）こともあって、九〇年代末までは『an』という求人誌に月給二五万という水準で募集を出すと一回の募集で応募が五〇人（ほとんどが二〇代～三〇代）ほどもあり、数日で受付を断らなくてはならないような状況でした。ちなみに昨年（二〇一四年）にいくつかの求人誌で月給二六万、社会保険ありという条件で五回ほど募集をして、面接できた人が約一五人、採用できた常勤者は二人、学生等バイト採用三人という結果でした。常勤で採用を出した五人には断られたので、おそらく他の職種を選んだと考えられます。二〇〇三年以降一〇年以上が経過して、障害者の在宅介護という仕事が、そんなに楽しいわけではなく、かなりの重労働であって（夜勤が多いこと、利用者に付き合う感情労働的側面が強いこと等）、その割にすごく給料が良いわけでもないというイメージが、東京など先行してやってきた地域では相当程度できあがってしまったと私は考えています。

このようによく語られている社会的な背景の話は、それはそれで事実なので止むを得ない状況ではありますが、そんな中でうちの事業所はどうするのか？　ということを考えなければ仕方ありません。私たちの事業所の場合、とにかく一人一人の介護者に頼んで介護できそうな人を紹介してもらっていて、ここ数年は介護者の紹介による縁故での採用率が九割以上になっています。長く働いている介護者は自分が所属する事業所を評価しているので、その人が知り合いを誘ってくれることが何より強い説得力になります。ただそれでも年々難しくなっていると感じるのは、介護を始めようとする層の変化です。二〇代、三〇代がとても少なくなり、女性が男性よりも採用しづらく、さらに長く続かない人の割合が高くなっています。そして何よりも、性格が適当な人が減って真面目な人が増えました。

（以下はうちの事業所で特に際立った話だとは思いますが）以前は、学歴で言えば中卒または偏差値の低い高卒や高校中退（私自身も中卒です）、あるいはなぜか全く逆の偏差値の高い大学卒の高学歴者が多く、仕事に対してははっきり言って不真面目、遅刻は日常的、介護中にお酒を飲むのも当たり前、夜型人間が多く昼の介護だと寝坊するかすぐ眠くなる（ここまでは私自身の特徴そのままです）。バンドマン系の人たちはライブや練習優先でよく休むし、いくら高い給料をもらっても、パチンコ、スロット、キャバクラ、お酒、買い物などで、カードで一〇〇万単位の借金持ちが大体二、三割。違法な薬物をやっている人もいたし、それで実際何人も逮捕されています（ほとんどの人は良い介護者でまた復帰していますが）。

ところが、こういう「バカ系」と私が呼ぶ介護者たちが、実は感性やコミュニケーション能力という点ではかなり優れていて、九〇年代に自立生活を既に始めていた当事者という滅茶苦茶な性格の人たちとも噛み合って、結構良い介護者に育っていきました。

しかし今はスタート段階から真面目な人がとても多い。借金を抱えてやみくもにたくさん働くというタイプも減りました。この現象は、多分「障害者の介護」という仕事のハードルが社会的に相当に上がってしまったからではないかと私は考えています。「バカ系」的な、二〇代をバイトで適当に過ごすという若者が減ってしまったこと（公務員になりたい若者がものすごく多いということも完全におかしすぎる）や、二〇年前に「バカ系」だった人たちは今では「引きこもり系」か「メンヘル系」になってしまった？　ということもあるとは思いますが、それよりもこの仕事が「バカ系」的な人が選ぶイメージの仕事ではなくなってしまったのではないか（自分みたいな適当な人間がやってはいけない仕事だと思われたり、我慢強く真面目な人がやるべき仕事と捉えられていたり）。最近ではフリーターのバンドマンたちも減ってきています。

ただ数が少なくなっても、この種の若者はいつの時代にもそれなりにいるはずなので、この層を何とか捕まえて続いていくような事業所に戻していかないとまずいと思っています（私が働いている事業所でも、遅刻とか給料の前借りを続けている介護者に対する視線や対応が年々厳しくなっている）。

4　労働条件について

東京ではこの水準で介護者を雇い続けられるかどうか、すでにギリギリのところまで来ているという印象ですが、とりあえず当面の目標を週四〇時間働く介護者で年収三六〇万としてみる。仮にこれが実現できれば、週に五〇時間程度働いて、年収四〇〇万～五〇〇万で、昔の会社員のように片働きでも配偶者や子どもを養っていくこともできます（私はあまり良いと思ってはいないが、このイメージで働きたい男性は今でも少なくない）。あるいは片方が三六〇万と、片方が一四〇万程度のパートのイメージで計年収五〇〇万で子どもを育てていくのも良い。ちなみに私が関わっている事業所はほぼ完全に同一労働同一賃金なので、常勤とパートの平均時給に格差はなく、週に一六時間程度働けば年収一四〇万ぐらいという計算になります。

グッドライフとその関連事業所の二〇一五年度の状況では、処遇改善の金額が上乗せされたことにより、左記の試算の目標をほぼ達成できるのではないかと考えています（労働時間の数え方の前提として夜間の泊まり介護では、利用者の状況によって一～三時間を休憩時間として引いて数える。もちろん全く休憩ができないような介護であれば加算された給料が払われる）。

○週四〇時間で年間三六〇万円払うための簡単な試算

三六〇万円÷一二ヶ月＝約三〇万円（月給）

三〇万円÷月一七四時間（週四〇時間）＝約一七二四円（一時間当たり）

①処遇改善を除く介護報酬単価の一時間平均二四五七円×六〇％＝一四七四円。

②処遇改善による報酬一時間当たり約二五〇円。（※）①＋②＝一七二四円。

介護報酬での事業収入に対して下記の配分であれば

事務所等の維持経費等約一〇％

コーディネートや事務部分、制度外対応の人件費約一七％

社会保険（厚生年金・医療保険）＋雇用保険・労災保険約一三％

介護者の給料、ボーナス、有休等六〇％

※重度訪問介護等の時間だけで計算すれば、処遇改善分の一時間当たり単価はもう少し高くなるが、グッドライフ等の事業所ではヘルパーがグループホームの生活支援員等を兼務しているため、処遇改善率の低いグループホーム等も含めて平均するとこのぐらいの金額になる。

グッドライフは長い間社会保険（医療保険・厚生年金）に加入せずやってきましたが、二〇代や三〇代という若い世代ほど将来への不安から社会保険への加入希望者が増えてきたため、ある時期に加入しました（若い世代ほど年金に関して不利になることがはっきりしているのに不思議なことではある）。

労働基準法という古くてやっかいな法律とどう付き合っていくかはなかなか難しい問題です。下手な説明をすれば今時ブラック企業と批判されてしまう。とはいえ、労働者を固有の〇〇という人ではなく、工場での中での頭数として計算することが前提で作られた結果、労働日や労働時間という概念がとても厳しく規定されている現在の労基法に沿って現実の介護ができるとはとても思えません。ここでも法と利用者の必要性の間というグレーな所で、休憩時間、有給休暇、残業の加算、深夜の割増賃金、仕事が急なキャンセルの場合の補償、本来の労働日と休日出勤の違い、このような問題に関して一つ一つ、まず利用者の生活が最優先され、次に働く側の介護者が納得できる賃金や補償の在り方を作っていく必要があります。休憩という概念一つ取っても、労基法が規定する六時間超で最低四五分、八時間超で最低一時間の休憩を与えることは、利用者側から考えれば簡単なことではありません（労基法では休憩自由の原則と言って、その時間職場を離れる自由を認めないと厳密には休憩を与えたことにならないため）。

新たな処遇改善加算の仕組みの中で最も加算額が多い「処遇改善」を取るための要件として「キャリアパス要件」が義務付けられました。キャリアパスとは要するに昇進や昇給の道筋のことで、事業所内での役職や職務内容に応じた任用の基準と、それに見合った形での賃金体系を定めることが求められています。これは、介護職に共通する課題として、現在の仕事内容や給料への不満だけでなく、将来が見通せない（一〇年後も今と同じ地位や役職のままであることや、給料が経験や年齢によって上がらないなど）という強い不安があるため、その課題を解決するための方策として考え出されたものです。

では、障害者の介護を主たる業務とする事業所でのキャリアアップとはどのようなことなのでしょうか？

・組織内でのキャリアアップ（役職や業務内容）

・給料がキャリアとともに上がっていくということ。

・最もわかりやすいキャリアは介護経験（年数）である。

業務内容や責任の範囲を広げていくという意味でのキャリアアップも重要です。私たちの事業所では、三～五年の介護経験を経て、次の三つのタイプに分かれていきます。

①介護＋コーディネートをする人　②介護＋事務をする人　③介護に専念して年数を重ねていく介護職人的なあり方の人。

介護だけの業務を長く続けていると視野が広がりにくいことや、精神的に疲れてきてしまうという人も少なくないので、コーディネート的な業務や事務的な仕事を組み合わせて続けている人も多くいます。逆にそのような仕事は不得意なので介護だけを続けたいという人も相当数いて、良い方向で年数を重ねた人たちの姿は「介護職人」という言葉がとてもふさわしいと思います。

資格制度や介護職の社会的評価を高めていくという方向性も悪いことばかりではないと思いますが、介護職にとって一番重要な評価は自分が日々接している利用者からの評価であることを見失ってしまってはいけないので、事業所内で利用者からの評価が反映される仕組みは必要です。

資格制度に関しては、良い面と悪い面が同居しているので、事業所としては資格を取りたい人の支援はするが、強制はしないというスタンスが望ましいと思います。

もう一つ、組織内のスタッフ同士がコミュニケーションを図れる場を事業所としてどう作っていくかが今後の大きな課題だと思います。そういう場を通じて介護者自身が自分の技術がどの程度向上しているか、足りないところは何か、そういう事を考えていけるようにする必要があります。

5　介護者の技能とは何か？
利用者と介護者が一緒に居る時間をどう捉えるか

障害者の介護をしている「介護者」に対する行政や市民の目線は年々厳しくなってきています。

それはおそらく介護制度がなく介護者がボランティアだった時代から、少しずつ制度が認められた半分ボランティアの時代（給料が極端に安かった）、そして現在の何とか一つの職業として生計がギリギリ成り立つようになった時代というように、介護者へ払われる給料が増えてきたことに比例しているのだと思います。要するに「若いのに障害者の介護をするなんて大変ですね」という目線が、「給料をもらっているのに障害者と一緒に楽しそうに遊んでいる」とか「何もしないでただ見ているだけで給料をもらっている」というような目線に変わってきたということです。行政の担当者も、障害者の介護に使う予算が増える中でやはり専門職として適切にきちんと介護をすることを求めるようになっています。

しかし問題は、それが誰にとっての「専門性」であり、きちんと介護をするというのが誰にとっての「きちんと」なのか？　ということです。行政やそれに近い立場の専門家、福祉関係者等は、予算を支出する根拠として専門性を求めているのでしょう。市民は、自分たちが大変な思いをして働いて税金を払っているのに、昼間から障害者と楽しそうに過ごして給料をもらっている人が感情的に許せないのかもしれません。以前かなりスピードの出る電動車いす利用者に介護者がついていくための方法として、電動車いすの後ろに板を取り付けてそこに乗るという介護者と、キックボードを使ってついていくという介護者がいましたが、どちらも市民から市役所へ苦情がいき、市から私たちの事業所が注意を受けました。市役所としては自転車で介護者がついていくならば見た目が悪くないから良いというわけです。利用者の安全を基準に考えればどう考えても、電動車いすの後ろの板に乗ることやキックボードでついていくことの方が自転車よりも合理的なのですが、市民や行政からするとそれは「遊んでいるように見える」からダメだというわけです。

知的障害者に必要な介護の時間に関しても行政との議論は基本的な認識が違っていました。行政側としては、入浴、排泄、着替え、整容などの「身体介護」や、買い物、調理、片付け、掃除、洗濯といった「家事援助」、他に外出時の「移動支援」、そのように具体的に介護者が何らかの援助行為を行っている時間を積み上げた形でしか介護時間の支給はできないと言い続けていたのです。しかし実際に利用者が日々生活する時間の中で、そのような身体介護や家事援助を必要としている時間は半分程度なのです。自分で必要な行為ができる健常者でも、生活の中で四六時中何かやっているなんてことはありません。「仕事」ならば四六時中何かしているかもしれませんが、自宅の生活時間では割とだらーっと何もせず過ごしている時間も多いはずです。つまり生活というのは、何かをしている時間と何もしていない時間が組み合わさってつながっている。それを介護者の「仕事」時間という側面から捉えて考えることに基本的な無理がある。利用者は、常にきちんと何かをしている介護者なんか求めていません。そんな人が四六時中近くにいたら息苦しくて仕方ないと思います。

第二部でも書きましたが、利用者の生活上の必要性と行政の支給決定のための根拠をおりあわせる形で、長い年月をかけて作られてきた制度が「重度訪問介護」です。この中では、「比較的長時間にわたり、日常生活に生じる様々な介護の事態に対応するための見守り等の支援」ということが認められていて、介護者が何らかの行為をしている時間だけではなく、利用者と一緒にいて見守っている時間を含めて「介護時間」と考えられています。

これは行政側から出てくる発想では決してなく、利用者側が自分の「生活」を軸に考えた中から出てきたものなのです。そして、この重度訪問介護は一時間当たりの単価を安く抑えるという事とセットにして利用者が必要とする長時間の支給決定を求めてきたという側面もあります。介護保険の訪問介護のような高い単価で短いサービス時間とは真逆であり、「行動援護」が目指してきた専門性の高い介護者で単価を高くするという方向とも違い、利用者の「生活」を根拠として安い単価の長時間介護として作られた制度が重度訪問介護ということになります。このように考えると、知的障害者に対して重度訪問介護が支給される場合の夜間の単価が高すぎる（二二時～六時が労基法とのからみもあり報酬が日中の単価の一・五倍になる）と私は考えています。そのこともあって、第二部でも書いたように利用者の状況によっては、深夜二～五時間は制度なしで実際には介護者がついているというようなやり方も採用しています。

行政だけでなく、福祉関係者や納税者である市民にも少しずつ理解を得ていく必要があると思いますが、利用者の家で必要な注意を払いながら長時間一緒に過ごすというのは精神的な意味でなかなか疲れる仕事なのです。これぞまさに「感情労働」です。普通に仕事だと考えて、皆さんが会社で四時間作業があって、残りの四時間は待機時間、しかもそれがいつ作業時間か待機時間かはその日の流れでしか決まらないという仕事があったとすると、自分のペースを保つのにとても負担がかかると思います。まして介護という仕事は、常に利用者という相手がいるわけですから、相手のペースを第一に考えて自分のペースも保つという相当に難しい技術を必要とするのです。

ある介護者が、ある身体障害の利用者さんの介護が一〇年経ってもうまくできないのが不思議だったけど、それは介護がうまくなって利用者が教えることがなくなってしまうと、その利用者さんに勝ってしまう（利用者が負けたと感じる）ことになって、勝ってしまうとその利用者さんとは関係が成り立たなくなるから、無意識のうちに介護が下手なままでいたことに気がついた、という話をしていたことがあります。このように、利用者にあえて負けるあるいは少なくとも勝たないでいる、ということが長い介護関係の中ではとても重要だったりします。いくらきちんと適切に介護をする人であっても、利用者の上に立つ（利用者がそう感じる）タイプの介護者を利用者は「怖い」と感じます。そして怖い人が介護の日は、言いたいことやりたいことを我慢するようになり、それがストレスとなって結果的に利用者がトラブルを起こしてしまうということも少なくありません。

利用者に余計な負荷を与えずに一緒に長い時間を過ごすことができる技術や能力、そういった技能が少なくとも利用者からは求められていて、それが行政や福祉関係者、市民などにも理解してもらえるような伝え方が今後必要なのだと思います。

6 利用者から人気のない介護者はどうやって生きていくか

ここまで、障害者の介護に必要な技能や利用者がどんな介護者を求めているかという話を書いてきましたが、それでは利用者から人気のない介護者はどうすれば良いでしょうか？ 真面目過ぎて利用者から怖がられているタイプの人は、まずは自分を崩し、ダメな部分を出してという方向が必要だと思います。しかし、そもそも介護技術や、コミュニケーション能力が低い人はどうすれば良いのでしょうか。介護技術ならばまだ経験の中で慣れながら修正していくこともできますが、コミュニケーション能力はどうでしょう。知的障害者だけでなく身体障害者の場合でも、介護に占めるコミュニケーションの比重はとても大きい。長時間の介護を前提にすると、入浴介護が上手な介護者よりもコミュニケーションがうまく取れる介護者の方が圧倒的に利用者から好まれる傾向があります。

ちなみに私の介護技術の低さは相当なもので、不器用で覚えが悪く、利用者から注意されるということが、三〇年近くも介護を続けてきて今でもよくあります（根気よく付き合ってくれた身体障害の人たちのおかげで少しはましになったかもしれませんが、今でも私の介護技術は介護者が一〇〇人いれば間違いなく下位一〇％の中に入るレベルです）。知的障害者の介護もあまりうまくありません。言葉が少ない相手に対しての想像力がまず足りない、人の気持ちのような部分がよくわからないということで、要するにコミュニケーションがうまく取れないのです（自閉症の人はやや例外で、気持ちよりも、行動のわかりやすさに助けられています）。

コミュニケーション能力も含めて、介護技術に関しては元々の能力差がとても大きいと私は思っています。できる人は経験や努力がなくてもうまくできる。逆に能力の低い人は相当の経験や努力をしてもうまい人には全くかなわない。だから、制度化や事業所化が進んでいく中で、利用者やコーディネーターが能力の高い介護者を「良い介護者」だと考える傾向が年々強まっていることに違和感があります。これから長期に渡って介護者不足が続いていく中で利用者やコーディネーターも介護者に対する見方を変えていく必要があると思います。

介護が下手な人は地道に努力を重ねながら、とにかく同じ利用者の介護を長く続けていくこと。相手の言っていることをよく聞いて、注意されても嫌にならずに、「気持ち」を維持して続けていければ評価は徐々に上がっていくでしょう（利用者からの評価が最下位だった介護者が一〇年経った時にトップの評価を受ける人になっている例も珍しくありません）。

ただ、「気持ち」に関してはまず教えるのが難しく、変えるのも難しいという難点があります。気持ちが下がっている人に気持ちを持てと言っても無理だし、相手に対する好き嫌いといった感情を変えることも簡単ではありません。

ということで、仕事に対する気持ちが下がっている時や相手が嫌いになっている時に、最後に支えとなるのは職業的な意味での、あるいは人としての「責任感」だと私は考えています。たとえば、介護にやる気が出ず、相手（危険な可能性のある自閉症の人）への気持ちも低下している中で、自分がとても眠い時に、それでもちゃんと付き合うとか、眠らずに頑張り続けるとかができない状態でも、寝る場所を玄関の前にして、その人が一人で外へ出て行かないように気をつける、それがギリギリの責任感です。それがあるかないかで、最後に大きな事故が防げるかどうかが別れてしまうのです。

人としての責任感という意味では、最近ある女性介護者Kさんが（介護歴約一五年）が酔っ払いながら、「介護って何？　とか聞かれても、もうとにかく続けること、そこに行き続けること、関わり続けること」と言っていてとても共感しました。圧倒的に過酷な状況を生きている人や、圧倒的に性格の悪い人にも、関わり続けて、その状況を見続けていくこと。介護者という立場でその状況に対して役に立つことはほとんど何もないけれど、その人が、その時代に日々どのように生きていたかという「存在の確認」や「歴史の証明」ならばお互いにできる。介護者Kさんは、あまり人気がなく多くの介護者が辞めていった利用者Sさんの介護を続けている理由について、「だって、私のこの一〇年を全部見て、知ってるのはSしかいないんだよ、Sのとこを辞めちゃったら私がやってきたことを誰が証明してくれるの？」という名言もかつて吐いていました（笑）。そもそも楽しいから続けるとか、モチベーションが高い状態の人が続けているのは当たり前のことで、人として大事なのは辛い時期やモチベーションが下がっている時期にこそそれでも続けていくという責任感のようなことではないかと思うのです。

昔から障害者運動では能力主義をどう超えていくか？　という思考や議論が多くされてきましたが、残念ながら今の社会の中では超えるどころか、能力主義を問題にすることすら難しい状況が進行しています。社会全体が当たり前に能力主義なので、障害者や介護者だけがそれと違う価値観で生きていくことなどできないのはわかっていますが、そうは言っても能力の高い介護者ばかりを障害者が求めていく状況なんて多分全く面白くないと思います（私が面白くないと感じるだけでなく、多くの障害者や介護者だって多分面白くないでしょ、そんな価値観の中で介護を受けたり介護をしていても）。

ということで、能力の低い介護者が生きていく一つの道はとにかく辞めずに続けていくことだと思います（上記の介護者Kさんは能力が低い人ではないです、念のため）。これから労働力不足と介護者不足が進んでいけば、続けている介護者は段々と貴重な存在になっていきます。今でも既に、精神的に不安定で休みがちな介護者をフォローしていくことの大変さより、時々休んでも続けていってくれることの有難さが上回ってきています。そして、最近では、以前精神的な不安定さから介護を休みがちだった人が、数年経って、精神科の薬もやめて、とても力のある介護者として活躍しているという人も結構います。

それから次に大事なのは暇であること。能力の高い介護者がダメなのは、仕事で人気があるだけでなくプライベートでも人気がある人が多いので、予定が多過ぎるのです（笑）。結婚して間もない人、彼氏や彼女とうまくいっている人、趣味が多い人、友達が多い人、理由はともかく予定が多い人は臨時の介護がほとんど頼めない（泣）。それに比べて暇でいつも臨時介護を引き受けてくれる介護者はコーディネーターとしては本当に有難い存在です。もっと言えば、近くに住んでいてくれればさらに有難い。急に介護を頼んでも近ければすぐに行ってもらえます。コーディネーターという立場で勝手な事ばかり書いてしまってすみません。でも私はかなり本気です。

ラーメン屋さんだって、美味しい（人気のある）ラーメン屋さんばかり客が入って、人気のない（昔からの個人営業の）ラーメン屋さんが段々と潰れていってしまう状況が残念で仕方ありません。さほど美味しくなくても、近くにお店があること、夜中までやっていてくれること、すいていていつでもすぐに食べられること、量が多いこと（具が少なくてご飯がやたらと多いチャーハンがとても好きだったラーメン屋さんも潰れてしまいました）、こういう有難さって絶対あると思います。私のようなタイプの少ない客だけで、ラーメン屋さんを続けていくことは難しいかもしれませんが、介護者ならば生きていけると思うのです（ただし、一応自分に人気がないことだけは自覚しつつ努力を惜しまずにですが）。

7　グレーな事柄に耐える——非営利組織であることの意味

事業所の中でコーディネーター的な位置で仕事をしている人から、制度外の支援や赤字状態での支援をなかなかやらせてもらえないという話をよく聞きます。元々制度などほとんどなかった頃から運動的に作られてきた事業所は別として、二〇〇三年の支援費以降にできた事業所や、歴史は古くても自立生活センター系の事業所も不思議と、「制度外」のことや「赤字」になることを避けたがる傾向が強い。そもそも障害者の自立生活支援というものは、制度があるからやるのではなく、当事者に何らかの必要があるからやるわけで、制度というものはその支援を継続していくための「手段」として運動と行政の間の議論の積み重ねでの中で作られていく、そういう意味で制度は本来的に常に後から付いてくるものです。だから順番は常に「必要」→「支援」→「制度」であって、「必要」→「制度」→「支援」ではない。

そして制度ができた後に関しても、制度は行政側としては常に何らかの「線引き」を伴っています。では利用者に必要があって、それが行政のその時点での線引きを超えてしまう事柄について事業所としてはどう判断するのか？　これは小さい問題から大きな問題まで常に事業所の中で考えなければいけない問題です。

わかりやすい例として、「たん吸引」の問題があります。気管切開等により「たん吸引」が頻回に必要な障害者が在宅で自立生活をする場合、国は長い間、たん吸引は医療行為であるため、介護者ヘルパーが行うことは違法であると言ってきました。しかし吸引の必要な障害者が在宅で一人暮らしをするためには、介護者が吸引をする必要があります。同居家族がおらず、障害者本人が自分で吸引できず、看護師が二四時間介護をするという非現実的な想定を除けばそれ以外に方法がないことは誰でもわかることです。しかしヘルパーの制度を支給している立場の自治体としては、国が違法だと言うことは認められないと公式には言うしかない。それで現場の人たちは、吸引は当然必要なのでやりますがそこは黙認しておいてくれれば良いですという話をしてきました。医師や看護師に関しても、国が認める以前は「家族に対してしか研修や指導はできません」という所がほとんどでした。しかし家族がいない障害者の場合、介護者が研修を受ける以外にないので、家族に代わる者として理解してもらい研修をお願いしました。

事業所の内部でも、「介護者が吸引をすることは違法なのではないか？」という疑問が出てきます。そういう意見に対しては、①医療職から研修をしてもらい、衛生面での危険性はきちんと防ぐこと。②違法性に関しては、吸引は医療行為だと厚労省は定義している→医療行為を連続・反復的に行うことは医業にあたる→従って医師法第一七条「医師でなければ、医業をなしてはならない」という法律に違反している。これが厚労省のその時点での主張で、この論理はどう考えてもおかしいと説明をする。ちなみに、国が言う医業の業とは対価を得て行うということではなく、連続・反復的に行うことを意味している。従って有償の介護者ではなくボランティアがやることも違法。例外は命の危険に関わる状態の人に一回限りその行為をすること。これは業ではないから良いとされる。厚労省の担当者に「ではなぜ家族は吸引してもいいんですか?」と問うと、「家族も本来は違法ですが、家族の場合は違法性が極めて低いと考えています」（つまり「違法性阻却」という論理）という苦しい答えしか返ってこない。「では同じように介護者が吸引することも状況によっては違法性が極めて低いということになりますね?」「一般論としてではなく個別の状況によってはそう判断できることもあります」と、議論はこういうグレーな話にしかどこまでいってもなりません。

二〇〇三年にALSの人に限定して国がようやくヘルパーのたん吸引を認める通知を出し、二〇〇五年にそれがALS以外の障害者に拡大された後も、それは通知に書いてある一定の条件の下では違法性が阻却されますと言っているに過ぎません。そんな通知が出る前から違法性は限りなく低かったので、介護者が医師法違反で告発されたという話は聞いたことがない。だから結論はグレーな事も必要ならやるということです（二〇一二年に社会福祉士及び介護福祉士法の改正で吸引等が一定の研修受講等を要件として法的に認められた後も、年に一、二回しかない都道府県の研修を受講する前に吸引等が認められるか？という新たな問題が生じています。厚労省の見解は、二〇一二年以前の違法性阻却通知を根拠として、吸引等を実施しても良い、ただし速やかに研修受講等の要件を満たすようにすることとされています）。

もう少し小さな話の事例。以前ある市からの委託でヘルパーの事業をやっていた事業所で、その市では当時、外出介護は市内に限るというルールがありました[3]。当然市外に行く用事のある利用者がいて、介護者からコーディネーターに「〇〇さんに関して市外に外出してもいいですか？」と相談がいく。その場合コーディネーターはどうするか？自分で責任を取りたくない人はさらに組織の上の人に相談するでしょう。ただその場合、その上の人がダメだと言えばできなくなる。そうであれば、コーディネーターが事業所全体で大きな声では言わない形で、介護者に「責任は私が取りますから必要なことはやって下さい」と言えば、結果的に市外への外出は実現できる。こういう事がいくつも積み重なって、時間が経てばいずれ自治体もそんなつまらない制限はしなくなるという、ただそれだけのことです。

日本の役所にも、実は係長的な役職の中で誰かしら現場の必要性をよく知っていて、役所という組織としての制約やその時々の論理も十分にわかっている人が、自分の責任で現場の判断を容認、または黙認しながら、徐々に組織の論理を変えていくというタイプの人が必ずいるものです（以前は女性係長や課長の場合これができないタイプの人が多かったのですが、最近東京の自治体ではそれができる女性が増えてきて時代の変化を感じています）。事業所という組織も同じことで、現場の介護者から必要性を聞いてそれを組織全体の論理と、時間をかけてすりあわせていくコーディネーター的な位置の人が必要で（組織全体で白という答えが出るまでの間は、グレーな状況をそのコーディネーターが引き受ける）、そうやって少しずつ事は前に進んでいくのだと思います。

［注］

1　「たこの木通信」二〇一三年一一月二〇日号
仕事を辞めたい気にさせた要素を考えてみると
・自分のやったことが相手に響いているのか何なのかわからない無力感
・介助の枠をただ埋めてる感
・来年も同じ様な生活が続くんだろうな感（私も当事者も）
・長時間介助に入ってると「もう嫌だこんな自分は嫌だ」っていう自分が出て来るところ
・そんな嫌な気持ちになるんだったら別に私がやる必要ないじゃん感
・給料低いしなーこれから上がるわけでもないしなー
・とは言っても長時間の「見守り」とか特に何もやってないし。「こんな頑張ってるのに」とか　言えるほど頑張ってることもないし。

・はぁ、ただそこに居て空いた枠をただ埋めて安い単価をもらってるだけですよ私は

（その後肉体的精神的な疲れを緩和すべくまず労働条件の改善のため自分のシフトを整理し、少し精神的な余裕ができたNさんは整理をさらに先へ進めます）

「たこの木通信」二〇一四年二月二〇日号

余裕ができて、何が一番直接的に「つらい」という気持ちにさせていたのか考えてみると、当事者にムカつく→ムカついて意地悪をする→こんなことで意地悪するなんて最低だ→こんな自分嫌いだ、という強烈な自己否定だったのかなと思います。（中略）

で、自己否定のつらさが減って、面白みが増えたかというとそういうわけでもなく（心穏やかになってそういう面もあるけれども）、何が残ったかというと、無力感、枠を埋めてる感、終わりの無さ先の見えなさ、当事者の変わらない日常……

なんか、つまらない。

「つらい」の次は「つまんない」かよ、それもう私の人格の問題じゃんという気もするのですが、ヘルパーの離職率が高いということはきっとみんなつらいしつまんないんだよ！と思う、ことにする！

ということで「つまらない」を考えてみる。

①当事者の日常はまあ変わらない（おでかけ、部屋で過ごす、作業所）
②介助者の仕事もまあ変わらない（おでかけ、家事、見守り）
③やったことが積み上がっていく感じがしない
④働いて成長を感じられない
⑤そんな仕事自体のやりがいなんてうやむやにできる職場の雰囲気、楽しい同僚的要素が皆無

「たこの木通信」二〇一四年一二月二〇日号

2 「自立生活支援を考える会でも、女性介助者といろいろとお話しができたというだけですごい元気がでました。どうやら私は「仕事仲間」という存在に飢えていた様です。そんなわけで、私の場合の「なぜこの事業所を辞めるのか」の答えは、お金と人です。多分一般的にも、仕事内容よりもお金と人によって仕事を続けている人はたくさんいるでしょう。だから、仕事として選択した時にお金と人に不満があるのであれば、そりゃあやっぱり辞めるよなぁと思います。そして、運動系おじさん達に勘違いしてほしくないのが、「人」についてです。仕事を続ける理由として、当事者との関係を唯一の拠り所とするのは無理があって、まず重要なのはヘルパー同士、仕事をする者同士の関係だと思うのです。それをすっとばして当事者との関係性についてあーだこーだ言われるから、その狭い世界に捉われるというか。こっちは当事者の事がわからなくて一対一はしんどいなぁ、夜勤疲れるしなぁ、排泄の介助も嫌だなぁって感じてるのに「ほらほら、知的の人の介助って面白いでしょ！　関係性の支援だよ」と迫られてもちっとも響かないです。むしろ、少しづつでも感じていた面白さの芽が摘み取られる感じです。負の感情を晒して、それでも認めてもらえたり、笑い話に転換できたり、そんなコミュニケーションを他の介護者とできることで、当事者との関係云々も一歩進む気がします。

阿部真大『居場所の社会学』（二〇一一年、日本経済新聞出版社）「居場所とは、客観的な状況がどうなっているかではなく、本人がそこを居場所と感じているかどうかでしか測ることができない、極めて主観的なものなのです。」「自分にとって居心地のいい場所は、他人にとっても居心地のいい場所であるとは限りません。自分の居場所に固執して、それを他人に押し付けることでは、問題は解決しません。」

3 ごく最近もある自治体では移動支援の外出に「市内」という制限を付けているという話を聞きました。

あとがき

『良い支援?』では難しいと言いながらもまだ断定的で明るい前向きな話も多かった。けれども本書は難しい、身も蓋もない話が多く書かれている。

それまでうまくいっていると思っていたことや正しいと思ってたことが、実は誤解の上に成り立っていたのだと気がついたとき、わかったうれしさと同時に深く後悔する。わかったことはほんの少しであって、多くのことを誤解をしたまま、でも表面上はうまくいっているから、誤解していることに気がつかないままでいる。私たちは、迷い悩み続ける中で、それでも日々の暮らしを廻し続けている。

問題があればお互いに歩み寄る、おりあいをつけるのだというと、実はちょっと都合が良すぎるようにも思える。おりあいをつけたい、つけようとすることはあっても、うまくいくかどうかは別だからだ。どちらかの片思いになってしまうか、どちらかががまんするかやりすごすか、ということが多々あり、しかも気づかれない、というのが実際なのだと思ってちょうどいい。一方でおりあいをつけようとすることを放棄していても、それはそれでその瞬間瞬間自体が成り立たないということもある。何かをすることでズレていくけれども、何かをしないこともまた避けられない場合もある。

　個人的なことだが、この数年はとても難しい、苦しい時が続いてきた。どこを基準に考え判断し動けるか。こうだ、と胸を張って断言できることはなく、自分がどこを歩いているのかもしばしばわからなくなる。見てしまうと耐えられないので、ともかくも自分の身を守るために見ないようにする、しかし見えてしまう。見ないようにすればひとまずは楽になり、そちらへ流される誘惑もたくさんある。そのこととの往復を何度もやり続けた年月だった。

　私の行いは人の生活に常に介入している。何をしてもしなくても、介入してしまっている。少なからず影響を及ぼしている。その中には良い影響もあるだろうが、そうではないこともある。このことを常に意識させられる。

　考えることはつきないけれども、共に歩んでいる人たちと、それぞれが少しずつ変わり・代わりつつ、決して少なくはない力をかけ、続けられていることは私たちの支えとなっている。

　終わりに。本書の出版にあたって、髙橋淳さんにはたいへんお世話になりました。なかなか書き出せない私たちを辛抱強く励ましてくださいました。著者を代表し感謝申し上げます。

二〇一五年九月

寺本晃久

◉本書のテキストデータを提供いたします

本書をご購入いただいた方のうち、視覚障害、肢体不自由などの理由で書字へのアクセスが困難な方に本書のテキストデータを提供いたします。希望される方は、以下の方法にしたがってお申し込みください。

◎データの提供形式：CD-R、フロッピーディスク、メールによるファイル添付（メールアドレスをお知らせください）

◎データの提供形式・お名前・ご住所を明記した用紙、返信用封筒、下の引換券（コピー不可）および200円切手（メールによるファイル添付をご希望の場合不要）を同封のうえ弊社までお送りください。

◉本書内容の複製は点訳・音訳データなど視覚障害の方のための利用に限り認めます。内容の改変や流用、転載、その他営利を目的とした利用はお断りします。

◎あて先：
〒160-0008
東京都新宿区三栄町17-2 木原ビル303
生活書院編集部　テキストデータ係

キリトリ線

【引換券】

ズレてる支援！

【執筆者略歴】

寺本晃久（てらもと・あきひさ）

1973年生。学生時代に知的障害のある人の当事者活動を知る。2001年から自立生活者の介助を始め、現在は多摩地区で障害のある人が自立生活・地域生活を送るための介助やそのコーディネートをしている。主な論文に、「知的障害者の当事者運動の成立と展開」（『信州大学医療技術短期大学部紀要』23号、1998年）、「自己決定と支援の境界」（『Sociology Today』10号、2000年）など。

岡部耕典（おかべ・こうすけ）

1955年生。東京都立大学大学院社会科学研究科社会福祉学専攻博士課程修了（博士）。現在、早稲田大学文学学術院教授。元障がい者制度改革推進会議総合福祉部会構成員。支援付き自立生活を営む知的障害／自閉の息子がいる。

主な著書に、『障害者自立支援法とケアの自律――パーソナルアシスタンスとダイレクトペイメント』（明石書店、2006年）、『ポスト障害者自立支援法の福祉政策――生活の自立とケアの自律を求めて』（明石書店、2010年）など。

末永　弘（すえなが・ひろし）

1968年生。介護者（ヘルパー）、支援者、介護コーディネーター。

17歳、ろうの障害当事者と出会う。20歳、大学を退めて自立障害者のヘルパーとして働く。23歳、「自立生活企画」の設立に関わる。以後、「自立生活センターグッドライフ」、「ピープルファーストはなしあおう会」（現ピープルファースト東京）、「ピープルファースト東久留米」等の設立に関わる。

主な著書に、『知的障害者が入所施設ではなく地域で暮らすための本』（ピープルファースト東久留米編、生活書院、2007年）など。

岩橋誠治（いわはし・せいじ）

1963年生。1987年～現在、たこの木クラブ代表。

「障がいのあるなしに関わらず、誰もが地域で共に生きる」ことを願い、「子どもたちどうしの関係づくり」をめざすたこの木クラブを設立。子どもたちを切り分ける社会の課題を担う中で、今日では、成人した障がい当事者の生活全般に渡る支援を行っている。

ズレてる支援！
——知的障害／自閉の人たちの自立生活と重度訪問介護の対象拡大

発　行——二〇一五年一〇月三一日　初版第一刷発行
二〇二〇年　三　月三一日　初版第三刷発行
著　者——寺本晃久・岡部耕典・末永弘・岩橋誠治
発行者——髙橋　淳
発行所——株式会社　生活書院
〒一六〇—〇〇〇八
東京都新宿区三栄町一七—二　木原ビル三〇三
ＴＥＬ　〇三—三二二六—一二〇三
ＦＡＸ　〇三—三二二六—一二〇四
振替　〇〇一七〇—〇—六四九七六六
http://www.seikatsushoin.com
印刷・製本——株式会社シナノ
装　幀——糟谷一穂
カバー・帯写真——矢部朱希子
Printed in Japan

ISBN 978-4-86500-045-0
定価はカバーに表示してあります。
乱丁・落丁本はお取り替えいたします。

生活書院◉出版案内

（価格には別途消費税がかかります）